▪ 四川农业大学“双支”计划资助
▪ 四川农业大学思政课程建设专项资助

校本资源进思政课研究
——兴农报国的川农大实践

主 编 ○ 舒永久 颜怀坤

西南财经大学出版社
Southwestern University of Finance & Economics Press
中国·成都

图书在版编目(CIP)数据

校本资源进思政课研究:兴农报国的川农大实践/舒永久,颜怀坤主编.—成都:西南财经大学出版社,2021.4
ISBN 978-7-5504-4838-4

Ⅰ.①校… Ⅱ.①舒…②颜… Ⅲ.①高等学校—思想政治教育—教学研究—中国 Ⅳ.①G641

中国版本图书馆 CIP 数据核字(2021)第 060839 号

校本资源进思政课研究——兴农报国的川农大实践

XIAOBENZIYUAN JIN SIZHENGKE YANJIU——XINGNONGBAOGUO DE CHUANNONG DA SHIJIAN

主编 舒永久 颜怀坤

责任编辑	王利
封面设计	何东琳设计工作室
责任印制	朱曼丽
出版发行	西南财经大学出版社(四川省成都市光华村街 55 号)
网　　址	http://www.bookcj.com
电子邮件	bookcj@swufe.edu.cn
邮政编码	610074
电　　话	028-87353785
照　　排	四川胜翔数码印务设计有限公司
印　　刷	郫县犀浦印刷厂
成品尺寸	185mm×260mm
印　　张	12.25
字　　数	299 千字
版　　次	2021 年 4 月第 1 版
印　　次	2021 年 4 月第 1 次印刷
书　　号	ISBN 978-7-5504-4838-4
定　　价	78.00 元

本书编写委员会

主　编： 舒永久　颜怀坤

副主编： 何　宇　张　强　尹　君　唐　平
傅新禾　赵晓霞　杨世义

编写委员会成员：

舒永久　颜怀坤　何　宇　张　强　尹　君
唐　平　傅新禾　赵晓霞　杨世义

前 言

校本资源是各个学校自身拥有的各种物质要素和精神要素的总称，是各个学校自身拥有的各种特色资源。校本资源是优秀传统文化和时代先进文化融合的结晶，最能体现一所学校独特的文化底蕴和办学特色，往往蕴含着丰富的思想政治教育资源。挖掘、开发和综合利用这些校本资源，将其有效地融入高校思想政治理论课（简称“思政课”）教学体系，可以保证思政课教学开展的正确政治方向；可以充实教学内容，深化学生对马克思主义理论和其他思想政治教育理论的理解；可以创新教育教学方式，增强教学内容的时代性和落地性；可以增强学校思政课的亲和力，提高教学实效性，走出一条特色思政之路。

四川农业大学（简称“川农”）是一所以生物科技为特色，以农业科技为优势，多学科协调发展的国家“211 工程”重点建设大学和国家“双一流”建设高校，也是教育部本科教学工作水平评估优秀高校。在百余年办学历程中，四川农业大学不仅厚积了丰富的思想政治教育校本资源，比如江竹筠、王右木、胡其恩等英烈校友的红色元素，将毕生精力奉献给学校的杨开渠、李实蕡、周开达、颜济等先辈开拓者，默默耕耘在教学科研岗位的周小秋、李仕贵、陈学伟等科教兴农人，奋战在脱贫攻坚、乡村振兴一线的吕秀兰、田孟良、葛飞等先进人物与典型事迹，还涌现出了许多先进学生标兵和创业者，而且形成了“爱国奉献、艰苦奋斗、团结拼搏、求实创新”的“川农大精神”。“川农大精神”，既是川农在百余年办学历程中积淀的文化精髓，更是我们挖掘思想政治教育资源的“富矿”。在中国特色社会主义建设新时代，如何充分挖掘和整理川农校本资源，将其应用于思政课教学，推进思政课“入心、入脑”，既是落实习近平总书记在学校思想政治理论课教师座谈会上的指示精神，思想政治理论课“要坚持理论性和实践性相统一，用科学理论培养人，重视思政课的实践性，把思政小课堂同社会大课堂结合起来，教育引导学生立鸿鹄志，做奋斗者”，也是进一步贯彻落实教育部《新时代高校思想政治理论课教学工作基本要求》和《关于深化新时代学校思想政治理论课改革创新的若干意见》（简称“新时代思政课 20 条”）精神的需要，即强化思想理论教育和价值引领，把理想信念教育放在首位。同时，将校史文化融入思政课堂，不仅是对优秀校史文化的传承和创新，能丰富课程内容，提高学生的学习兴趣，深化学生对马克思主义理论知识的理解，还是我们作为川农思政课教师坚决摒弃“水课”，加强思政“金课”建设所要解决的新课题。

前　言

时值“川农大精神”提出20周年之际，四川农业大学马克思主义学院组织精兵强将，挑选思政课教学骨干力量，分工合作，完成《校本资源进思政课研究——兴农报国的川农大实践》这一著述的编写任务，准备为庆祝“川农大精神”提出20周年献礼。写作体系框架经过编写组群策群力，多次集中讨论，最后达成共识。全书以兴农报国为主线，以校本资源进思政课为主要内容，根据教育部有关思政课教学改革相关文件的表述，按照前言、校本资源理论基础、校本资源进“思想道德修养与法律基础”课（简称“基础”课）、校本资源进“中国近现代史纲要”课（简称“纲要”课）、校本资源进“马克思主义基本原理概论”课（简称“原理”课）、校本资源进“毛泽东思想和中国特色社会主义理论体系概论”课（简称“概论”课）和校本资源进“形势与政策”课（简称“形教”课）这一逻辑顺序进行。

本书由舒永久教授和颜怀坤副教授全面主持和统筹协调，并完成统稿工作。舒永久教授撰写前言、第二章和第四章的一部分内容，颜怀坤副教授撰写第一章，唐平副教授撰写第二章，尹君副教授、杨世义副教授撰写第三章，张强副教授撰写第四章大部分内容，何宇副教授、赵晓霞教授撰写第五章，傅新禾副教授撰写第六章。

感谢各位编者在繁重的教学科研及行政工作之余，认真完成负责章节的撰写任务。感谢为本书编写提供各种支持和帮助的所有领导和老师！也特别感谢张强副教授主持的四川农业大学2019年本科教育改革重点项目“讲好川农故事：校本资源‘思政元素’融入‘马克思主义基本原理概论’教学体系的路径探索”（项目号X201907）对本书的启发和支持。

在网络新时代，校本资源可谓汗牛充栋。鉴于编者对校本资源相关资料的占有、选择和运用有限，以及编者认识水平和写作水平局限等诸多方面的原因，书中定有不妥之处，敬请读者批评指正！

舒永久

2020年冬于成都

目　录

目　录

第一章
校本资源进思政课概述

中共中央、国务院《关于进一步加强和改进大学生思想政治教育的意见》（中发〔2004〕16号）指出："高等学校思想政治理论课是大学生思想政治教育的主渠道，高等学校各门课程都具有育人功能，所有教师都负有育人职责……要把思想政治教育融入大学生专业学习的各个环节，渗透到教学、科研和社会服务各个方面。要深入发掘各类课程的思想政治教育资源，在传授专业知识过程中加强思想政治教育，使学生在学习科学文化知识过程中，自觉加强思想道德修养，提高政治觉悟。"习近平总书记在学校思想政治理论课教师座谈会上强调："要坚持显性教育和隐性教育相统一，挖掘其他课程和教学方式中蕴含的思想政治教育资源，实现全员全程全方位育人。"思想政治理论课是落实立德树人根本任务的关键课程，要增强思政课的亲和力、吸引力、针对性和有效性，既要发挥教师的积极性、主动性、创造性，还需"配方"新颖，增强教学内容的针对性和吸引力。这就要求各高校要高度重视开发和利用校本资源，强化不同资源的相互协作，为思想政治理论课程教学提供丰富的教育资源，增强当代大学生的获得感，提升高校思想政治理论课的实效性。

第一节　校本资源的内涵、特征及类型

一、校本资源的基本内涵

所谓资源，就是为满足人们生产或生活的需要，一切可以为人类所利用的物质、能量、资金、设备、信息、劳动力以及社会环境等各种要素，包含自然资源和社会资源两部分。

高校校本资源是各个高校在长期的办学过程中形成的，能被人们开发和利用，并能获得经济和社会效益的各种自然资源条件和社会要素的总和。高校校本资源是在校园这个土壤中逐渐孕育而成的，是全校师生在长期的教书育人、科技创新、社会服务、文化传承及管理实践中创造并传承的各项成果，既继承校园风貌的传统，又体现学校的个性特征，也带有鲜明的时代特点。它既包括各个高校办学过程中所形成的各种实物存在，也包括各个高校在实践中凝结而成的办学理念、校园文化等各种精神要素。

思政课校本资源是在思想政治理论课程教学活动过程中，可以被教育者开发和利用的具有思想政治教育信息、功能和价值，能够为实现思想政治理论课程教学目的或

完成相应教学任务服务的高校所有资源的总和，是既立足于本校校史、校情，又能够体现本校时代特色的各种要素的总和。不同的高校都有具有自身特色、富于个性化的思政课校本资源。它是优秀传统文化和时代先进文化融合的结晶，是思政课教学的“富矿”，在思政课教学过程中具有明显的积极作用。一种校本资源要成为思政课校本资源，首先要具有关联性，必须承载和传递大学生思政课教学所蕴含的思想观念、价值取向、政治观点和行为方式等内容和信息，能够为实现思想政治理论课程教学目的服务；其次要具有可开发性，在高校发展历程中能够被开发、配置和利用，且能在思想政治理论课程教学活动中发挥作用，对大学生产生思想政治教育影响。

二、校本资源的特征

校本资源的特征归纳起来，有以下几方面：

（一）独特性

校本资源依托学校而生，既继承高校风貌传统从而体现独有的个性特征，又与时俱进从而带有鲜明的时代特点。每一所大学都具有为党育人、为国育才的立德树人目标，传承文化提升国民素质，创新运用科技服务推动社会进步等共同追求，但每一所大学又具有自身特色，如按学科特点可分为综合类、文理类、理科类、文科类、理学类、工学类、农学类、医学类、文学类、法学类、管理类、体育类及艺术类；按科研规模可分为科研型、科研教学型、教学科研型及教学型等。每一所大学都拥有自身的办学历史和特点，或是历史悠久，或是管理独特，或是教学资源丰富，而校本资源的优势则是学校特色的核心所在。凡办学历史悠久的大学，都有自己独具特色的办学智慧和大学精神。校本思政资源蕴含着独具魅力的大学精神，实现着传统文化与现代文化的对接，不断启人新知，生成新的大学精神和大学理念。它将反映独特文化与本土特点的资源逐步纳入思政课教学之中，是大学文化的映射和风格特色的集中体现，也是高校思政教学得以保持新鲜和活力的关键。如农林院校教师，由于所从事学科的季节性和实践操作性都很强，往往需要长期在艰苦环境中坚持工作，艰苦奋斗与业务精湛也就成为农林院校教师和学生职业理想的题中应有之义。四川农业大学在构筑师生核心价值观的过程中，总结提炼出“爱党爱国、艰苦奋斗、业务精湛、师德高尚”的教师职业理想，就具有川农特色，并以此激励教师队伍在新时代加快自我提升和成长。

（二）意识形态性

我国高校校本资源蕴含了诸如爱国主义、艰苦创业、团结拼搏、奉献社会等思想政治教育内容，注重个人与国家、个人与社会的相互关系，与党和国家所倡导的意识形态同向同行，有助于高校大学生更好地认识思想道德理论、践行社会主义核心价值观和自觉投身中国特色社会主义建设。坚持以马克思主义为指导是中国特色社会主义的政治优势和优良传统，而中国任何一所高校的发展历程，均是与中国共产党的成长历史、与中国革命和建设的发展进程紧密交织在一起的，是为中国特色社会主义建设服务的，理所当然地具有社会主义性质。每一所高校都必须站在事关党的思想理论和意识形态工作全局、事关党的教育方针贯彻落实、事关马克思主义事业薪火相传、事关中国特色社会主义事业后继有人的高度，将立德树人作为新时代人才培养的核心任务，从而校本资源必然具有意识形态性。将校本资源融入思政课教学中，就是充分利用了校本资源的意识形态性与思政课的思想导引、政治驾驭、道德示范等意识形态特点的高度契合性，既保证思政课教学的政治方向，又增强了思政课教学的针对性和可接受性。

（三）全方位性

校本资源的教育影响和教育作用是多角度、多层次的，它散落于大学生学习、生活之中，以不同形式、不同途径潜移默化地影响着他们的意志和情感。校本资源包括了一切与高校学生学习、生活有关的人和事，把这些作为思政课教学的素材，因为地缘、学缘的关系，高校师生会觉得特别亲近，这就更能够引起高校师生心灵上的愉悦感和积极体验，从而促进对思政课内容的吸收、消化并转化为实际行动。高校悠久的办学历史以及它本身承载的厚重的历史文化对每一个置身其中的人而言都具备了一种强大的冲击力，对于培养当代大学生的心理文化和价值观具有非常重要的现实意义。例如，农林院校的道德风尚中天然地保存了中国农民和农村社会中的自强奋斗和淳朴善良的精神品质，它们对“三农”具有别样的关注情怀和责任意识。它们在培育道德风尚的过程中，尤其重视对传统精神价值的继承和发扬，最终形成了“自强淳朴、兴农爱农、孜孜以求”的道德风尚。

（四）全面育人性

校本资源形式多样，内涵丰富，利用校本资源进行思政课教学，是一种全方位、多元化、交互式、开放型的教育。如在课堂教学中，把思政理论知识和校本资源有机融合，通过讲授讲解、故事宣讲、演讲辩论等形式来提高学生的理论素养、训练辩证思维；通过意蕴真情的情感教育方式来陶冶学生的道德情操品行、提高学生的心理素质。校园是学生学习和生活的主要场所，校园实践活动是思政课实践教学的重要环节，可以充分利用大学相关院系专业优势，在全校统一布局进行校园景观设计，让全校师生员工在校园景观和文化设施等有形的建筑文化中耳濡目染大学的思政情怀，激发荣校爱国的使命感和责任感，使广大学生通过校本资源实践参与体验的方式来磨炼意志、强健体魄、开阔视野。

（五）渗透性

所谓渗透性，是指校本资源的思政元素既要融入思政课的课堂讲授、课程训练、社会实践等各环节中，还要融入和影响学生的日常生活和行为方式，最终在润物细无声中以尊重人、关爱人、感化人、教育人的形式实现以德化人的教诲，形成思想政治教育的合力，发挥思想政治教育的效能。如通过精心选择相关载体，构筑思政教育环境，依靠学生的体验，通过学生自身内化起作用，让思政教育从小处入手、从现实入手、从身边事入手，使校本资源在潜移默化中感染和陶冶师生情操，收到“润物细无声”的实效，给大学生留下难以忘怀的记忆和体验，对大学生的思想观念和行为方式产生重要影响。

（六）情理交融性

校本资源既有思想性、知识性、教育性，又有情感性、艺术性、趣味性；既包含了大量感人至深、可歌可泣的先进人物、先进事迹，又孕育了诸多治党、治国、治军的科学理论和宝贵经验，能够充分实现思想政治教育以理服人、以情感人、以德立人、以行导人的教育目标。而且，教育者与受教育者在思政教育过程中，以情理交融的传递和接受方式，创造出了一种人格平等、关系融洽、生动活泼的教育氛围，增强了双方的相互了解和信任，实现了教育者与被教育者思想、情感和行为的有效交流。

三、校本资源的分类

校本资源存在于大学自身发展及其培养人才、服务社会的全过程，既包含校内以物质或精神形式存在的各种资源，也包含校内资源的延伸——校友资源。按所蕴含的思政元素及对思政课教学的作用，校本资源由以下五个方面组成：物质资源、制度资源、精神资源、行为资源和校友资源。这些资源相互贯通、相互影响，共同构成思政课教学的资源“富矿”。

（一）物质资源

高校物质资源，是高校师生员工继承并创造的一切物质文化成果的总和，是思政校本资源中以实物形式表现的有形部分。它是校园主体通过感官可以直接感知到的物质性对象的总和，主要体现为教学楼、图书馆、宿舍楼、体育场等校舍建筑，校园绿化等校内自然景观以及教育教学设备设施等，包括富有特色的纪念馆、文化和历史遗址、人物雕像等人工环境等，是校园的物态体现。物质资源既彰显学校办学特色、办学条件和环境，又传承校园精神，陶冶情操，提高校园主体的境界。物质资源最鲜明的特征是其直观性，是可以看得见、摸得着的物质性存在，是有形的，但其思政元素往往是潜在的，需要通过挖掘才能被学生认知认同，发挥育德功能。

（二）制度资源

高校制度资源，是高校师生员工为保障教师、学生、学校教学的正常运行而制定、运用、发展的各种具有科学性、思想性、教育性的制度文化成果的总和。它既包括校园内丰富多彩的各种制度，也包括内化于个体内心的符合制度规范的自觉要求，以及通过规章制度的贯彻、实施而产生于师生员工内心的制度意识。制度明确规定可以做什么，不可以做什么等，特别是对服从制度的行为予以表彰，对不服从制度的行为进行处罚，以此对校园主体及其行为产生约束和规范作用。制度突出强调师生的理想信念、奋斗方向和做人准则，在确保校园正常秩序的同时，使制度本身蕴含的科学性、思想性和教育性得到彰显，是思政课教学的重要校本资源。

（三）精神资源

高校精神资源，是高校师生员工在教学实践活动中继承并发明创造的一切精神文化成果的总和，主要包括以大学精神、校魂、校训、办学理念、教育教学思想和观念、党风政风、学风、教风、校风等精神形式存在的文化成果。它是高校文化资源中最活跃的因素，是学校的精神底蕴、文化内涵和学术品位，是学校在长期办学过程中治学、治校成果和经验的精神积淀，对高校师生的精神生活具有重要的导向作用，富含思政元素，是思政课教学最主要的校本资源。一个学校的历史沉淀了独特的大学精神，大学精神是校园文化的精髓。大学精神是经过大学师生的共同努力，长期实践积淀深化而形成的精神品质、理想追求、价值取向、行为理念和文化氛围。它不仅是一所大学的力量源泉和精神象征，更是国家愿景、民族传承、社会意识和本土文化的融合体，是时代精神的表征和先进文化的集中体现。四川农业大学作为一所全国“211 工程”“双一流”大学，在百余年的办学历程中，铸就了学校独有的精神财富，即“爱国敬业、艰苦奋斗、团结拼搏、求实创新”的“川农大精神”。这种服务“三农”特色的大学精神是以马克思主义为指导，将马克思主义基本原理与我国“三农”实际、时代特征、人民愿望紧密结合，用发展着的马克思主义去构筑自己精神世界中的信仰大厦的真诚实践。

（四）行为资源

高校行为资源是通过教师、管理者、学生等行为主体呈现出的校园教学、科研、文体、实践、管理等系列活动，是校本资源的动态形式，也是影响大学生心理和行为，对其思想道德素质产生积极影响的最深刻的教育平台。校园活动最显著的特征在于其搭建了理论联系实际、增加实践体验的平台，提供了发挥特长、展示才能、发展个性的机会，调动起校园主体的参与积极性，在活动开展中营造学生健康成长的文化氛围，完善学生的理想人格塑造，增加了体验，升华了情感，在全面的互动中实现思政教育的目标。如高校专业课程教学中的“课程思政”就是思政课程教学的重要资源。

（五）校友资源

高校校友资源是指校友自身作为人才资源的价值，以及校友所拥有的财力、物力、信息、文化和社会影响力等各种资源的总和。校友作为高校的宝贵资源，是社会人才的重要组成部分，他们在社会各领域的发展状况证明着高校的竞争实力。校友的丰富人生阅历、成功经验能激发学生的爱校荣校情怀；校友高尚的思想品德、为国家做出的突出贡献和优秀的个人事迹对大学生道德观念、价值取向、心理品质、行为取向等方面具有引导和感化的作用，是高校对在校学生进行思政课教育的重要校本资源。

第二节　校本资源进思政课的重要意义及功能

高等学校是培育人才的主要阵地，思政课是坚持高校立德树人宗旨的主阵地。要增强思政课的感染力，就要以生活化的素材丰富思想政治理论课的教学内容，要以学生喜闻乐见的内容和形式呈现教学内容。一所高校的发展史既是凝练办学理念、形成办学传统的过程，更是积淀思政文化底蕴的过程，因此高校本身蕴含着极为丰富的思政课程教学资源。深入挖掘用活高校丰富的校本资源，提炼其思政主题，融入思政课程，可以丰富思政教育资源的种类、增强本校思政教育的现实感染力，能引导大学生树立科学的理想信念、坚定大学生爱国主义情怀、提升大学生思想道德修养、培养自身全面发展的理念，为更加生动直观地开展思政教育工作提供坚实的基础。

一、校本资源融入思政课的重要意义

校本资源是高校思政课重要的资源，它所包含的坚定理想信念内涵、高尚的道德情操内涵、深厚的爱国主义精神、丰富的智力成果等，在保证思政课教学开展的正确政治方向、充实和深化教学内容、创新教育教学方式、减少教育教学投入、取得良好教育效果等方面有着重要的意义。

习近平总书记在全国高校思想政治工作会议上指出，“把思想政治工作贯穿教育教学全过程，实现全程育人、全方位育人”。习近平总书记的这一重要讲话精神为推进高校思想政治工作指明了方向，是实现高校思想政治工作“在改进中加强”的根本遵循。整合高校教育资源，是推进高校思想政治工作的关键。

（一）为思政课教学内容提供正确的政治方向

高校作为培育时代新人的主要阵地，其所存在的校本资源必定蕴含着有利于引导大学生形成正确政治方向的思政要素，是高校发挥其立德树人作用的极好教材。任何一所高校从无到有、由弱变强，其曲折的办学过程都与国家和民族的兴衰荣辱紧密相连，都是同一时代发展的缩影，长期办学历史中形成的办学传统、积淀的文化底蕴等丰富多样的校本资源，可以增强大学生对母校的尊重热爱之情，激发大学生对于母校的归属感，加深学生爱校荣校的情感认同，进而升华对祖国、社会的热爱，进而进一步树立民族自尊心、自信心和正确的世界观、人生观、价值观，养成良好的道德品质和文明行为，使其在情感上接受、信任思政课教育内容，对教育内容形成内在的认同。高校作为培育社会主义合格建设者和可靠接班人的主要阵地，校本资源必然蕴含着党的指导方针、爱国主义题材以及爱国主义活动，培养爱国主义精神始终是校本资源的重要内核。高校作为主流意识形态宣传的主要阵地，其文化资源必然包含着完备的马克思主义理论体系以及根据时代发展创造的最新理论成果，校本资源中丰富的文化活动必然使大学生在实践中确立马克思主义信仰。

（二）为思政课提供有针对性的教学内容

校本资源可以弥补大学生思想政治教育资源的不足，降低思想政治教育其他资源开发和利用的成本，且有利于增强思想政治理论课程的直观性、参与性和实效性，进一步有效提高思想政治理论课的教育教学质量和水平。校本资源所体现的价值追求，与当代思政课的价值观、利益观教育在目标和内涵上高度契合，是思政教育实践活动永恒的价值追求，可以将其融入五门思政课教学内容之中。校本资源凝聚了学校发展轨迹和时代发展缩影，内容生动具体，可以增强思政课的感染力和凝聚力。校本资源所涉及的人物、事件、地点生动具体，都是实实在在的，有的可能是大学生早就有所了解的，有的可能是他们耳闻目睹的，有的甚至是他们身边的人或发生在他们身边的事。学生身临其境，一旦进入这个氛围，就会受到潜移默化的影响，其行为心理和价值取向会自觉或不自觉地受到学校文化的指引，从而对大学生的价值观、人生观发生积极的导向作用。如大学精神，是一所高校几代人共同努力后才形成的一脉相承的价值认同，往往蕴含着独具特色的价值规范和规范标准，具有强大的凝聚力和吸引力，并使它的每一个成员内心生成一种强烈的归属感和荣誉感。如“川农大精神”是川农校本资源的核心内容，是经过师生的共同努力，长期实践积淀深化而形成的精神品质、理想追求、价值取向、行为理念和文化氛围。它不仅是学校的力量源泉和精神象征，更是国家愿景、民族传承、社会意识和本土文化的融合体，是时代精神的表征和先进文化的集中体现，从本质上而言与思政课内容具有契合性。将“川农大精神”融入思政课程，将弥补大学生思政课教学资源的不足，有助于大学生认识“川农大精神”，有利于增强思政课程的直观性、参与性和实效性，进一步有效提高思政课的教育教学质量和水平。

（三）为思政课教学提供多样的教学方式

目前我国很多高校存在思政教育工作认同度不高、学生获得感不强、教学实效性有待提升的问题，难以达到立德树人的育人目标，其原因在于教学模式单一、教学内容陈旧、教学方法僵化，很难吸引学生的注意力。校本资源种类丰富、形态各异、形式多样，可以为思政课教学提供多样化的形式、多类别的教学载体、多类型的教学环境，不断创新思政课教育范式。如可以向大学生展示各种教具、实物，或组织进行实地考察、研究等思政课展示式教学；通过创设教学情境，让大学生亲自感知校史馆、学校建设成就展以及充满底蕴的文化设施、建筑景观、校园艺术生态等，达到自悟的思政课体验式教学；运用多媒体技术，让大学生接受以直观、动感、娱乐为特点的，让大家乐于接受的影音式教学，既优化了思政课教育内容传递的形态，又活跃了教学气氛。此外，还可以借助新生入学、新教师入职时的专题校本资源（校史）培训，开设校本资源相关课程，举办优秀校友事迹专题报告会等形式，在无形中熏陶和感染师生，直接或间接地影响师生的价值取向、人格塑造、思维方式、学术氛围和行为规范，增强思政课教学的针对性、实效性、吸引力和感染力。如川农马克思主义学院从学生关注的“川农大精神”入手，将“乡村振兴”的最新成果、“精准扶贫”的最新成效、“成果转化”的最新走向及“川农大精神”的最新影响等校本资源作为呈现教学内容的重要素材，将其有效整合到思政课课堂教学、课程训练和课程实践中，丰富了思政课的教学内容，形成了富有川农特色的思政课教学模式。

二、校本资源的思政功能

利用校本资源，使之成为高校思想政治理论课教学的内容延伸，有利于调动学生的主动性和积极性，深化学生对马克思主义理论的理解，提升学生对中国特色社会主义的政治认同，提升教学的实效性，具有极强的思想政治教育功能。

（一）理想信念塑造功能

理想是指从事实践活动的主题，以客观为依据，把事物发展的可能性与人们的需要结合起来所形成的关于未来的观念形态，是主体需要与客观要求的统一，具有合规律性、目的性和社会历史性。而信念是一种心理动能，通过提升人们的士气激发其潜在的体力、智力、精力和其他各种能力，是凝聚人心、催人奋进的伟大气质，是战胜困难、赢得胜利的精神动力。习近平总书记指出：“对马克思主义的信仰，对社会主义和共产主义的信念，是共产党人的政治灵魂，是共产党人经受住任何考验的精神支柱。”

各高校在不同时期经历了不同的艰难困苦，体现了坚定的马克思主义、共产主义理想信念；各高校校友中的各种先进人物和事迹，他们的高尚情操、模范行为和卓越成就等影响着大学生，具有感染、激励、号召、警醒等功能，可以激起他们强烈的情感，激励其积极上进，形成正确的理想信念，并积极付诸行动；高校作为知识分子和高层次人才汇集的地方，在长期的办学过程中，一代代学界精英为了我国的教育事业和科技振兴，为了中华民族的伟大复兴，不慕功名利禄，更有的放弃国外优越的工作和生活条件毅然回国，克服重重困难，立足三尺讲台，坚守科研一线，探索和积累了一系列教育教学改革的成功经验，创造了大量适应人才培养和经济社会发展需要的学术和科技成果，在对师生的理想信念教育方面具有不可替代的重要作用。立德树人是高校在新时代的根本任务，要完成这一任务，就要主动利用校本资源广泛开展大学生的理想信念教育，提升立德铸魂育人活动的实效性。

（二）价值观培育功能

价值观是人们对各种价值观念和价值知识的一般观点或根本观点的理论概括，它必然以人们的真认识为基础。在改革开放不断深化和新媒体不断涌现的背景下，面对多元思想文化和市场经济的负面影响，面对世界观、人生观和价值观尚未定型的青年师生，校本资源可以通过其真实的历史记载、专题的载体呈现、深厚的文化传承和有计划的学习教育活动，让大学生从中真切地认识到历代教育家和师生员工是如何立志报国、立言力行的，是如何把个人的价值追求与社会需要和国家的前途命运紧密地结合起来的，是如何把实现个人远大理想与脚踏实地地做好本职工作紧密地结合起来的，从而引导大学生为服务社会、报效祖国和人民而努力学习，早日成才，为实现中华民族伟大复兴的中国梦而不懈奋斗，进而逐步树立起正确的世界观、人生观和价值观，从而培养更多具有家国情怀、创新能力、全球视野和引领时代的一流人才。

（三）道德情操陶冶功能

高尚道德指的是代表着社会正面价值取向，起着引导、促进人们向善功能的规范人们行为的准则。人无德不立，国无德不兴。道德是一个人的做人之本，是一个国家的立国之道，道德建设的好坏，体现着一个国家民众的精神状态，影响着一个民族的兴亡盛衰。而无论是个人的道德养成，还是政治道德规范的生成，都要经历一个道德教化的过程。道德教化虽然不具有强制性，却是道德养成的重要手段。在当前的社会现实下，利用校本资源开展道德教化，既可以震撼学生的心灵，又能让学生接受优良传统教育、传承优良作风（教风、学风和校风）。一般来说，高校都保存着丰富的办学史料，特别是反映学校办学历程、重大事件、重大活动、重点人物、重要成果、师生先进事迹等的文件、文献包括照片、录音、录像、光盘、磁带等音像资料，形象而真实地记录学校各方面的工作、发展历史和先进典型。通过对其进行整理、编研和开发，可以客观、系统、全面地再现一所学校从无到有、由小到大、与祖国同发展共命运的发展历史和历代师生筚路蓝缕、艰苦创业的光辉历程。这些丰富的校本资源是对学校艰苦奋斗、不断开创事业发展新局面的真实写照，因此而具有特殊的校史校情教育和艰苦奋斗优良传统教育功能，在对师生进行爱校教育和引导师生树立主人翁意识、增强历史自豪感和社会责任感等方面都具有独特的作用。同时，一所学校的教风、学风和校风反映了一所学校的办学理念、文化品格、精神境界或思想追求，是学校在长期的办学育人实践中不断传承和积累起来的，对高校的改革发展、人才培养、科学研究、文化传承创新、社会服务等都具有至关重要的作用，并在一定程度上决定着一所学校的前途和命运。校本资源真实地记载着历代知识分子为振兴和发展教育事业，为培养更多合格的社会主义事业建设者和接班人孜孜不倦、呕心沥血、奋力拼搏的感人事迹；记载着无数教学科研人员克服各种困难，克勤克俭、严谨笃学、无私奉献，为满足人才培养和经济社会发展需要而努力追踪知识、理论和科技前沿所获得的具有重要理论和应用价值的学术成果、科技发明及荣誉称号等，对大学生弘扬大学精神、传承优良校风、推进大学文化建设等都具有十分重要的作用。优良的高校文化，能够对在校师生的行为和思想发生潜移默化的影响，影响并感染着大学生的道德情操，提高其品德修养水平。

第三节　校本资源融入思政课的困境及应对措施

一、校本资源融入思政课的困境

校本资源具有较强的思政育人功能，但是在现实当中其立德树人的功能并没有得到充分利用，其功能价值也没有完全体现出来，更没有取得很好的育人效果。这些不足主要体现在以下几方面：

（一）校本资源融入思政课程意识淡薄，尚未形成合力

对于将校本资源融入思想政治理论课中，搞好学生思想政治教育，目前高校总体上资源意识薄弱，缺乏校本资源开发应用意识，也认识不到其在高校思想政治教育中的重要性，更缺乏开发运用的动力。思想政治理论课教师负责对学生进行思想理论教育和思想品德教育，肩负着帮助大学生树立正确的世界观、人生观和价值观，培养社会主义事业合格建设者和接班人的任务，将校本资源的某些内容作为思政教学案例的很普遍，但将校本资源作为思政资源“富矿”进行挖掘并融入思政教育体系的还比较少。而哲学社会科学课教师、专业课教师、管理行政服务人员和大学生尚未被纳入校本资源开发与配置的主体范围。这种现状导致高校开发与配置校本资源的积极性和主动性不高，很难协调一致，无法形成开发与配置高校思想政治教育校内资源的合力。大多数高校忽视了哲学社会科学课教师和专业课教师作为开发与配置主体的地位。

（二）校本资源思政元素挖掘不够，尚未发挥应有效力

校本资源的思政元素往往都是隐性的、潜在的，需要发挥人的主观能动性去开发和配置，并将其有效融入高校思想政治教学活动中，才能凸显其具有的教育价值，推动高校思想政治教育目标的实现。目前各高校对校本资源中的思想政治教育资源的挖掘十分有限，在已开发和利用的思想政治教育资源中，利用范围大多局限于名人信息，利用程度多停留于浅表，缺少内涵和深度，与我国高校校本资源庞大的思想政治教育资源总量相比，仅仅是“冰山一角”。当前，高校一方面虽对校本思政资源进行了一定程度的内容挖掘，但对其思政功能未做进一步的研究；另一方面对已有的、尚不能完

全利用的思想政治教育潜在校本资源挖掘不够，难以提高其可利用程度，难以成为现实资源或形成可以被直接利用的新资源。如在校园物质环境中，校园建筑风格、设计理念、校园绿化、道路交通设施、教室、图书馆、宿舍等资源都具有育人的作用，但是部分高校仅把校园物质环境看成死的资源，开发与配置这类资源来增强育人效果的意识淡薄；在校园精神环境中，办学理念、特色和宗旨、校训、校徽、校誉、校风、教风、学风、大学精神、大学文化、师德等都是一所高校的无形资产，是高校思想政治教育的无形校内资源，可以使大学生在耳濡目染、潜移默化中受教育、长才干，但高校很难将其思政元素挖掘出来，为净化校风、教风、学风服务，为增强高校思想政治教育实效服务，为大学生成长、成才服务，未起到增强高校思想政治教育实效的作用。

（三）校本资源与思政课程内容融合不够，尚未形成教学体系

高校思想政治教育校内资源的结构失调是指部分高校思想政治教育校内资源闲置，没有被充分、合理地开发与配置起来，甚至其在高校思想政治教育的作用没有被意识到，难以形成完善的高校思想政治教育校内资源体系，从而为高校思想政治教育活动提供资源支持和保障，为增强高校思想政治教育实效服务。高校校本资源是一个资源系统，各类要素之间是相互联系、相互作用的，是一个整体，但是目前对校本思政资源的挖掘研究运用多关注于某一类具体资源，例如物质资源、精神资源、隐性资源、红色资源等，而忽略了对校本思政资源之间的内部联系的系统性研究，无法科学、有效地对校本资源进行整合利用。对于概括性地方资源的开发和应用研究较多，而以某个学校为例进行的校本资源研究比较少，尤其是对校本资源在高校思想政治教育中的应用研究更为稀缺，缺乏独创性专题研究。目前还缺乏将校本思政资源从思想政治教育或马克思主义理论学科的角度来研究，缺少校本资源融入思政课的方法路径等具体操作，缺少将校本思政教育资源与具体思政课程体系的相关内容结合形成完整的教学体系的相关成果。

（四）校本资源融入思政课程方式单一，尚未发挥其应有的育人作用

当前，各高校的思想政治理论课程教材做到了统一和规范，教学理论性较强，但存在的问题是教材内容枯燥，单纯依托理论灌输的课程设计，过于严肃、沉重，不符合高校大学生的认知特点，难以取得良好的教学效果。如何由教材体系转化为教学体系，将地方课程资源特色融入其中，增强其针对性和趣味性，这是很多高校一直探索的实践问题。思想政治理论课作为高校大学生公共必修课，涉及人数较多，因此以大班授课为主，在课堂中可以将校本资源融入教学内容中，但在讨论课、交流课、辩论课、讲演等课程训练以及社会实践等形式的教学活动中，因人数较多而很难开展，校本资源融入思政课程形式较单一，难以增强思想政治教育的针对性和实效性。

二、校本资源融入思政课的措施

校本资源作为一种资源，其本身蕴含着丰富的思政元素，具有独特的育人功能，是优质的思政教育资源。但校本资源不会自发地发挥思政育人功能，需要学校深耕其中的思政元素，精心设计校本资源融入课堂的有效策略，发挥校本资源的优势和独特价值，才能有助于提升思政课程的亲和力和思政教育的实效性，增强学生对思政课程学习的获得感。

（一）做好校本资源的思政元素开发，丰富思政课教学的资源和内容

1. 形成思政校本资源开发的主体合力

（1）思政课教师是思政校本资源开发的主体力量。思政课教学需要丰富的资源来支撑，而资源的发现和利用需要思政教师有主体意识、问题意识，积极关注校园中一切具有思政教育价值的各种资源，善于发现并敏锐地捕捉可用于思政教育的成分，不断挖掘贴近时代、贴近生活的道德力量的源泉。要树立大德育的思想观念，积极组织师生调研，将全部的学校资源及生活都视为思政教育的鲜活教材，把能够获得广泛认可的、有力量的道德因素吸纳到高校的道德教育之中，积极地开发、利用和整合高校的德育资源，形成极富道德判断价值的教育资源、营造全方位育人的道德氛围。

（2）要形成高校思政课教师、专业课教师、管理服务者共画思政教育资源开发“同心圆”的局面。思政校本资源的开发，既是思政课教学的需要，也是专业“课程思政”教学的需要。专业课教师在提升自己的思政素养和能力的同时，也需要“探矿专家”思政课教师的指引和帮助。需要思政课教师和专业课教师密切合作，加强顶层设计，增强各门课程协同作战能力，根据不同课程培养目标、课程内容与校本思政资源实际的契合情况，各课程的教师相互启发，将相应的思政元素融入每一门课程，实现思政校本资源的系统性挖掘，让校本资源与“思政课程”和“课程思政”同向同行，形成开发合力。为此，高校应该搭建便利思政课教师与专业课教师合作开发校本资源的平台，创新管理体制机制，如针对校本资源召开集体讨论备课会、校本资源思政专题研讨会，并组织思政校本资源课题申报等。同时，还要发挥高校管理服务队伍开发校本思政资源的积极性，他们为大学生提供优质顺心的管理、后勤服务，使大学生在优质服务中受感染、受教育，实现服务育人的目标。如大学生公寓是大学生活动的重要场所之一，大学生必然会受一定的公寓文化和环境的影响，后勤服务队伍也是开发与配置高校思政资源的主力军。

2. 挖掘各类校本资源思政“富矿”

（1）高校的校史、校情、校友是一所学校特有的思政教育资源，它是自身所特有的办学历史、学风教风、校园精神统一体，对其进行开发和利用是高校提高思政教学实效性的现实途径。要充分挖掘和开发校史、校情的德育因素，必须将其融入高校师生的学习、生活之中，突出校史的时空延展冲击力以及校情承载的人物、事件和其他内涵的冲击力，让人有身临其境的直观感受，并辅之以灵活多样和生动活泼的教育手段和教学方法途径，提升道德教育的效果。特别是要重视对学校优秀创始人德育资源的开发，积极开发以校史、校情为代表的校本德育资源，通过开展形式多样的德育实践探索活动，不断促成校本德育资源的丰富和完善，使道德特色更加鲜明、学校思想政治教育工作更富有实效性。

（2）要重视挖掘校史资源，加强校史思政元素研究。一所大学的校史资源就是这所大学的历史变迁，更是这所大学的历史文化积淀。校史研究是一项系统工程，是大学文化建设的基础性工作，需要高度重视并精心组织协调。学校要积极搭建校史研究平台，组建研究团队，在经费方面加大投入，以课题立项的方式研究校史、校情，挖

掘其中所蕴含的思想政治教育资源。如结合川农100多年的发展历史，深耕“川农大精神”中的思政元素，把贴近实际、贴近对象、贴近具体的校本特色资源融入教学中去，通过“浅入”而“深出”的课堂教学，就可以把“高大上”的抽象理论拉回同学的身边。所以，利用好思政课建设契机，把“川农大精神”融入课堂，对于新时代背景下培养知农爱农兴农新型农林人才有着极其重大的意义。

（3）要重视挖掘各学科所蕴含的思政元素。要充分认识不同类型课程的差别和特点，具体问题具体分析，找准挖掘的着力点。挖掘要考虑课程类型、课程特点，实事求是，各有侧重。譬如，与哲学社会科学类课程的思政元素相比，自然科学类课程思政元素的挖掘，重点在于体现马克思主义哲学原理的科学思维，探索科学、追求真理的科学精神，热爱祖国、服务人民的伟大情怀，运用科学造福人类而不是毁灭人类的科学伦理。

（4）要重视挖掘校园物质文化思政元素。高校思想政治教育离不开一定的环境条件，大学生的校园生活也无不是在特定的环境氛围中进行的。可以说校园环境是对大学生实施积极影响、提升其思想道德素质的重要力量。实现学校处处是教育、学校处处有教育，离不开对校园环境的积极营造。洁净优美、精心设计的校园环境会使生活于其中的大学生产生审美愉悦，感受现代文明人的道德追求，增强其对学校的自豪感和荣誉感；同时，蕴含着学校办学理念、展示人文关怀的环境布置也是感染大学生的重要途径。因此，加强对校园环境的整体规划，积极营造与学校办学传统、培养目标相一致的校园特色环境，规划合理的校园建筑、郁郁葱葱的花草树木、富有寓意的人物雕塑、醒目有力的名言警句等，是实现让每一堵墙说话、让每一棵树育人伟大境界的有效举措。正是在这样的环境熏陶中，通过教与化的结合，潜移默化地感染和陶冶大学生的心灵，实现寓教于境。

（5）要重视挖掘校园精神文化思政元素。培养大学生高尚的道德情操和健康的审美情趣，形成正确的价值观和积极的人生态度，实现高校思想政治教育目标，离不开精神的力量。作为校园文化的内核，校园精神文化旨在形成广大师生的精神动力及对学校的归属感，实现寓教于情。学校的历史传统、办学风格、教风学风、人际氛围等，犹如巨型磁场，成为推动大学生奋发前行的强大精神力量。置身于其中的每个主体，无意识地接受这种精神氛围的无形熏陶和力量的鼓舞，自觉地将自己融入校园精神文化之中。因此，加大对教风学风的管理和引导，加强大学生的心理健康教育，创设校园内积极的群体文化和人际氛围，并发挥其无形的激励功能和示范效应，使信念、价值观等在大学生内心形成一种心理定式，构造出一种响应机制，激励个体的积极性和创造力，有助于大学生的思想品质、道德情操的提升。同时，发挥社会主义核心价值体系对校园主流文化的引领作用，实现社会主义核心价值体系“三进”，确定马克思主义意识形态的主导地位，使校园内积极、健康的文化得到张扬，消极、颓废的文化得到抑制，促进校园良好风气的形成。

（6）要重视挖掘校园制度文化思政元素。高校思想政治教育的实施离不开一定的秩序保障。校园制度文化是校园规范的总和，是高校在教育管理过程中逐步形成的，体现着学校特有的价值观念和行为方式，是校园主体的行为准绳，也是实施思想政治教育的重要保障。校园制度文化的教育影响力量主要通过两个方面来体现：一方面，校园规范体现着校园主体的共同约定，对生活于其中的每个主体都会产生无形的约束力；另一方面，校园规范体现着学校的办学思想和办学理念，联结着师生共同的情感与价值认同。在制定和执行过程中，其中蕴藏的社会道德规范要求、教育者的价值观和信仰等都会无声地传递给大学生，对大学生产生有力的影响，成为高校思政治教育的重要资源。

（7）要重视挖掘校园活动文化思政元素。校园活动是大学生校园生活中不可或缺的重要内容，也是高校思想政治教育实施的有效载体。活动的开展，不仅可以丰富大学生的业余文化生活，同时也有助于调动大学生的积极性，加强凝聚力，推动和谐校园建设。人的思想品德、道德情操、理想信念的形成，是一个复杂的过程，不仅需要教育者晓之以理、动之以情，更需要教育主体积极地参与其中。校园活动的开展，就是调动大学生的积极性，实现寓教于乐，引导其形成良好道德品质的重要途径。因此，及时捕捉新时代大学生思维活跃、接受知识途径拓宽的特点，通过健康愉快、生动活泼的文体活动、科学竞赛、社会实践等活动的开展，吸引大学生积极参与，搭建校生、师生、生生之间交流的平台，实现在参与中引导大学生正确认识客观世界、增长知识、启迪智慧的目的。同时，深入研究新时期大学生的个性特征，加强校园活动的针对性，调动每一位大学生的参与积极性，实现大学生在参与中了解自我，并根据自身思想实际，在彼此的沟通与合作中，让其思想上受到教育、精神上受到鼓舞，实现自我教育的目的。

二、探索校本资源融入思政课方式，增强思政课教学的针对性

（一）校本资源融入思政课，要发挥教师的主导作用

马克思主义学院要成立校本资源融入思政课教学研究团队，设立校本资源融入每门思政课程的教改研究项目，推动思政课教学资源供给侧结构性改革，积极推进校本资源融入思政课教学体系，找到与思政课教学内容的契合点，找准与大学生思想的共鸣点，通过系统性的课程设计，以无缝对接和有机互融的方式，讲好校园故事、讲好身边故事，让思政课程内容既与时俱进又接地气。

习近平总书记强调，“办好思想政治理论课关键在教师”。思政课是立德树人的“关键课程”，思政课教师从事的是塑造青年大学生灵魂的工作，是这一“关键课程”的执行者和组织者，是影响思政课教学效果的关键因素。思政课教师通过深耕校本资源，深刻理解和把握校本资源的思政内涵，明确校本资源中每个思政元素的切入点，厘清思政元素与课程内容之间的关系，梳理各思政元素之间的关系，做到心中有数、有迹可循。可以邀请大学建设的亲历者、见证者及不同时期的建设者做专题报告会，或邀请研究大学精神和校史的专家对思政课教师进行专题培训，了解校本资源的前世今生及其深刻内涵。通过培训，让教师们对校本资源集中学习和研讨，深度挖掘和传承。思政课教师可以就地取材，利用一切有利资源，设计开发思政课校本教材，组织编写“校本资源进课堂教学参考资料”等思政教辅读本，形成与统编教材密切衔接、相互补充的教材体系，丰富思政课教学内容。

（二）校本资源融入思政课，要发挥学生的主体作用

学生在校本资源融入思政课堂中处于主体地位，要充分发挥学生在学习、传承和

弘扬校园文化中的主体作用，是提高推进校本资源融入思政课的实效性的关键。

（1）学生本身就是最好的优质校本资源，在思政课教学活动中应贴近学生实际生活，包括生活、思想及行为实际，这本身就是校本资源进思政课堂的一种方式。如在“思想道德修养与法律基础”课程内容中涉及新生如何适应大学生活，也涉及人生目标、人生价值实现等内容，这些内容如果仅仅局限于理论讲解，会流于枯燥。川农马克思主义学院“基础”课教研室为让教学更贴近学生需求、贴近学生实际，探索开展“优标”（优秀学生标兵）进课堂活动，发挥朋辈引领作用，以优秀学生标兵如何适应大学学习生活、如何克服困难、如何为实现自己的目标而奋斗的具体事例来感染和影响学生，既生动又形象。为了让教学效果最大化，在组织过程中，尽量让本学院的“优标”给本学院的学弟学妹们上课。接地气的教育方式产生了良好的教学效果，学习“思想道德修养与法律基础”课程成为大学生内在的强烈需求，把思想政治教育的目标变成了大学生自觉、自主的行动。

（2）要让学生熟悉和融入校本资源。在课堂教学中，引导学生主动去发掘了解校本资源，学生需要在课堂上与教师一起就校本资源的教学内容展开讨论，加深对思政课程教学内容的理解和认同；在课堂之外，需要探索校本资源教学内容的呈现，组织学生参观校史馆及校内红色建筑，让学生更好地了解校情校史，传承学校精神文化，增进爱校情怀，从而自觉践行“大学精神”，激发荣校的使命感和责任感；在实践教学中，学生可以微视频的方式将先辈典型事迹、大师学术成就及身边的榜样制作成纪录片、微电影、情景剧、话剧等视频资料，以此来讲好学校故事，激励学生养成奋发图强、追求真理的科学精神和求真务实、改革创新的时代精神。

（三）校本资源融入思政课，要结合各门思政课的教学目标

根据各门思政课程的内容和特点，马克思主义学院组织教师集中进行专题备课，在充分、准确地把握了各门思政课教学目的和要求、教学内容、教学重点和难点、学生特点、教学方法之后，坚持理论与实践、内容与形式、系统性与可操作性兼顾等原则，把教材体系优化成了教学体系，选择好突破口和着力点，做好教学设计，坚持内容为王，把校本资源精准融入思政课教学体系和课程建设之中。

校本资源蕴藏着丰富的德育能量，提炼其中的德育精髓，结合各门思政课教学目标，有机融入大学生思想政治教育，对于培养大学生成长成才和全面发展的作用和意义重大。“中国近现代史纲要”课程的教学目标就是要让大学生“认识近现代中国社会发展和革命、建设、改革的历史进程及其内在的规律性，了解国史、国情，深刻领会历史和人民是怎样选择了马克思主义，选择了中国共产党，选择了社会主义道路，选择了改革开放”。在遵循教学大纲的前提下，马克思主义学院紧扣教材内容，注重实际，深挖校史资源、优秀校友素材，将历史中的学校沿革、校友的光荣事迹与课堂教学有机结合，既能充分彰显课程目标，又能使校史与党史、国史充分融合，鲜活地展现在学生眼前，有效提升课堂教学质量，使学生通过课程学习全面实现“真学—真懂—真信”更高层次的教学目标。在实际课程教学中，马克思主义学院将高校发展的历史融入中国近代争取民族独立、人民解放的救亡史中，融入中国当代实现国家富强、人民富裕的奋斗史中，从历史视角讲透红色校史的爱国历程，通过身边一个个鲜活的教学案例，站在爱国主义、马克思主义中国化等理论基础上深刻认知爱国荣校的真正

内涵，既培养和加深了学生的爱国主义情怀，也使学生坚定了对马克思主义和中国特色社会主义的理想信念。在“思想道德修养与法律基础”课程教学中，马克思主义学院将校本资源中的奋斗精神与弘扬中国精神相结合讲授，将“远在天边”的知识拉近身边，学生易懂，感悟更深。“艰苦奋斗”是中华民族的传统美德，也是我们党在长期的革命和建设过程中形成的优良传统和作风，是学校的优良传统和办学治校的制胜法宝，也是学校事业能在艰苦条件下得到不断发展的重要精神力量。在实际课程教学中，马克思主义学院将艰苦奋斗的故事融入思政教学课程，激励大学生锐意进取、自强不息，培养学生奋勇拼搏的进取精神，锤炼自强不息的优秀品格，成长为中国特色社会主义事业的新生代、新栋梁、新骨干。在“毛泽东思想和中国特色社会主义理论体系概论”课堂教学中，让学生了解学校在人才培养、教学科研和社会服务等方面取得的显著成绩，让学生明白这些成绩是历代学校建设者在团结拼搏精神感召下形成的，也是中国特色社会主义现代化建设的一个缩影。这既可以激励大学生抓住大好的青春年华，以永不懈怠的精神状态和一往无前的奋斗姿态，刻苦学习，不负韶华，还可以使思政课更接地气、有底气，让学生更加直观地感受社会主义现代化建设成就，有助于学生坚定道路自信、理论自信、制度自信和文化自信，从而增强马克思主义理论的说服力和感染力。在“马克思主义基本原理概论”课教学中，讲授“主观能动性和客观规律性的统一”知识点时，联系历代科研学者肩负科教兴农的重任，奋发进取，敢为人先，形成严谨治学的优良传统和“求实创新”的科学精神，既尊重规律、潜心科研，又充分发挥主观能动性，敢于突破常规、开拓创新，取得的辉煌成就，将先辈典型事迹、大师学术成编撰成经典案例，培养学生求真求实的科学精神，促进学生树立勇攀高峰的雄心壮志，增强教学的实效性。

三、创新校本资源融入思政课的方法模式，提升思政课教学的吸引力

（一）创新模式让校本资源融入思政课

（1）构建情境体验式教学模式。所谓情境体验式教学，就是在充分了解和把握学生的认知特点和规律的基础上，通过设计一项或一系列活动，让学生通过观察和行动参与其中，从而让学生获得与教师设定的思想政治理论课相对应的情感体验和隐性知识经验，并借助学生的情感体验和隐性知识经验来达成教学目标的全面实现。情境体验式教学注重以学生为中心，以校本资源为依托，把抽象的思想政治理论以直观生动的实践形式展现出来，有助于学生在潜移默化中增强对思想政治理论课的认同。如在“思想道德修养与法律基础”课程训练中，可以学校发展史中的相关人物或特定事件为例，让学生通过情境再现的方式来感悟世界观、人生观、价值观、理想信念、中国精神及社会主义核心价值观等抽象的理论知识，在整个情境的创设及表演过程中，既能使学生增加对相关人物和事件的情感认知，又能使学生深刻感受到人物或事件本身所折射出的精神内涵，从而在潜移默化中实现思想政治理论课的教学目的。

（2）构建现场体验式教学模式。所谓现场体验式教学，就是根据学习相关知识的需要，让学生置身于自然或社会现实活动中的一种教学组织形式。现场体验式教学模式可以充分依托校本资源，精心设计与组织现场教学活动，使整个教学设计着眼于学生的心灵、思想与场景的融入，让学生在体验中学习，在学习中领悟和感动。如组织引导学

生参观校史馆、校园红色景观和雕塑，引导学生从学校的历史发展中感受中国共产党人坚定的理想信念和全心全意为人民服务的根本宗旨，从学校不懈奋斗的历史进程中感受中国共产党人艰苦奋斗的优良作风以及实事求是、敢创新路的创业精神等。

（3）构建网络延展式教学模式。所谓网络延展式教学，就是在优化网络平台建设的基础上实现学习资源的共享，以此拓展教学内容的广度和深度，从而达成教学目标的全面实现。新时代大学生是在网络环境中成长起来的群体，在生活中容易接受新鲜事物，网络新媒体已经成为他们获取知识、交流经验、日常娱乐的重要平台。高校可以利用所创建的官方网站、官方微信公众号、官方微博等网络平台，以数字化技术来展现校本资源，让大学生在对校本资源认知、认同的过程中潜移默化地改变其行为模式、价值取向、道德观念。

（二）创新教学方式让校本资源融入思政课

推进校本资源融入思政课，使之成为思政课教学的优质载体，有利于激发大学生的爱国主义情感，磨砺艰苦奋斗的品格，养成自强不息的拼搏精神，树立勇攀科学高峰的雄心壮志。为了利用好校本资源，调动学生的主动性和积极性，使思政课更接地气、有底气，需要不断加强思政课教学创新。

（1）课堂活动植入校本资源。推进校本资源融入思政课，不仅要结合课程内容和学生的双向需求对思政教材进行适当转换和重构，还需要通过有效的课堂活动把教学方案付诸实践。在课堂教学活动中，必须在教学方法、手段等方面进行一些变革，在授课形式上进行一些创新，以灵活多样的课堂活动推动校本资源生动进课堂。

（2）在课堂上可以结合校本资源进行知识竞赛，竞赛形式可以多种多样，可以设置必答题、抢答题、风险题等，让学生在知识竞技中掌握其相关内容。竞赛成绩可以计入平时成绩，以此来激发同学们的学习兴趣，提高学生探讨校本资源的积极性。在课堂上，可以借助相应的音频、视频、图像、文字等形式，结合相关教学内容来再现学校发展历程，讲好学校故事，在光影中回望历史，拉近历史与现代生活的时空差距。在课堂上还要利用好红色资源，讲好那些为了新中国而牺牲的校友等革命英烈的红色故事，传承好红色基因。红色资源产生于特定的时空，距今有一段距离，今天的学生在认知上、情感上会有一定隔膜，通过光影再现，可以加深学生对红色资源的了解，可以缩短时空距离，让学生通过丰富的内容和形式感受到学校精神的魅力和价值所在，从而自觉传承和践行这种精神。

（3）以新颖的教学方法、手段为依托，强化校本资源融入思政课，打造思政校本资源“一课一品”。马克思学院以核心思政课程为主抓手，根据不同课程特点用好用足校本资源，注重参与式过程学习，实现思政课“干巴巴的讲解”向“热乎乎的教学”转变，打造思政课程训练品牌。如“基础”课程面向大一新生，可以邀请优秀学生标兵进课堂，讲述他们勤奋拼搏的故事，发挥朋辈引领作用；“纲要”课程侧重历史，“口述历史·校友的追梦岁月”让历史与校史碰撞出火花；“概论”课程高屋建瓴，引入学校发展历程及不同时代的对比，结合校史、校情和校友的奋斗故事，联系实际深化对“马克思主义为什么行、中国共产党为什么能、中国特色社会主义道路为什么好”的理解；“原理”课程开展“自然科学家心目中的马克思主义”微视频拍摄，各种不同角度的解析让课程倍添趣味。结合校本资源的思政课课程训练形式，让思政课堂变得丰富而具体，激发了学生学习的参与激情，强化了对思政课的情感认同，提高了教学的实效性。同时，同学们也更加真切地感受到校园文化的魅力，为培养时代新人厚植了思政沃土。

（4）专家进思政课堂添彩，真情让学生心动。可以让校领导和部分知名专家走进思政课堂。他们自己就是校园文化的传承者，让他们结合自己的奋斗历程和人生感悟，以及对思政课相关内容的理解和感受来讲课。如邀请自然科学专家走进思政课堂或进行视频访谈，讲述他们在科学研究中的故事，谈论马克思主义相关理论在科研工作中的指导意义。他们的真情动容讲授，深受学生欢迎。他们真挚而饱满的情感打动了学生，提高了思政课“滋味”品味。

（5）“形势与政策”课程专题讲授以“大学精神”为内核的校本资源为主。为进一步推进校本文化为核心的校本资源进思政课堂，马克思主义学院每学期设置一个专题，面向全校学生讲授校本资源的相关内容。还在全校开展“形势与政策”课“大学精神”专题集体备课竞赛活动，提升教师综合素质和专业化水平，切实加强“形势与政策”课教师队伍对“大学精神”的认知认同。马克思主义学院与档案馆合作，建立思政课教学实践基地，共同开发学校“大学精神”等校本资源的讲义和课件，邀请档案馆馆员走进“形势与政策”课堂进行专题授课。

（三）要遵循规律，在创新中提升校本资源融入思政课的效果

要遵循思想政治工作规律、教书育人规律和学生成长规律，在改进中创新，在创新中升华，做到因事而化、因时而进、因势而新、因人而施，把校本资源真正融入思政课教学的全过程。

（1）因事而化。要适应学生的兴趣爱好，引导学生对校本资源做出正确的体验。在具体教学中，要把校本资源的教育成果转化为贴近学生的认知习惯、贴近学生的实际、贴近学生的生活。思政课教师在课堂上举身边的实例，特别是能积极践行传统精神和时代精神的人物事迹和鲜明案例，这样就在无形中增强了“大学精神”的传播力、吸引力和感染力，让学生在教学参与中得到了真实体验，在体验中触动了灵魂。

（2）因时而进。在思政课的具体教学中，可以综合运用文字、图片、音像、实物实景等作为教学的媒介，让学生以实物体验的方式触及感官，领会“大学精神”的真正内涵，调动学生的情感情绪，把“看、听、思、悟、行”融为一体，引导他们去感受、去思考“大学精神”的精神实质，以达到情真意切、意远理深的教学效果。

（3）因势而新。在将校本资源融入“概论”课的过程中，马克思主义学院与学校的宣传阵地形成了联合带动效应。在校报校刊、校园景观、文化走廊、校园广播、学生社团等校园文化的建设中，马克思主义学院积极践行“大学精神”的精神实质。在思政课开设的实践课程中，马克思主义学院积极践行“大学精神”，组织学生在实习地参观访问，进行社会实地社会调查、社会实践活动，以及进行志愿服务活动，真正意义上把“大学精神”融入“概论”课教学的全过程，提升了思政课教学的吸引力和亲和力。

（4）因人而施。如今的大学生已经以“00”后为主了，他们是伴随着互联网成长起来的一代人，而互联网深刻改变了他们的认知方式和表达方式。所以，他们对经过数代人的薪火传承和不懈努力所形成的大学发展成果的认知发生了变化，加之时代久

远等缘故，他们对此是陌生的。这就要求我们在思政课的教学中，运用他们喜闻乐见的表达方式，尽量凸显“大学精神”的真理性、时代性，使其在学生心中生根发芽。

四、推进思政课校本实践基地建设，拓展思政课实践教学渠道和手段

大学生正确的世界观、人生观和价值观的确立过程，实质上是其在不断实践的过程中，把道德内容内化为信仰、外化为行动的过程。道德实践是个人道德认知的形成过程，更是个人道德升华的过程，它使学生通过真实的体验来认知道德情感并且形成正确的伦理价值判断、道德判断，通过深刻的理解掌握道德规范，大大缩短了知识传授与反馈的过程。马克思主义学院注重将德育资源融入校园文化活动，打造独具道德因子的校园文化精品，在校园文化建设活动中激励师生培育爱国主义情怀，提升民族精神，培养诚信品格。马克思主义学院积极组织和动员学生参与学校雕塑、宣传设施等的设计以及寝室文化和教室文化的创设，让学生亲身参与和自我体验。马克思主义学院依托地方资源优势，加强高校大学生思想政治教育实践基地建设。

让学生在校园思政实践基地中学深悟透思政课程内容。“为学之实，固在践履”，实践教学是思政课堂理论教学的有益延伸和拓展，校园是学生学习与生活的主要场所，校园实践活动是思政课实践教学的重要环节。营造校园思政实践氛围，增强爱国、拼搏、团结、创新等情怀的校园感染。在校园文化的建设上，马克思主义学院充分利用学校相关院系专业优势，在全校统一布局进行“思政”要素的校园景观设计，打造校史文化墙、英烈群英园、校友名人雕像等校园建筑文化品牌。在办公楼、教学楼、运动场、活动中心、学生宿舍等建筑物，命名为能体现思政内涵的名字，真正发挥校园文化以文化人的功能，让全校师生员工在校园景观和文化设施等有形的建筑文化中耳濡目染爱国情怀。例如，在讲述“马克思主义在中国的传播与中国共产党成立”等理论知识部分，思政课教师带领学生走进学校档案馆，由老师或者学生进行现场讲述，让大家近距离地感受到校友英烈心中马克思主义信仰的力量。又如，在思政课实践教学的校园实践中，可以打造展示“大学精神”的才艺周文化实践项目，由学校相关职能部门和马克思主义学院联合举办，开展大学生“大学精神”知识竞赛、书画展览、诵读爱国诗词、征文比赛、微视频制作、文艺汇演等活动，使学生在喜闻乐见中增进对“大学精神”的认同。搭建校园实践大平台，积极延伸小课堂，充分利用各类资源，“请进来”“走出去”，通过实践活动打通思想理论进入学生头脑“最后一公里”。

思政课社会实践要结合高校专业行业特点，让学生在校本资源学习中感悟践行，提升思想道德修养水平。如习近平总书记在给全国涉农高校的书记、校长和专家代表的回信中指出，新时代农村是充满希望的田野，是干事创业的广阔舞台，农林高校思想政治教育要紧紧围绕立德树人的根本任务，教育引导广大农林学生成长为“有理想、有本领、有担当”的新型“三农”人才。作为以“农”为优势和特色的高校，四川农业大学依托实验教学基地（如崇州现代农业研发基地、温江农作物转基因试验基地、雅安禽畜养殖科研基地等）开辟实践教学的“田间课堂”，厚植学生“知农爱农”情怀，培养学生“强农兴农”担当。同学们通过参观考察实验教学基地，走入田间地头，走进农村农业，触摸乡村脉动，培养知农、惜农、爱农情怀，并立志投身“三农”事业。通过“田间课堂”学习教育活动，使学生能更加深刻地理解正是这一代代“土”专家默默在田间耕耘的坚持、在农业科教第一线的奋斗，才会有农业科技推动农业的

发展，才会有乡村振兴中的农业现代化，才会有中国人的饭碗能牢牢地掌握在自己手中，从而更加坚定学生服务于新时代大国“三农”的理想信念。培养大学生思想道德素质，不应是单一的理论“灌输”，更需借助思政实践教学环节，促进学生知行转化，“行之愈笃”才能“知之愈明”。

要搞好思政校本线上实践活动，加大爱国、拼搏、团结、创新等情怀和品质的网络传播。在信息化时代，思政课实践必须利用新型互联网技术和现代化信息技术，积极、主动地进行线上实践活动。要结合思政课教学需要，建好思政网络实践教学平台。将“大学精神”的文献史料、音频视频资源作为重要内容进行收集整理，形成网络资料馆。将学校在社会服务方面做出的杰出贡献进行案例整理，构建虚拟仿真实践项目，让学生在做实验的同时就能够深刻体会到精神的力量。要鼓励学生在校期间参与“大学精神”课堂、校园活动、社会实践活动，将能够体现“大学精神”的音频视频成果利用学校“两微一端”或者其他新媒体进行发布，加大网络传播的力度。

第二章
校本资源进“基础”课

在四川农业大学百余年发展史上，既有留名青史、可歌可泣的英雄人物，更有平淡无奇、默默无闻的普通师生。他们远大的抱负、崇高的理想、坚定的人生信念、赤心报国的精神和乐于助人的品德等，都汇聚凝结成为一种永恒的校本资源。这些精神财富不断激励广大师生在战疫抗疫的第一线、在脱贫攻坚和乡村振兴的主阵地、在广阔的国际国内舞台上展示绚丽的风采。校本资源融进“基础”课，不仅可以推进“基础”课的教学改革，而且可以帮助学生充分认识人生的意义，激励学生为实现理想不断奋斗，为奉献社会不断追求。

第一节　青春亮彩，战疫之歌

一、案例呈现

自新型冠状病毒肺炎疫情爆发以来，我校学生积极投身各地疫情防控阻击战当中，用实际行动为这场战役贡献青春力量，践行着川农人的使命与担当。请看以下案例。

众志成城，爱心捐赠助力疫情防控

“最初根本没想到会有这么多人加入，让我真切感受到了这个国家满溢的美好和爱。”2020 年 1 月 24 日，疫情刚刚爆发，我校风景园林学院 2019 级学生李沐忧心忡忡地刷着关于疫情的微博热搜，突然看到武汉发出向社会筹集物资的公告，李沐便决定发动身边的朋友一起捐款购买物资送往武汉。由于时间紧迫，她和朋友迅速在线上成立了“爱心合捐小分队”，通过制作海报和发布筹款群二维码，短短 30 小时内，聚集数千人，为武汉募集到了 9 万余元善款。因为正值春节假期，许多工厂断货，购买防护物资成为李沐最为忧心的事情。能买到的物资要么不符合医院标准，要么只能延后发货，甚至在购买防护服的过程中还遇到了骗子，最后在众多好心人的帮助下顺利购买到了防护服、护目镜、口罩等紧缺物资，并成功捐助给了湖北同济医院、汉口医院等单位，解决了它们的燃眉之急。

“感谢何雨虹、袁诗雨、余德炀三位学生代表四川农业大学汉源学生到汉源县各疫情防控卡点进行爱心物资捐赠……”这是学校近期收到的一封来自汉源县的感谢信。2 月 4 日，我校汉源学生何雨虹在了解到当地防控一线人员物资紧缺时，便萌发了拿出

压岁钱为他们购买物资的念头，他迅速将这一想法告诉了同为川农学生的袁诗雨和余德炀，得到了大家的一致认同。二话没说，几人凑了近 2 000 元，当天中午他们就去购买了水果、饮用水、方便面等生活物资，塞了满满一小车，逐一送到了汉源的各个疫情防控卡点。家人得知他们的善举之后，在口罩已经断货的情况下，也纷纷将家中自用的口罩捐献了出来，最终捐了 100 个口罩给防控一线的工作人员。从想法的萌发到将物资送到防控一线人员手中，他们仅仅用了几个小时，用实实在在的行动支持着这场疫情防控斗争。

在学校组织募捐的过程中，学生们也积极慷慨解囊。“我们愿意捐出集体获得的所有奖金。”日前，动物科技学院草学 2017 级 2 班团支部将 2019 年获得“优秀班集体”的 1 000 元奖金作为全班团员青年的“特殊团费”上交给了学校。发起人田科表示，这个奖金原本计划用于支部日常活动开销，但在得知学校正在为抗击疫情组织捐款后，他们也想贡献一分力量，便与班支委讨论将集体奖励捐出来。这获得了大家的一致认可，也得到了全班同学的支持。与此类似，还有动物医学院兽医硕士研究生党支部，在支部党员个人都已经捐款的情况下，又将在学院优秀党日活动评选中获得的奖金全部捐出。

“虽已毕业离校，但永远是川农人。”在学校组织捐款活动期间，土木工程学院收到了已毕业的土木 2015 级 4 班的捐款。该班同学在了解到学校正在为疫情防控组织捐款时，积极主动联系到学校，想通过学校表示一点心意，但大家都不愿透露姓名，便在备注中署名“川农人”。

除了捐钱，毕业校友们也积极募集各种物资送往防疫一线。水产 2009 级的毕业生们通过 QQ 群发动大家捐款捐物，短短几天时间筹集到近 10 万元的物资送去武汉；理学院校友张洋从俄罗斯通过“人肉”快递为祖国捐了 9 000 余个口罩；畜牧系畜产品加工 1987 级校友何成军向学校捐赠了大量喷雾器、消毒粉、酒精等紧缺物资，而这些物资都为一线防控工作提供了强有力的物质保障。

同舟共济，积极参与地方志愿服务

“我不知道多久能回来，也不知道还能不能回来。”毕业于四川农业大学商学院的学生刘仙，在 2 月 3 日做了一个艰难的决定。她写好了一封遗书，为父母留下了养老金，便与 10 名同事带上采购的 100 吨食材驾车前往武汉，开始了为各大医院免费送盒饭的工作。他们每天都为医院送去 400～600 份盒饭，从火神山、紫荆医院，到武汉市儿童医院、672 骨科综合医院，到处都留下了他们的足迹。刚开始送餐时，由于没有防护服，她就穿着雨衣，开着自己的车到各家医院送餐，因此被广大网友亲切地称呼为“雨衣妹妹”。起初做盒饭的原材料，都是自己在四川买的，已经花去了 60 多万元。后来许多好心人开始向她捐赠，黄晓明协调医疗物资、吴京为她联系寻找护目镜，不少媒体更是直接捐菜、捐衣、捐医疗物资。她说：“来武汉这段时间，我已经瘦了 11 斤（1 斤＝0.5 千克）。不过，当看到医护人员的笑容时，就觉得什么都值得了。疫情不走我不走，这场仗必须打赢！”

在新型冠状病毒肺炎疫情最严重的时候，校友“雨衣妹妹”刘仙带着 100 千克猪肉、150 千克大米和她的团队逆行武汉，在 40 多天的时间里为当地医护人员提供了超过两万份热气腾腾的免费盒饭。她从驰援武汉的经历展开了她的故事分享。当问及在江城的艰辛和困难时，她总是轻描淡写地一带而过，而谈到投身抗疫一线给她的感悟时，她表示："说不害怕是假的，仅租住的小区就有20多例病例。白天忙于干活时不觉得，晚上回到家里时真的怕到一个人偷偷哭，这时候更加意识到只有生命才是最宝贵的。"她谈到，在内心最彷徨和无助的时候，大学班主任那一句"川农永远在你背后支持你"给了她巨大的心理支持，让独在异乡的她热泪盈眶。在分享中得知，刘仙回川后一直在关注公益，目前正在为向偏远地区的学生提供复课医疗物资而筹建口罩工厂。最后，她对师弟师妹们提出了"人无信而不立，踏实做事，要做善良真诚的人"的真诚期望。

体育学院2018级学生李杰身处湖北疫情重灾区，在全国紧急驰援湖北的情况下，他也在做好自身防护的同时，化身抗疫能人，积极投身前线。除了配合村委会对武汉返乡人员建档分类，巧用知识劝导村民不要出门，他还参与配送物资搬运工作，保证村民需求的正常供给。他说："村民的一声问候和感谢，就是最好的回报和动力。"同样身在湖北的水利水电学院2018级学生柯贤泽，深入到十堰市人民医院，为医护人员搬运口罩、护目镜、酒精、手套、新鲜水果等物资，以感谢医护人员的辛勤付出。

建筑与城乡规划学院2017级学生殷子寒由于此前在武汉培训了几天，1月20日她由汉口转车回家之后，立即对自己进行了居家隔离，二十天后才解除。可当她看到同小区仍有很多人不重视新型冠状病毒肺炎疫情时，主动请缨加入社区防疫工作中。每天十几个小时在小区门口值班、登记、劝返，并配合社区网格人员发布疫情防控信息，做好宣传工作。

"从1月30号以来至今，我就义无反顾地加入书院社区疫情排查及防疫宣传志愿工作中，投身社区第一线。"园艺学院2018级学生李明潞激动地分享着自己的志愿服务经历，"几乎每天都需要负责对小区业主情况进行统计及回访、返郫人员登记、防疫宣传督查、疫情期间商铺复工审核和为湖北居家隔离业主提供生活用品等繁琐的工作，但我乐在其中，我知道这是应当肩负的责任。"2月12日那天正好是她20岁生日，她也依旧坚持在自己的岗位上，一心一意地为社区服务，她说这才是大学生20岁生日应该有的样子。

"看到妈妈每天奋战在一线，我也想为疫情防控做点力所能及的事情。"风景园林学院2019级学生王欣然的妈妈是一名医务人员，自疫情爆发以来，她看到妈妈每天都在医院里辛勤付出，既担心又骄傲。当得知妈妈所在的医院正在招募志愿者时，她义无反顾地报名做了志愿者，与妈妈并肩战斗，每天主要承担打扫医学留观点、门口执勤、测量来往人员体温等工作。她说："虽然高强度的工作会让自己腰酸背痛，但比起在一线工作的医护人员，这点痛又算什么呢?!"与此同时，人文学院2017级学生张心悦与党员父亲一起参与志愿服务，食品学院2017级学生卢宇咫也与在红十字会上班的母亲同上战场，他们都在用实实在在的志愿服务助力疫情防控。

呐喊加油，创作文艺作品致敬英雄

"没有一个冬天不可逾越，没有一个春天不会来临。"近日，由四川农业大学演唱团团长杨方杰发起，来自11个省份的47名团员隔空接力翻唱歌曲《一直到黎明》，他们用歌声致敬抗疫英雄。为了尽快完成视频录制，同学们提前抽出大量时间反复练习和熟悉歌词，仅彩排就进行了数十次。由于没有专业设备，录制出的效果参差不齐，团队成员就自学软件，熬夜进行后期调试，一直忙到凌晨3点才最终完成作品合成。

与此同时，大学生艺术团各分团成员也纷纷出力，不断创作阿卡贝拉版《生如夏花》、舞蹈版《平凡天使》、原创诗朗诵《你在这里》、民乐合奏《岁岁平安》等作品，并上演了一台跨越千里的战“疫”接力特别演出，借艺术传递着抗疫力量。他们说：“现在正处于抗疫关键时期，我们不仅想以此致敬一线英雄，也想呼吁广大青年同学带头拒绝恐慌，做好表率，坚定风雪背后是春天的信心。”

“多希望温暖不再被阻隔，病毒不再会蔓延，幸好还有这坚实的力量陪伴在民众面前。”这是机电学院2019级学生郭为作词的原创Rap（说唱歌曲）《ncov》，在“微观川农”发布后，便迅速获得了许多留言和点赞。郭为一直对原创音乐很感兴趣，自疫情爆发以来，网络上出现了很多与疫情相关的文艺作品，他听后深受感动，也很想创作作品声援武汉。终于在1月31日这天，他突然有了灵感并很快写好了歌曲小样，然而音乐录制的时候又出现了难题，由于家里缺少必要的录音设备，郭为只有利用电脑的录音软件连接耳机进行简单录音。“虽然作品效果不佳，但这首Rap表达了我对医护人员的深深敬意，以及对战胜疫情的绝对信心。”郭为说。

“得知爸爸报名去武汉时，正好是我20岁生日前夕。尽管很舍不得他走，但我支持他的决定。”艺术与传媒学院2018级学生黄楚涵的父母都是医务人员，从大年初二开始就一直坚守在岗位上。随着全国抗击疫情的形式愈发严峻，有着24年临床工作经验的爸爸主动请缨出战，随时听从调遣，驰援武汉。为了给爸爸助威，她在自己生日当天，创作了漫画《报名去武汉的医生爸爸是超人》，为父亲加油鼓劲，也向奋战在一线的医护人员们致敬。虽然黄楚涵不能像爸爸一样冲到前线，但是她也充分利用专业特长，积极制作疫情防控科普视频，用自己的方式陪爸爸一起奋战。

人文学院2017级学生王锐的爸爸是西南医科大学附属第一医院的保安，为了防止疫情扩散，在医院工作的爸爸每天都必须彻夜执勤。有感于爸爸的辛劳，更有感于全国那些放下家人、扛起责任的逆行者，王锐于1月26日接连创作了《等待》《家》《花胜去年红》三首诗歌，为抗击疫情的一线人员加油鼓劲。这些作品一经发表，便在四川教育微信公众号、四川农业大学官方微信等平台都进行了展示，获得了上万人关注。“我们虽然在后方，但后方不一定就无用。我们和前线齐心协力，一定可以攻破这场战役。武汉加油，中国加油！”

一代人有一代人的长征，一代人有一代人的担当。在这场突如其来的疫情防控战中，众多川农学生都站出来了，他们用坚守和奉献诠释了新时代青年的责任与担当。相信在所有人的努力下，我们终将打赢这场疫情防控阻击战。

案例来源：张惠.青春战“疫”风采［EB/OL］.四川农业大学校园新闻网，2020-03-17，https://news.sicau.edu.cn/info/1135/56394.htm.

二、对接教学

（一）适用范围

本案例适合于《思想道德修养与法律基础》第一章“人生的青春之问”第三节

“创造有意义的人生”、第二章“坚定理想信念”第三节“在实现中国梦的实践中放飞青春梦想”第三目“为实现中国梦注入青春能量”、第四章“践行社会主义核心价值观”第三节“做社会主义核心价值观的积极践行者”、第五章“明大德守公德严私德”第四节“向上向善、知行合一”教学使用。

（二）理论要点

（1）人生价值；

（2）理想信念；

（3）社会主义核心价值观；

（4）道德、个人品德。

三、案例解析

本案例以抗疫为背景，通过对师兄师姐在抗疫中的优秀表现的阐述展示当代大学生应有的风采，不断激励学生为理想不断奋斗、为社会不断追求，充分认识人生的价值和意义。

人生价值是指个体的人生对于满足社会、他人和自身需要所具有的意义。它是人生观的重要方面，也是价值观的重要内容。人生价值包括人生的社会价值和自我价值两个方面。一方面，一个人是价值主体，他把他人和社会作为自己的价值客体，他是需要的主体，有其自身的需要，他要依靠他人和社会的活动及其成果来满足自身的需要，这就是我们通常所说的向社会索取，或社会对个人的尊重和满足。这就是他的自我价值。另一方面，他又是他人和社会的价值客体，以其活动及成果，来满足他人和社会的需要，这就是他的人生的社会价值，也就是通常所说的个人对社会的责任和贡献。人在价值关系中是主客体的统一，人生的价值也是人生社会价值和自我价值的统一。

因此，我们要树立科学的人生观、价值观，就必须端正人生坐标，保持积极向上、乐观开朗的人生态度。成大事者皆有志，成大事者亦有恒。即使在战疫最艰难的时刻，也要坚定理想信念，积极乐观，迎难而上，在逆境中团结奉献，努力实现自己的人生价值。

四、课程训练

（一）课堂环节

可以将部分仍然在校的师兄师姐请到教室与同学们进行面对面的交流。

（二）课后实践

布置任务让学生分成6~8人小组，搜集更多的青年学生在抗疫中奋斗的事迹，并写出3 000字左右的总结汇报。

五、思考与讨论

结合以下材料思考怎样的青春才是无悔的青春。

葛飞：走在精准扶贫路上的海归博士

近日，葛飞同志获评团中央授予的2020年“全国向上向善好青年——扶贫助困好青年”荣誉称号。

葛飞，四川农业大学党委组织部办公室主任、四川省凉山州雷波县千万贯乡垭口村驻村队员、留美海归博士。2018年6月，毕业留校工作的第二天，葛飞就主动申请到国家深度贫困县雷波县参加扶贫。他将扶贫和扶智、扶志、扶产相结合，走出了一条有特色的扶贫路。

走近扶贫，他是满心好奇、信念坚定的中共党员

虽然葛飞在学生生涯时对未来的规划并没有扶贫这一项，但是当2018年他接触到精准扶贫后，转变了想法，便在第一时间报名参与扶贫。尽管熟知他未来规划的家人起初有些不理解，但是他说：“因为我从小在农村长大，我真的很想让更多的农民和我一样，走出大山，脱贫致富。”最终他坚定的决心使家人们选择相信他、支持他。

去到垭口村后，尽管当地的状态超出了葛飞的预想，但是他依然坚持自己的初心，坚定了自己作为一名共产党员，亲自参与到脱贫攻坚这场战役中去，找出贫困人口致贫的原因，并将精准扶贫政策在他们中恰当施用的信念。所以在之后的工作中，他积极地将自己的知识传授给村民们，用特色产业发展帮助他们脱贫，还通过设立励志奖学金等方式，实施教育脱贫，改变了村里孩子们的命运，让他们多了一分走出大山的可能性。

走进农田，他是潜心做事、创新扶贫的博士

为解决垭口村冬季牧草匮乏、黄牛难以过冬等问题，葛飞与四川农业大学另一位驻村干部胡剑锋一起，通过实地考察、实验试种，挑选出适合当地的牧草品种，提出“以增产为基础，以特色养殖为突破”的扶贫思路，增加群众致富渠道。同时，他还运用所学的专业知识，将“种草养畜”和“生态养蜂”创新结合，并提出了发展花源可控、花源丰富、蜂蜜质量高、蜂蜜产量可控的生态养蜂特色产业。经过他们不断探索创新，最终形成了可以推广的“玉—豆—草—蜂—畜”种养循环模式，既解决了牛羊过冬草料缺乏的“世纪”难题，又带来了新的经济增长点，当年让蜂农增收8万元，集体经济分红3万元。

走进村中，他是会说农家话的知识青年

葛飞一直坚持“没有调查就没有发言权”理念。他说：“我们做事情时，不能仅仅看表面就将事情直接定性，而要通过深入的了解才能取得发言权。不然说出的话就是不符合实际的，也是非常不负责任的。”在垭口村两年的扶贫工作里，葛飞坚持以拉家常的方式，深入了解村民们的生产生活，针对每户村民进行精准施策。在了解到垭口村农户普遍存在的蜂蜜、脐橙等农产品销售困难，肉牛养殖技术落后等问题后，葛飞依托四川农业大学资源和现代信息网络积极想办法解决这些问题。他携手四川农业大学环境学院学生创业团队帮助农户推广销售蜂蜜、脐橙等农产品；邀请四川农业大学赖松家教授、杨明显副教授等专家对千万贯乡肉牛养殖和蜂养殖技术进行指导培训；

依托微信、QQ 等 APP，建立了以村民为主体、四川农业大学专家为核心的新媒体技术指导交流平台，实现了村民在家中就可以直接和专家交流，为当地培养了一位又一位“土专家”，让书本里的知识在垭口村的土地里生根发芽。

在村民眼中，葛飞既是一位拥有着广博学识的知识青年，也是身边实实在在的扶贫干部。一位在外打工的村民给葛飞发了一条微信消息，上面写道：“你们扶贫干部把我们当你们自己的孩子看待，回来以后请你们喝酒。”这些来自村民的感激话语让他深受感动，也让他深刻体会到真心为民则民知感恩的淳朴道理。

走在路上，他是垭口村蜕变的记录者

除了专心于雷波县千万贯乡垭口村脱贫的各项具体工作，葛飞还是垭口村多年扶贫工作成果最直观的感受者和记录者。他通过自己在乡间路上随手拍的村庄概貌的前后对比图，来讲述垭口村脱贫的艰辛故事，为我国精准扶贫事业留下了珍贵的影像记录。在实干肯干的扶贫干部们的共同努力下，垭口村从 2014 年全村人均纯收入 3 328 元到 2019 年人均纯收入 7 370 元，人均收入翻了一番；村民们从以前只能吃“玉米面面饭”“酸菜汤”到现在“两不愁”；从以前的土坯房到现在的红砖白墙平房；从以前的水电交通不便、网络差、教育医疗资源匮乏到现在能够实现“三保障”“户三有”，垭口村实现了灰姑娘式的华丽转变。

“虽然之前一直从事科研工作，面对驻村扶贫工作中的问题也有不知所措、发懵的时候，但是我时常告诉自己‘面对问题态度最重要，优秀的人不管在哪个岗位都能做得好’。”葛飞在接受采访时说。

“兴中华之农事”，从来不是川农人的一句空话，而是一代又一代川农人的不懈追求。在新的时代使命面前，葛飞作为时代新青年，勇担时代责任，将自己牢牢扎根在祖国西南这片贫瘠的土地上，下足真功夫，实实在在做好精准扶贫工作，秉持着“川农大精神”，用实际行动为四川农业大学青年学生树立了标杆和榜样。

案例来源：谢心怡，朱玉情．葛飞：走在精准扶贫路上的海归博士［EB/OL］．四川农业大学校园新闻网，2020-06-01，https://news.sicau.edu.cn/info/1078/57569.htm.

第二节　志之所趋，虽远弗届

一、案例呈现

（一）惜时如金的优秀学生标兵赵思华

赵思华，农学院种子专业 2016 级学生。曾获得国家奖学金、国家励志奖学金、优秀党员等 20 余项奖项或荣誉。她在 2019 年获得了全国大学生生命科学创新创业大赛特等奖、全国农科学生创新创业大赛一等奖、“挑战杯”大学生创新创业大赛校级银奖。她现已被保送至西湖大学成为直升博士生。

赵思华的每一天都是以分秒计时的，高效利用时间是让她走向优秀的必备技能。

于她而言，高效利用时间最重要的是在固定的时间做固定的事。早上八点前完成口语练习、背一半单词，剩下的一半则利用打饭排队的琐碎时间完成……计划一旦制订下来，赵思华便会按照计划有条不紊地进行，不找任何借口拖延，只找完成任务的办法。

“我一般是早上六点半起床，晚上十二点才回到寝室。”为了高效利用学习时间，赵思华不肯浪费一分一秒，把待在寝室的时间压缩到最短。等她晚上回到寝室，室友已经睡着。珍惜光阴，求知若渴，这是她的人生信条。

“只有做成你想做的事，才能成为你想成为的人。”赵思华说，“我愿意成为一个自律的人，高效利用我的时间。”对赵思华而言，自律绝非一朝一夕可以养成的，也绝不是心血来潮时的豪言壮语，而是无数个日日夜夜的坚持。

时间的高效利用固然重要，但是适当的放松也同样不可或缺。她每周都会抽出一个下午的时间来放松自己，听歌、逛街、看电影，或待在宿舍休息，在偶尔的闲暇中获得幸福感和思考的时间。“适当的放松很有必要。我可以利用这段时间来调整自己，从而更好地发力，让自己做得更好。”赵思华说。

成为优秀学生标兵无疑是一件值得骄傲的事情，是多少学生梦寐以求的梦想——这也是赵思华的追求。

每一年的答辩现场，都能看到赵思华的身影。从旁听到自信从容地上台，她用了三年时间。

大三时赵思华参加了优秀学生标兵竞选答辩。尽管答辩落败，但并未对她造成打击，也并未让她意志消沉。因为她把参与“优标”竞选当成一次淬炼，也是她对三年来每一次旁听的回答。赵思华曾坚定地告诉自己：“无论结果怎样，我都会感恩。感谢一路上帮助我的每一位老师、朋友。我想当‘优标’，但我更喜欢努力追逐‘优标’的自己。”

优标是赵思华的追求，却不是她追求的终点。怀揣着一颗赤子之心，她感谢人生旅途中遇到的良师益友。“我刚开始做科研的时候什么都不会，就像一张白纸。我的导师给了我很多帮助，我们经常讨论一些实验细节。老师们在科研路上给予我很多指导，也在生活中处处鼓励我，让我的眼界更开阔。”

四年来赵思华多次参加创新创业大赛与各种实践活动，并屡次获奖。在个人能力得到提高的同时，她还认识了两位志同道合的好友。她们志趣相投，都愿意追求更优秀的自己，他们一起创建英语学习群，每日相互提醒督促，将各种学习资料分享到群中；当各自结识优秀的师兄师姐时，也会将师兄师姐介绍给小伙伴，从优秀的人身上学习各种知识，不断地提升，不断地超越，从而让自己更加卓越。最终，这好友三人分别被保送到北京大学、浙江大学和西湖大学。

在正式读博之前，赵思华去西湖大学进行了一个月的科研实验。“到西湖大学我才发现，身边有很多更加优秀的人。我距离他们还有一定差距，我在新的大学会将更多的时间与精力投入到科研上。”与优秀的人同行，让赵思华在“风雨科研路”上获得了更多动力，她要做的就是前进—比肩—超越，追寻更好的自己，相信自己一定能“做成想做的事，成为想成为的人”

案例来源：【求学记】赵思华：志之所趋，无远弗届［EB/OL］. 四川农业大学农学院新闻网，2020-06-09，https://nxy.sicau.edu.cn/info/1045/5593.htm.

（二）基层团干部王国娟

近日，由共青团中央举办的“希望工程”实施30周年报告会及推进新时代“希望工程”工作研讨会在北京落下帷幕，农学院2011届植物学专业硕士毕业生王国娟获评“希望工程”“突出贡献者”，并在大会上受到表彰。

王国娟在硕士研究生期间师从农学院植物生理与生物技术系主任杨世民副教授，养成了深厚的“三农情怀”，在毕业后积极投身基层服务，现任共青团越西县委书记，2015年8月至2019年9月派驻到越西县申果乡丰收村任第一书记。驻村期间，她任劳任怨，甘于奉献，以强烈的事业心和责任感克服了语言不通、环境艰苦等各种困难。当看到村里孩子们寒冬时节还穿着单衣单裤，作为母亲的她感到既酸楚又心疼。为了让孩子们能过一个温暖的冬天，她多方努力争取到了社会爱心企业的资助，为丰收村64名贫困儿童捐赠了价值12 800余元的暖心棉皮鞋。同时又积极组织协调，争取到“希望工程1+1”项目，资助了申果乡77名贫困学生，共计捐赠资金69 300元。在得知申果乡中心校餐桌紧张后，又积极与单位领导协调为申果乡中心校捐赠了50套共青餐桌，倡导青少年养成文明用餐习惯。并通过“幸福越西·暖冬关爱”行动为丰收村49名留守儿童每人完成了新年心愿，累计捐赠价值10 000元物资。

作为一名基层团干部，她六年如一日联系服务越西青少年，用实际行动帮助基层青少年解决了许多困难，也让越西共青团的工作迈上了新的台阶，曾先后被评为凉山州“双联”及干部驻村帮扶工作先进个人、“四川省优秀共青团干部”。

案例来源：佚名. 农学院毕业生王国娟获得“希望工程”“突出贡献者”荣誉称号［EB/OL］. 四川农业大学农学院新闻网，2019-11-25，https://nxy.sicau.edu.cn/info/1048/5082.htm.

二、对接教学

（一）适用范围

本案例适合于《思想道德修养与法律基础》第一章“人生的青春之问”第二节“正确的人生观”第二目“积极进取的人生态度”、第三节“人生价值的评价与实现”教学使用。

（二）理论要点

（1）人生价值、社会价值、个人价值；
（2）人生价值的评价以及评价标准；
（3）人生须进取；
（4）人生须务实。

三、案例解析

人生价值评价的根本标准，是看一个人的人生活动是否符合社会发展的客观规律，是否通过诚实劳动对社会和他人做出了贡献。一方面，自我价值是个体存在和发展的必要条件，自我价值的实现构成了个体为社会创造更大价值的前提；另一方面，社会价值是实现自我价值的基础，没有社会价值，人的自我价值就无法存在。人生价值是个具有多维性的价值系统，是人生社会价值和人生自我价值的统一，是物质价值和精神价值的统一。人生的社会价值和自我价值、人生的物质价值和精神价值是相互联系、辩证统一的。它们都是人的创造力实现的结晶，也是对人生目的和行为表现所做出的一种社会评价。正确认识和评价人生价值，是人类社会进化的重要杠杆，也是一个人正确选择人生道路、实现人生价值的重要条件。

第一个案例以师兄师姐的奋斗经历为背景，不辜负人生的青春时光，不辜负美好的大学时光，将自己的奋斗与追求融入大学学习中，为自己的理想而追求而奋斗，体现了人生应认真与人生应积极的进取精神。

在运用第一个案例教学时，应着重分析赵思华同学的个人讲述与向“优标”学习的经历，让学生明白优秀不是从天而降的，而是努力与奋斗的结果。

第二个案例主要以师兄师姐为社会发展做出的贡献说明只有在社会中锻炼自己，为社会发展做出贡献，才能使自己得到发展与锻炼，实现人生的真正价值。

四、课程训练

（一）课堂环节

（1）在教师讲授之余设计10分钟的课堂交流环节，让学生现场发言，通过了解赵思华同学的奋斗与追求谈谈如何不断追求与进取。

（2）在讲授人生价值的评价与评价标准时，通过该案例分析人生价值评价的标准，让学生感受到社会价值在人生价值实现过程中的重要性。

（二）课后实践

（1）安排学生到校园网上查询更多优秀学生资料，深入了解人生进取与认真的重要性，并结合自己的实际情况提交一份研读报告。

（2）组织学生利用课余时间与在校优秀大学生交流，感受优秀大学生不断进取、奋斗的学习精神，促进自己不断奋斗。

（3）安排学生利用课后时间深入到贫困地区调查，既要让学生明白脱贫攻坚的难度，也要让学生明白为了能脱贫攻坚全社会付出的共同努力，以及中国共产党人的坚定信念。

五、思考与讨论

阅读以下材料并规划自己的大学生活。

王玥：放弃3所985高校的录取　优秀女生选择母校读研

人物简介：王玥，中共党员，食品学院包装工程2016级学生，先后获优秀学生标兵、国家奖学金、四川省优秀大学毕业生、中国包装创新奖学金一等奖（全国唯一本科生）、四川省大学生综合素质A级证书、四川农业大学年度人物、校级创新创业典型、校优秀学生干部等20余项奖项及证书。作为雅安市镀羽科技有限公司的创始人，获得创业补贴。以第一作者（含共同第一作者）身份发表SCI文章3篇，累计影响因子为9.861，发表CSCD文章3篇，申请国家发明专利2项（第二作者）。王玥现已被保送至四川农业大学食品学院食品科学方向攻读硕士研究生。

“名校光环很诱人，但适合自己的才是最好的。”在得知自己顺利获得浙江大学、武汉大学、四川大学的保研名额时，王玥思索了很久，最终选择了留在母校。面对外界的惋惜和不理解，她微笑回应：“我相信川农曾给予我风云际会的机会，未来又何尝不能让我高居天山之巅。”

在大一开学典礼上，优秀学生代表的发言使王玥深受鼓励。“我希望有一天站在他们曾经站过的地方，发光发亮。”王玥给自己定下了目标。

“就像打怪升级一样提升自己。”为了顺利通过成绩关，王玥一直延续着高中时候的学习习惯，课前认真预习，课后及时消化课堂所学知识。给王玥上过课的老师，几乎都记得这个爱提问的女孩，课上、课下总能看到她请教老师、同学的身影。期末复习时，王玥会给每天列一个计划表，每完成一项任务就打个钩，同时为每一科准备一个新本子，记下重要的知识点、课后题等。三色笔也成了王玥期末复习时的好帮手，“不同的知识点用不同颜色勾画、记录，不仅可以帮助梳理重点、理清章节关系，还可以在有限的备考时间将重点通览一遍。”王玥在大一时就顺利通过了英语四级和六级，并一直保持综测排名班级第一、专业前四的好成绩。

在保持优秀成绩的同时，王玥还不断地尝试寻找自己最有优势的板块。在创新创业部担任学生干部期间，她认识了一大群热爱创新创业的小伙伴，了解了许多优秀的“双创”项目，创新创业的种子逐渐在她心中生根发芽。对创新创业一腔热血的王玥立马组建团队，放弃了实验室已有的课题，选择从零开始孕育属于自己的新课题。在经历了近十个设想被否定后，她意识到应把科研与实际生产相结合，于是摒弃以往天马行空的想法，在查阅大量文献的同时也对生活留心观察。王玥发现复合膜保鲜在与水果接触时容易吸水导致贮藏不易，便产生了以微胶囊的形式进行保鲜实验的设想。因云南白药牙膏曾出现的处方门事件而使材料的安全性问题备受关注，她又萌发了将3D打印和静电纺丝结合制作面膜的想法。通过与团队反复琢磨商讨，与导师积极交流，最终敲定了新颖可行的研究思路。

“在纠错中成长也是科研的一种乐趣”。有时实验结果会与预想的大相径庭，但乐观的王玥总是能快速调整好低落的情绪让自己振作起来，冷静地分析原因，思路卡壳时主动向导师和师兄师姐请教，项目研究渐入佳境的同时，她的科研素质也在一次次的磨炼中不断提升。从刚开始参与项目在实验室“打杂”到后来主持项目顺利结题，从学习跨学科知识到独立撰写创业计划书，王玥一路收获，一路成长，斩获省内、校内多种奖项。在2019年中国青年包装创新发展论坛上，王玥从来自武汉大学、吉林大学、江南大学、华南农业大学等40余所国内高校共上百名优秀本科生申请者中脱颖而出，荣获“中国包装+创新奖学金”本科生层次一等奖学金（全国仅1项）。

王玥的科研之路并非一帆风顺的。“收到退稿通知那一刻，感觉自己的努力全部被否定，我想过放弃。”2019年7月下旬，王玥连续两篇SCI文章被拒收，感到迷茫和挫败的她痛哭了好几天，对自己的能力产生了怀疑，甚至想放弃竞选优秀学生标兵。在与导师交流探讨后，王玥明晰了文章中存在的问题，迅速理清了思路。“坚持就会有转机，努力就会变幸运！”她一直记得导师给予的正能量。重燃信心的王玥为了修改文章，每天只休息3小时，这种吃不好、睡不好，与时间赛跑的生活持续了一个月，最终的结果没有辜负这个“拼命三妹”的努力，最后一篇SCI在推免面试前一个小时被收录。王玥总共发表第一作者（含共同第一作者）身份SCI文章3篇，累计影响因子9.861，CSCD文章3篇，申请发明专利2项（排名第二）。拥有活跃的科研思维、较强的科研能力与不错的科研成果的她在保送读硕面试中崭露头角，获得了浙江大学、武汉大学、四川大学、四川农业大学等高校的offer，并成功竞选上优秀学生标兵。这些用坚持与努力换来的小幸运使王玥戏称自己为“锦鲤女孩”。在直面这些挑战后，她变得更加乐观和坚强。

“留在川农并不意味着选择一条轻松的路。读研是个新起点，我要按下‘刷新’键，从零开始。”面对诸多高校抛来的橄榄枝，王玥也一度陷入迷茫。在老师、家人与朋友的建议下，她分别与拟录取学校的导师交流了自己的想法，从自身需求到导师风格、从学院培养方案到学校办学理念……经过反复思考，她觉得四川农业大学是最适合自己的平台，最终决定续写她在川农的成长故事。

案例来源：邓又天. 王玥：放弃3所985高校的录取　优秀女生选择母校读研［EB/OL］. 四川农业大学校园新闻网，2020-07-03，https://news.sicau.edu.cn/info/1078/58203.htm.

第三节　山河远阔，戈壁雄鹰

一、案例呈现

在学校110周年校庆之际，一辆从乌鲁木齐出发的列车，搭载着一位丝路游子和他对家乡、母校的思念，经历了46个小时的长途旅行后终于抵达成都。在到达雅安，踏上母校土地的那一刻，他想，50多年了，我终于又回来了。望着眼前既熟悉又陌生的母校，望着眼前自己曾经挥洒过青春与汗水的故土，记忆的胶片将他纷飞的思绪带回到50多年前。当年在即将毕业之际，张德良被分配到新疆工作，系主任彭家元专门找到张德良谈话：“你是我们班播撒得最远的一粒种子，一定要好好干，要在新疆扎根、开花!”张德良倍受鼓舞，他带着恩师的嘱托，登上了开往新疆的火车。

攻坚克难，再苦再难也要上

时光如白驹过隙，往事仿佛还历历在目：“当列车驶出了嘉峪关，放眼望去，前方除了荒凉的戈壁滩还是荒凉的戈壁滩，土黄色灰蒙蒙的一片，了无人烟，寸草不生。这和富饶的天府之国形成鲜明对比，简直一个是天堂，一个是地狱。到了新疆该是个什么不忍直视的画面？我像是从云端一下子跌到了谷底，像是有一块大石压得我喘不过气。真是‘一过嘉峪关，两眼泪不干’。感情不能自已，20出头的小伙子眼泪止不住地流下来。”

“到了新疆，那里气候干燥，作为土生土长在气候湿润地区的南方人，我的鼻黏膜和嗓子根本受不了，鼻子干燥到动不动就出血，嗓子也是又干又痒。这还不算，当地的盐碱化土壤占到了总耕地面积的98%，连喝的水都是苦的。所以我的肠胃也是很不适应，腹泻不止持续了好几个月，后来身体才慢慢适应过来。”身体的不适、语言不通、饮食习惯不同、不同的民风民俗，都需要张德良克服困难，迎难而上。“虽然条件艰苦，但拿着国家不错的薪水，我不能对不起国家。到了新疆，我被分配到离省会乌鲁木齐1 500多千米的一个叫伽师的偏远小县城去当技术员。这是新疆最穷、土地盐碱化最严重的一个县。穷到哪种程度？大多数人无法想象！当时我过去以后待遇还算可以，月收入74元。当时他们那里的人均年收入最低的时候只有34元！人均年收入34元！”1978年以后，当地人均年收入也只有41元左右。许多老百姓家中家徒四壁，连被子和枕头都没有，一方土石块就是他们的枕头，床上保暖的勉强只有一张毡子。当地政府为了扶贫，免费给他们提供麦草作为毛驴饲料，但他们把毛驴和麦草一起卖掉了。他们自己光着脚也舍不得穿皮靴。真的太穷了，基本温饱都保障不了，毛驴自然也养不活。这扶贫工作简直无法开展！”张德良动情地回忆道。

情系丝路，扎根戈壁滩

20世纪80年代，国家掀起了改革开放的浪潮，紧紧围绕以经济建设为中心大力发展经济建设，书写了一个发展中国家的改革发展传奇。这股浪潮激荡着如一潭死水般的伽师县。勤劳智慧却十分贫穷的伽师人民终于选择了乘风破浪勇做“弄潮儿”的道路。1986年，伽师县人均年收入比1985年翻了一番，达到340元。出现这个飞跃，到底是被施了什么魔法？

那时候新疆普遍流传着一种说法：“新疆最穷的地方是南疆，南疆最穷的地方是伽师。”伽师想要脱贫谈何容易？当地土壤盐碱化程度达到了98%，被苏联专家称为“世界盐碱地的博物馆”，绝大多数农作物在这样的环境中根本无法生长。怎么办？在一次扶贫工作会议上，关于扶贫工作无人建言献策，会议一片沉默。张德良憋不住了，他说：“伽师农民为什么枕土块？为什么他们把皮靴背在肩膀上，光着脚板？还不是因为没钱。我历来认为，问题的产生，不怪农民无能，而是我们县在经济指导工作中存在着战略性失误，没能发挥本县优势，带领人民致富……依我看，我们县一定要走科技扶贫的路线，科学技术才是第一生产力。伽师穷，就穷在次生盐渍化土壤上。这种土，种棉不出苗，种麦没收成。可是这种土壤中含有最有利于种植优质甜瓜的营养成分，利用科技选育甜瓜的优良品种来培育，可以种出世界上最优质的甜瓜！”这番犀利的言辞打破了会议无人发言的沉闷局面，更是让新上任的县委书记刘永昌如获至宝。以前，张德良种甜瓜脱贫的建议无人问津，领导说种棉，他非要说种瓜。就因为这样，领导给他穿小鞋，生病了请假不给批，入党也没入成。心里凉透了的他准备调回川农。

刘书记说：“老张你不能走，你对本县的土地这么清楚，这就是你干事业的资本啊！你要把未完成的大作写好写完！”

张德良凉透了的心早就飞回了家乡，使他口中硬邦邦地蹦出一个字：“不！”

眼前这位农民一般淳朴的县委书记，半真半假地看着张德良的脸说：“如果我们不给你办手续，硬不让你走呢？”

张德良深知县委书记的能量，严肃地说：“你能留下我这个人，却留不住我这颗心。”

刘永昌几次三番找张德良谈心，张德良继续跑调动手续。直到刘永昌第十几次登上张德良家的门时，张德良摘下眼镜擦拭着，半天没有说话。他内心想着自己这20余年的风风雨雨，还从来没有见过这样一位领导人登门十几次拜访只为一件事的。古时刘备请诸葛亮出山也不过是三顾茅庐吧。若再固执己见，那就实在是太不通情达理了。

张德良送走刘书记，又说服妻儿收回心来，一家人继续在伽师工作、学习。刘永昌立即安排张德良担任科技人员招聘领导小组副组长的职务。1985年，张德良又被提拔为副县长并入了党。这个副县长一干就连任3届，这颗川农播撒到新疆的种子，这辈子真的在新疆扎根了。

苦水种甜瓜，水苦瓜甜

种甜瓜，不留后路，说干就干。1985 年，在张德良的指挥下，伽师县种瓜 8 万亩，合算下来产量在 16 万吨左右。这时候质疑的声音传来：种这么多，能够卖出去吗？利用科技优势培育出的伽师瓜，甜分高，耐储运，还可以长途远销。而且相对于大多数的夏季瓜、秋季瓜而言，伽师瓜可以在冬季上市，填补冬季市场没有甜瓜的空白。有了这个时间差，肯定能打开市场。没有资金怎么办？张德良当机立断向银行贷款 1 000 万元，签下了担保书。他“乌纱帽”和后半生的命运，就和这 16 万吨甜瓜紧密联系起来了。瓜倒是种起来了，可是伽师地域偏远，交通不便，离最近的火车站所在地库尔勒都有 1 000 多千米。张德良组织农民亲自坐镇火车站指挥运输，通宵达旦、热火朝天，好不热闹。

为了给伽师瓜扬名，张德良组织了声势浩大的甜瓜品尝会。在首都北京，除了邀请政界要员、商界大佬品尝以外，还邀请了文艺界泰斗，他们为伽师瓜题字、作画、写文章。著名书法家启功先生挥毫写就：“奇甘都市尝新味，盛世儒林说异瓜。”伽师瓜同时也被直接送进了中南海，被拍成了电视宣传片。伽师瓜一炮而红。趁热打铁，张德良亲自带领伽师农民包车到上海、北京等全国各大城市去推销自己的甜瓜，搞产、运、销“一条龙”服务。1 万多维吾尔农民被调动起来各显神通，一般每个城市 1~2 辆车，每车 60 吨左右，足迹遍布全国。农民们从家乡走向全国各大城市卖瓜，不仅学到了商品生产的新知识，还扩大了眼界，增加了横向经济联系。一时间，伽师瓜被冠以“西域珍品”等美誉，以其味甘、营养丰富的优势，成为赠送亲朋好友的佳品。全国各地刮起了一股“伽师旋风”。到了 1985 年秋季，伽师瓜已经饮誉全疆，蜚声全国，远销港澳。

1985 年底，1 000 余万元的贷款就全部还清，伽师县在短短三年时间里就完成了脱贫致富的华丽转身，被评为新疆维吾尔自治区的先进县，成为整个自治区学习的先进脱贫典型。种瓜给农民带来了极大的收益，1986 年全县人均收入中仅甜瓜一项就增收 68 元，1987 年增收 87 元。种过甜瓜的土地盐碱程度减轻，可以改种小麦、棉花。富裕起来的农民首先把手中的钱用来购买牲畜、化肥和良种，1986 年全县粮食总产量达到 6 600 多万千克，比 1985 年增长了三成半。人民的生活好起来了，在这卖瓜的过程中涌现出了一批农民尖子，他们成了当时人人羡慕的“万元户”，到处盖新房，雕梁画栋，整洁华丽。当初家徒四壁的窘境已经成为历史，脏乱差的市容不复存在。农民们在出去增长见识的同时，有的还娶回来了外地媳妇，过上了幸福甜蜜的生活。同时他们也见识到了其他省份和新疆相比是何等的发达，更加深深地明白汉族同胞肯到新疆扎根援建是多么不容易，也明白新疆的发展离不开汉族同胞，这份深厚情感成为民族团结的牢固纽带。一个小小的甜瓜，不仅带来了巨大的经济效益，更是带来了巨大的社会效益。瓜甜，日子更甜啊！这变化天翻地覆，日新月异！

就这样，伽师瓜也给张德良带来了数不清的荣誉，国家级的、省级的、地方的……拿奖拿到手软。《人民日报》《新疆日报》、中央电视台等多家媒体相继对他的事迹做了宣传报道，亲切地称他为“甜瓜县长”。

2006 年，川农 100 年校庆时，张老曾回到母校跟环境资源学院的在校小校友分享了自己的人生经历。张老告诉他们，可能大家觉得自己现在的专业太过于基层了，没有那么“高大上”，以后也不愿意到基层工作。但是年轻人们，未来是你们的，无论干哪一行，只要认真钻进去都能干出成绩，干出事业。从某些角度来说，基层有着广阔的天地，大家在基层反而容易展开手脚，施展宏图！张老的一番话让当时环境资源学院的同学们倍受激励，纷纷向张老索要签名并合照。

眼前的这位“甜瓜县长”若有所思地说，伽师这地方土地是苦的，水也是苦的，用行话说这叫患了癌症的土地。可是这里种出的瓜特别甜，含糖量在6%以上。所以啊，世界上看起来再苦再无用之物其实都有它存在的价值，就看我们会不会利用它了。

张德良这颗川农播撒到新疆的种子不负恩师嘱托，这辈子真的在新疆扎了根，开出了绚烂的花朵，结出了甜蜜的果实。

案例来源：岳廷颖. 丝路游子扎根基层　种下甜蜜致富回忆［EB/OL］. 四川农业大学校园新闻网，2016-10-25，https://news.sicau.edu.cn/info/1078/24734.htm.

二、对接教学

（一）适用范围

本案例适合于《思想道德修养与法律基础》第三章“弘扬中国精神”第二节“爱国主义及其时代要求”之“爱国主义的基本内涵”与“新时代的爱国主义”两目教学使用。

（二）理论要点

（1）爱国主义的科学内涵；
（2）新时代的爱国主义。

三、案例解析

爱国主义是千百年固定下的对自己祖国的一种最深厚的感情，体现了人民群众对自己祖国的浓厚感情，反映了个人对祖国的依存关系，是人们对自己故土家园、民族和文化的归属感、尊严感与荣誉感的统一。它是调节个人与祖国之间关系的道德要求、政治原则和法律规范，也是民族精神的核心。

爱国主义的特征：①爱国主义是历史的、具体的，在不同的历史时代和文化背景下所产生的爱国主义，总是具有不同的内涵。在我国新民主主义革命时期。爱国主义主要表现在致力于推翻帝国主义、封建主义和官僚资本主义的反动统治，把黑暗的旧中国改造成光明的新中国。②爱国主义随着国家的产生而产生，随着国家的发展而发展。在未来的共产主义社会，国家消亡后，爱国主义就会失去存在的条件和意义。③在阶级社会中，爱国主义具有阶级性。

在新时代，爱国主义主要表现在到祖国最需要的地方去，献身于建设和保卫社会主义现代化事业，献身于促进祖国统一大业等。本案例通过对毕业师兄的爱国情怀的展示，让新时代的大学生感受到爱国是具体的，而不是抽象的。

四、课程训练

（一）课堂环节

通过该案例引导学生认识新疆，了解祖国的大好河山。

（二）课后实践

布置课后任务，让学生通过查询资料更多地了解祖国的大好河山，并跟同学分享。

五、思考与讨论

阅读以下材料，从爱国主义角度回味川农人拼搏的历史，并讨论如何激励自己前行。

【口述历史】田彦华：追忆水稻所的先贤们

人物档案：

田彦华，1956年9月考入四川农学院（现四川农业大学），就读于农学系农学专业，1960年7月留校，分配在农学系气象教研组参加工作。1962年8月至2002年12月一直在水稻所从事水稻栽培与耕作科研教学技术推广工作至退休。曾任研究室主任、研究员，享受国务院政府特殊津贴。

水稻所开拓者、奠基人

即将迎来水稻所60年奋斗历程时刻，在此回忆和缅怀前辈的高尚品德、艰苦奋斗的拼搏精神，我心中有无限崇敬和怀念的感情。

杨开渠教授是四川农学院第一任院长，水稻所（稻作室）开拓者奠基人，终身耕耘教坛，是倾心育才、言传身教、桃李满园的农业教育家，献身农业科学，勇于探索，卓有成就，是著名水稻科学家，也是一位无私奉献、品德高尚的爱国者。杨教授不仅在水稻科学领域造诣颇深，在麦类、薯类、园艺花卉、蔬菜、油料作物、书法、科技翻译上都有较深的研究，学识渊博、受人尊敬。

1935年，杨开渠教授因发表一系列“再生稻研究论文”成为世界上该项研究的先驱，研究深度、系统性理论水平都得到海内外科学家的高度评价。他全面阐述了再生稻品种选育、再生稻生长发育特性、休眠芽萌发的生理特性、再生稻生产的留柱高度、低温结实、肥水管理的栽培技术，从理论上、实践应用上，为再生稻生产发展奠定了基础。现今该项研究的成就仍发挥作用，在我国南方稻区，四川省为粮食增产继续做出贡献。

杨开渠教授在科研上实事求是，科学论述，其中对“双季稻种植和发展”提出的思路和策略是有代表性的研究成果，在当时的历史条件下，对于提高人们的认识，克服盲目性、“浮夸风”有一定的指导意义。他提出充分利用自然条件，分析农业生态、气候特点，根据生产中的制约因素，实行可行的技术措施，因地制宜稳妥推广。这些观点，虽然得到了同行的认可，但限于当时形势，不能实施。

作为水稻所的奠基人，在当时的水平与条件下，他开拓资源，先后引种了1 300多份品种资源。据不完全统计，1932—1961年，他在不同时期、不同刊物上，发表了60余篇论文及评述，其中有《稻作论文集》《水稻栽培》《稻的一生》《双季稻、再生稻栽培》等专著，还有亲手编写的教学大纲、教材、讲义、培训资料等20余部，为我们留下了宝贵的遗产。

杨开渠教授工作的最后三年，除完成日常的行政科研工作外，还接受了原农业部的任务，承担了协助丁颖教授编写《中国水稻栽培学》这一本专著的任务。该书是新中国成立以来，具有重要意义的一本专著，是完全采用国内研究资料的研究成果。写作历时2年多，从撰写编著大纲、编写内容，进行写作人员组织，到完成初稿、定稿、审稿，直至出版，以及奔忙于北京和雅安之间，其劳累程度可想而知。1961年，杨教授当选中国作物学会第一副理事长。

杨开渠教授在教学上，严谨治学，兢兢业业，精益求精，亲自动手，所表现的大师风范永远是我们学习的榜样。他培育了川农第一位硕士研究生李家修，其论文《苗龄和移栽环境对幼苗发根力的影响》一文，具有前瞻性价值。该项研究成果，早于日本水稻专家10年。

杨开渠教授在教学中提出“教学与科学研究相结合”“教学与生产相结合”“教学科研要为当前当地生产服务”“农业院校的教学与科研要服务于生产”。几十年来，水稻所正是沿着这个方向努力前进并取得成绩的。

临危受命 勇挑重担

1962年2月杨开渠教授病故。杨教授从生病到离世仅有2年时间，留下了很多工作，需要后人继承和发展。当时四川省委及学校党委明确指示，杨开渠教授的事业不能中断，必须继续下去。学校最后决定，由李实蕡教授担起重任。1963—1987年，李实蕡教授任水稻所第二代组织者和领导者。

当时，李实蕡教授还在国外。1963年8月回国后，他按照学校要求，组织傅淡如、孙晓辉教授一起精心完成了杨开渠教授的《稻作论文集选》出版工作，其中也包括《稻作栽培》《稻的一生》《双季稻、再生稻栽培》等专著，以完成杨开渠教授未竟的事业。

李实蕡教授在非洲马里共和国结束援外工作，担任稻作研究室主任后，完成了三件大事。第一件事是改变了过去以引种栽培为主的研究方向，决策以开展杂交育种为主攻方向，紧跟当时“绿色革命”的发展浪潮，将常规的高秆品种变成矮秆高产品种，明确了通过杂交方法培育高产抗病抗倒的育种目标。他以非洲地方良种为材料，“冈比亚卡”几个品种开始杂交育种，同时借鉴在西非援外取得的成功经验，发展水稻宿根稻（相当于再生稻），选育培育再生稻，在20世纪70年代初培育出了具有再生力、有一定产量、品质优良的蜀丰1号、蜀丰2号，并在川西地区和省内部分地区推广。第二件事，在研究方向确定后，选中了周开达同志参加水稻育种工作。第三件事，在20世纪70年代初期，全国兴起杂交水稻育种研究高潮，我校稻作室有条件参加此项研究工作，经过农学系党总支研究，李实蕡同意将杂交水稻育种研究的重点课题交给周开达主持。事后周开达担起重担，全身心地投入，艰苦奋斗，终于取得了成功。

李实蕡教授正直勤奋，严于律己，以身作则，领导水稻所在艰苦条件下形成了吃苦耐劳的作风。“文革”期间是水稻所最为艰苦的年代。当时没有专项科研经费，同时也没有教学任务，就只有经农学系批准外出学习开会的才有经费补贴。水稻所40余亩（1亩≈667平方米）试验田的一切田间工作，除了犁田耙田外，水稻生产中从施肥、插秧到病虫害防治、田间管理、收获，全是科研人员亲自参加，包括李实蕡、周开达、孙晓辉、傅淡如这些领导都参加。虽然当时同志们的工资偏低，经济条件较差，但大家都牺牲了家庭，一心投入科研。

在20世纪70年代，去海南岛南繁期间，老师们的出差补助少，只能坐火车硬座，单程要坐五六天，生活用具连被盖都要自己带。在基地，还要自己劈柴、煮饭、种菜。

在海南岛，田里的蚂蟥对每位同志都是严峻的考验，常常人刚一下田，两腿就爬上来四五根蚂蟥。但是大家对此毫无怨言，田间工作都亲自做。在插秧的关键时候正是缺水的季节，需水量大，而由于自流灌溉很少，全靠水库储存的水，加上海南旱季需要定时定量灌溉，我们不得不熬更守夜去放水，先保证生活用水，再保证农田供水，按时播种、按时插秧，保证材料不受损失。更艰苦的是，在海南的生活很枯燥，与当地人的日常沟通存在语言障碍，与当地农民沟通还需要翻译。前辈们这种艰苦奋斗的精神，现在的年轻人是需要好好学习的。

在担任稻作室负责人的25年中，李实蕡教授把稻作室的每一位同志都团结起来，发挥每个人的聪明才智，培养出了一个“团结协作奉献、有战斗力和朝气的团体”，并提出新的发展方向和策略，为以后水稻所的发展壮大奠定了良好基础。稻作室的每次例会都要做记录，要求每个人畅所欲言，各抒己见。稻作室一开会，全系都知道，因为大家爱争辩，但在争辩中，求同存异，总能得到共识。李实蕡教授在批评他人时也乐于接受他人的批评，在水稻所形成了良好的学习风气。

李实蕡教授对学生（研究室的年轻人）要求严格，但他首先以身作则。他要求学生做到的，自己首先做到。他大胆起用、大胆锻炼年轻人，大胆让年轻人承担任务，使年轻人迅速成长。在水稻栽培方面，李教授提出“深入一线，与生产实际相结合，良种良法，取得高产效果”“读一本经典书”“到大自然中去锻炼”“深入基层”等，对于在城市里长大、没有接触过农事的我来说，受益匪浅，终生难忘。

新起点、新目标、向前进

1987年至2002年6月，周开达接替李实蕡教授担任水稻所第三代领导人。他不怕苦不怕累，勇于探索，敢于走前人没走过的路。他通过实践和扎实的功底，创新品种杂交的方法，将“传统、繁杂、效率低、结实少”的“温汤去雄法”改成“剪颖去雄法”，又称“花前快速剪颖去雄法”。在杂交水稻技术得到推广后，他系统总结出“杂交水稻三系提纯复壮技术”在全省推广，取得了良好的效果。

1956年，周开达在中等农业学校毕业，工作了六年后，考取了四川农学院，享受“调干助学金”。在李实蕡提出改变研究方向后，周开达打破常人研究方法，首创“籼亚种内品种间杂交培育雄性不育系”，用这种方法先后选育出以冈46A、D汕A、D297A、D62A等为代表的10多个不育系，培育出以D优63、D优10、D优68、D优162、冈优23、冈优12、冈优22、冈优527等10个高产优质抗病组合。截至2010年底，这些品种种植面积累计达4亿亩，当时占四川省水稻种植总面积的1/3以上，辐射到长江中下游各省，其理论与实践效果都得到了国内同行的认可与赞誉。

1976年12月，四川省冈·D型杂交稻协作组在海南岛南繁期间，由川农水稻所周开达为首，孙晓辉、黎汉云等与省种子管理站、省少数县级种子公司发起的一个民间水稻协作组织成立，是“产、学、研”结合的一个典范，其成员单位遍布南方诸省100多个种子公司和育种机构。该协作组织存在25年之久，规模庞大，是全国少有的。该协作组织在冈·D型杂交稻科研协作、示范推广中发挥的作用，是无法估量的，对水稻研究所成长壮大的贡献也十分突出。这一成就将载入史册。

周开达院士始终将“人活着就是要为人民和国家做出贡献”作为座右铭，并付诸实践。他获得了“国家发明一等奖”等一系列重大奖励，“全国先进科技工作者”“四川省劳模”等30多项不同级别的奖励。难得的是，在功成名就后，他依然勇于探索，不停留在荣誉和奖项上，提出了新的育种方向“亚种间重穗型超高产杂交稻育种方法”即“亚种间重穗型杂交稻”。袁隆平院士曾高度评价周开达同志：“勇于攀登，敢于拼搏，他提出的这种方法是值得探索的新途径，已在实践中取得较好的发展和成效。”

周开达在工作中贡献突出，国家对其业绩也充分肯定。他在风华正茂、将为国家做出重大贡献时不幸病倒，是学校及水稻所的重大损失。我们在回忆和缅怀前辈时，更要发扬他们艰苦创业、勇于拼搏和无私奉献的精神。

1991 年，水稻所迁往温江后，也面临了很多困难。早期经费紧张，交通不便，生活条件差，连自来水供给都无法保证。没有自来水，只能吃井水，泡出的茶水味道都不对。住的是教室隔出的单间。水稻所全体人员都是没有暑假的，因为暑假 7~8 月正值水稻生产的关键时期。全所同志艰苦度过了最困难的几年。进入 20 世纪 90 年代末，迎来新的时期，科研项目增加，经费充足，科研设施条件不断改善和充实，工作顺利进行，成绩突出。

从 1962 年杨开渠教授病故，经历了几十年的奋斗，才有了今天的水稻所。我们成长的经历，一路奋斗拼搏。回顾历史，水稻所在党和政府的重视、关怀、支持下才成长壮大起来。1988 年，水稻所经上级有关单位和领导批准成立，得到省政府的重视、支持，给了经费和人员编制。

如今，水稻所已成立了 27 年，已进入新时代（第四代人），汇集了一批年富力强的人才和科技工作者。他们继续发扬前辈的优良传统，在科学研究、教书育人、培养人才方面，在农业生产方面都做出了新的业绩，得到了国内农业学术界的充分肯定。特别是在当今农业生物技术革命的阵地上，他们奋发拼搏，已进入先进行列。希望水稻所乘胜前进，做出更大的成绩。

案例来源：张喆．田彦华：追忆水稻所的先贤们［N/OL］．四川农业大学报（电子版），2015-09-30，http://scndb.cuepa.cn/show_more.php? doc_id=1360522.

第四节　赤心报国，叹为观止

一、案例呈现

（一）川农的“海归”们

在川农校史上，老一代留学归国人员的事迹，教育、影响了一批又一批后来者，成为促使川农留学人员身在海外、心系故土，成为促使他们归校报国的巨大动力。同时，为了吸引并留住回国人员，学校一直努力为回国人员搭建宽阔的事业舞台。回国人员在国外接触到许多学科的前沿知识，回国后，学校往往根据他们的特长，给他们安排学科建设和开新课的任务；在争取到国家和省级重点科研项目后，也把他们推到第一线。大批学成归来的留学人员，极大地提升了川农的教学、科研水平，同时也营造出了一种奋力向上、公平竞争的学术科研氛围。

爱国爱校、敬业奉献的精神在川农教师中得到不断继承和发扬。学校原党委书记、校长、省学术带头人文心田，在川农读完大学，1984 年以优异成绩获硕士学位留校任教，1987 年被选派到德国汉诺威动物医科大学学习。1990 年 4 月，文心田按时回到了学校，并在回校后的第三天便走上讲台，承担了繁重的教学任务。1993 年，他作为四川省唯一代表参加了中宣部、人事部等在京举行的“拳拳赤子心”表彰活动，在接受中央电视台“东方之子”栏目组采访，谈到这段经历时，他说：“回国前思想斗争很激烈，确实很想在德国取得学位后再回国，但学校工作急需，我不能置之不理。”他接着说：“我的导师夏定友教授终身报国的精神和行为深深感染着我。我回国不能讲任何条件。”

在川农，因服从学校工作需要而放弃在国外攻读博士的还有现任副校长朱庆、继续教育学院院长吴登俊等多位留学人员。十多年来，川农几乎没有留学人员与学校谈回国条件的。不少教师多次出国，又多次按时回国。回国人员、原教务处处长罗承德教授说：“脚没踏在祖国的土地上，心中会很孤独。不管在哪儿留学，我的事业都在中国。”

学校认为，留学人员放弃国外优越条件回到祖国，特别是回到川农，说明这些人是爱国爱校的，所以对这些同志，要在政治上充分信任，在生活上给予具体帮助。归国留学人员已成为这所学校的中坚力量，川农给予归国留学人员以充分信任并放手使用，吸引和留住了一大批有用人才。

学校积极创造条件吸引留学回国人员。一是以师为本。加强师资队伍建设，注重教师的培养。学校把派出留学人员看成提高师资水平的一项重要工作和一条重要途径，将其纳入学校人才培养规划。二是培育良好的校风。打造团结奋斗、尊重劳动、尊重知识、尊重人才、尊重创新、富于活力和朝气的工作集体，使留学人员出国前处在一个较好的工作集体中。重视思想政治工作，培育良好的人际环境，形成良好校风。三是对出国留学人员寄予厚望，让他们放心在海外刻苦求学，为祖国和学校争光。四是尽最大努力，为学成回校人员创造良好的工作和生活条件，使留学人员回校就能顺利地进行科研工作。及时解决他们的住房、子女上学等生活问题，并给予合理的报酬和待遇，解除其后顾之忧。

同时，学校十分重视选拔政治素质过关和业务能力强的教师担任学校各学院和研究生院的技术带头人，并让这些人充分发挥表率作用，营造良好人际关系。尊重知识和人才，领导干部不搞特殊化。川农在职称评审、工资待遇、干部选择等方面尽可能向知识分子、向一线业务骨干倾斜。如学校早在 1998 年即规定，教师晋升教授必须具有博士学位、晋升副教授必须具有硕士学位；领导在评职称时，不搞特殊化，也与教师一视同仁。在 2018 年的新房分配中，学校在分房办法的调整和实施中注意向老教师倾斜，校领导班子与教职工一样打分排队，不搞特殊化。结果 6 位校领导中有 4 位（包括党委书记、校长）的住房分到了顶楼或底楼。领导干部以实际行动体现了应有的精神境界，在群众中树立了良好的形象和较高的威信。

在营造和谐校园氛围的同时，学校又在留学人员的生活、事业等问题上，采取一些特殊政策鼓励他们回国。如关心留学人员生活，与他们保持经常性联络。每逢元旦、春节、中秋等重大节日，川农国外留学人员都会收到有校领导签名的贺卡。留在海外的留学人员回到学校讲学时，则会发现他们仍被保留在学校的职工名册上，并因此深受感动。为解决留学人员的后顾之忧，学校每次修建新房时都要预留部分住房供留学人员归国时选住。学校还规定，在国外获博士学位半年以内回来者，全额补发出国期间的工资；同时不受任职年限和工作量限制，可立即申报副教授，优秀者还可破格申报教授。

邓良基，四川省学术技术带头人后备人选，1986年在德国波恩大学农学系获土壤学硕士，现任学校党委书记、博士生导师，享受国务院政府特殊津贴。他在回国前接受校方学生机构采访，对方问他回国以后准备干什么，他说，他希望回中国，到中国农村基层，去对中国农村基层、农业做些贡献和服务。邓良基回国时，把国际合作的科研项目带回学校，用背包背回德方提供的科研经费5万德国马克，拿给其他老师搞科研。他说："我是一名共产党员，任何时候都不能忘记祖国，不能忘记党和人民的培养。要把祖国的兴旺繁荣放在第一位，把国家经济建设、社会进步和民族复兴事业作为自己的事业。在国外，虽然科研条件和基础条件要比国内好得多，但做的每一件事都不是直接为祖国、为家乡做的。我认为，在国家和学校改革、发展和建设的关键时期，更需要我们贡献出自己的力量，精忠报国。同时，学校各级领导求真务实、关心群众的工作作风和和谐的人际环境，是我两次准时归国工作的重要原因。目前，我所在的学科已成为省级重点学科，所在实验室为省级重点实验室，能够开展土壤学、土地科学和环境科学等方面的研究。"

郑有良，作物遗传育种专业博士。1994年作为国家公派高级访问学者赴英国剑桥实验室从事分子生物学研究工作。国家重点人才工程一二层次首批人选，四川省有突出贡献的优秀专家、四川省学术和技术带头人，享受国务院政府特殊津贴。现任学校校长、博士生导师。作为学校培养出来的博士，郑有良从个人的跨越发展中深深体会到，川农是干事业的好地方。在一次学校归国留学人员座谈会上，他发自内心地说："祖国可以不需要我，但我需要祖国；川农可以不需要我，但我需要川农。在祖国，在川农，有我钟爱的事业，有我发展的广阔舞台，能够实现我的远大抱负。"谈到当初为什么要回国，他说回国的原因有四个。第一，出国前，他已经获得了博士学位，并被破格晋升为教授，主持承担了省科技厅和教育厅下达的科研课题。第二，科研和教学等方面的良好基础，尤其是个人的跨越式发展都是学校领导和老师精心培养的结果，使他从内心深处对学校产生了很深的感情。第三，他所在的学科是博士授位专业，他又是本专业培养的首届博士，既有个人发展的优秀学科基础，更有一份为本学科进一步发展做点工作的强烈责任感。第四，川农虽然在"天时、地利"上均不占优势，但有一个特别有利于人才发展的"人和"环境，这就是"川农大精神"对人的强大推动力。

汤浩茹，作物遗传育种专业博士，四川省学术技术带头人。1997年7月至1999年12月在德国莱茵兰—法尔兹州植物生物技术中心进行合作研究。现任四川农业大学园艺学院院长。他认为，虽然川农在工作的硬件条件上不如国外或国内其他一些单位，但川农工作的软条件——人际环境是很多地方所不及的。工作的硬条件再好，心境不好也难干出成绩。国外工作的条件虽好，但毕竟是一个"打工仔"。在川农工作，有一种主人翁的感觉，加上和谐的人际环境，即使硬件差一点，也同样能取得好成绩。我们许多未出过国的老师所做出的巨大成绩就是证明。

（二）王永清：我与川农的不解之缘

王永清，英国伦敦大学果树专业博士，四川省学术技术带头人。1988年9月至1993年10月在英国伦敦大学学习，1996年7月至1997年10月在德国植物病理与植物保护研究所从事合作研究。现任四川农业大学园艺学院教授，原校教代会主席、工会副主席，森林培育学博士生导师。王永清取得英国伦敦大学博士学位时，他的全家已经完全适应了英国的生活，独生子已经在英国读小学，只会讲英语。对王永清当时举家归国来到川农工作，至今仍有人感到难以理解。回首往事，王永清无怨无悔。“刚回来时，条件确实很差，科研经费也很少，但毕竟还是能够做些事情，毕竟是在为自己的国家做事，为自己做事，不是为别人打工。想想回国以来培养出的众多大学生、研究生弟子，一手一脚建起的实验室，一点一滴为国家所做的事情，我感到由衷的高兴。”王永清说，“每当国外友人向我赞叹中国发生的巨大变化时，我总感到无比骄傲和自豪。因为我亲身参与了伟大的变革，贡献了自己的力量！”

1988年，中、英两国政府达成一项合作协议，建立了一个科技文化人才培养交流计划（TC），双方互派120名留学生，王永清参与“自由竞争，择优录取”选拔，顺利通过中英双方的EPT和ELTS考试，进入英国伦敦大学攻读博士学位。

当时的英国算得上是世界上几个“第一世界”国家之一。中国属于“第三世界”，跟人家比差距跨了一档，比人家落后是不争的事实，对此我们早有心理准备。然而，真正踏上那片土地后，实际经历给人的强烈冲击还是让王永清始料不及。

记得刚到英国时，王永清在伦敦街上向一位英国人问路，对方一听他要找的地方不远，就热情地把王永清直接带到了那个地方。路上的简短对话令王永清至今难以忘怀：

热心英国人：“你从哪里来？”

王永清：“你猜。”

热心英国人：“日本。”

王永清：“不对！”

热心英国人：“新加坡。”

王永清：“不对！”

热心英国人：“香港（中国）。”

王永清：“不对！”

热心英国人：“台湾（中国）。”

王永清：“不对！”

热心英国人：“泰国。”

王永清：“不对！”

……

据说当年很多到英国的中国大陆留学生都有过类似经历。

其实，当年很多中国留学生选择出国的部分原因是不满国内的落后。但真的到了国外，听到别人攻击自己的祖国时，却又无法容忍。王永清也是这样的人。

记得有一次，一位英国教授访问中国后回国做报告。平心而论，人家只是谈他的访华见闻，例如城市建设落后，电线像蜘蛛网，有人肆意打鸟、捕蛇、吃狗肉，生态破坏严重等，并没有恶意诽谤中国的主观动机。

但在当时，我们真有点“恼羞成怒”。王永清时任该校中国留学生会主席，便跟中国留学生们商量，大家一致同意搞一次大型活动，取名为“中国之夜”。那次活动中，不仅全体中国大陆留学生及其家属都参加了，而且绝大多数中国台湾地区和中国香港地区的留学生及新加坡、马来西亚等国家的华裔留学生也都参加了，内容有中国古代科技、歌舞、服饰、饮食、园林、旅游胜地等。活动取得了很好的效果，英国朋友给予了高度评价，认为是他们所知该校史上最好的“外国文化节”。

我们这群或多或少带着“抱怨”出国留学的中国留学生，走出国门、踏上异国土地后，就这样热烈而疯狂地更爱国了。《人民日报》(海外版)，我们把它当成精神食粮、心灵鸡汤，如饥似渴地阅读；国内有代表团来访，我们像见到家乡的亲人一样高兴，乐于协助翻译，并仔细打听国内的消息。1990 年，国内发大水，我们把从有限的生活费中省吃俭用攒下的钱慷慨捐给国内抗洪救灾，记得当时《人民日报》(海外版)还刊登了王永清代表大家说的一句话：“希望我们的捐款能为祖国灾区人民购买一些种子，日后多打点粮食，渡过难关。”

王永清在英国待了五年。时间长了，再内向的人也会有几个能推心置腹讲心里话的英国朋友。比起上面那段与陌生英国人的对话，下面这段与英国朋友在一次茶歇时的随意聊天对话更让王永清受到心灵震撼。

英国朋友：“中国很大，人口世界第一。”

王永清：“是的。”

英国朋友：“但是你们对世界现代科技基本没有什么贡献，你们中国人只享受别人的科技成果，基本没有什么像样的贡献。”

王永清沉默无语。

英国朋友：“改变世界的重大科技发现和发明都与中国人无关，例如内燃机、电、计算机、DNA 等。”

王永清沉默无语。

英国朋友：“中国人鼓捣阴阳八卦那些玩意儿很在行，可惜不中用。”

王永清仍然沉默无语。

……

这些经历在王永清心里打下了深深的印记：落后就要被人瞧不起；要改变中国的落后面貌，只有靠中国人自己苦干实干。

1992 年，王永清完成了学业，来到了人生的又一个十字路口。该是选择一个地方落地生根的时候了。在国外几年时间，王永清的心里不断强化着一个想法：回到祖国，像留学期间身边的几位英国学者那样，老实做人、认真做事，争取干成一件能经受住时间考验的事。那时王永清常想，中国有十多亿人，每个人一辈子就只做好一件事，不信超不过英国、美国。

老实说，当时要在国外留下并不太难，选择国内经济发达的沿海地区或中心城市更不难。当时中国驻英大使馆文化参赞就曾表示，愿意推荐王永清到北京工作。

王永清的大学是在川农念的，此时，张志鹏、刘远鹏、曾伟光、张光伦、李大福、冷怀琼、蔡如希、张燕书、余师珍、邓继尧、明道绪、刘襄如等一大批川农老师的身影浮现在王永清眼前，他们爱国敬业、艰苦奋斗、团结拼搏、求实创新的精神像一面面“呼啦啦”迎风招展的鲜艳旗帜向王永清发出了召唤。王永清的妻子方玉媚 1982 年毕业和留校在西南农业大学（现西南大学），曾于 1985 年参与原农业部一个项目，编纂我国优秀农业科学家传记，到川农采访和收集相关资料，众多老一辈川农科学家的精神和业绩给她留下了极其深刻的印象。1992 年考虑永久归属地时，川农对她自然而然地产生了极大的感召力。

就这样，王永清一家来到了川农。来了以后，王永清发现选择没有错，川农有宽松良好的工作和生活环境，在这里可以静下心来做自己喜欢和有意义的事，是他们这样的人该来的地方。

2000年，王永清有幸作为归国博士代表，进入“川农大精神”7人报告团。“爱国敬业、艰苦奋斗、团结拼搏、求实创新”的“川农大精神”，于川农，是最核心的价值追求和品格特征；于王永清，则是温馨的心灵家园。时光荏苒，光阴如梭，转眼间，20年过去了，当年还算风华正茂的王永清，如今已是满头白发。岁月于王永清，外形已经改变了很多，然而“川农大精神”却早已悄悄镌刻进王永清的心灵深处，成为王永清做人做事的不变追求。

（三）杨明耀：一位海归学者的赤诚情怀

百年川农，沐风栉雨，薪火相传。一代代川农人心怀“川农大精神”，从川农走向世界，在不同的国家学习和吸收先进经验、探索实践技术、开拓新的研究领域。当他们业有所成，那颗满怀“川农大精神”的初心引领他们再次回到祖国，回到母校，带领自己的科研团队开创新的局面，以所学报效祖国、回报母校。

艰苦奋斗 敢于拼搏

杨明耀教授是恢复高考后川农1977级畜牧专业本科生。作为恢复高考后第一批新生，杨明耀入学之时面对的是非常简陋的校舍。但在刘相模、邱祥聘、杨凤、肖永祚等老一辈川农人无私奉献、严谨治学、甘当人梯的精神引领下，他以苦为乐，努力学习，几乎每天教室、食堂、寝室“三点一线”。寒来暑往，几度春秋，他渐渐地把“兴中华之农事”的历史使命当成自己肩上的责任。本科毕业后，1981年底，在当时全校一共只招收18名研究生的情况下，杨明耀有幸考上了畜牧兽医系系主任刘相模教授的硕士研究生。刘相模教授言传身教，特别是对事业的执着追求对他影响很大。当时的川农科研条件十分有限。他回忆道：“当时做细胞培养实验，没有血清，不得不自己杀牛提取小牛血清。”1985年研究生毕业以后，他留校任教担任本科生班主任，并主讲动物遗传学等课程，后来考取“中英奖学金”去英国深造。

从1977年考取川农本科入学到1990年离开川农去英国深造，杨明耀在川农度过了12年的青春岁月。杨明耀认为正是当年老一辈川农人的言传身教和特殊的科研条件让他习得了艰苦奋斗、敢于拼搏的精神，并且这种精神一直伴随着他后来的工作和国外的留学生活。在川农的“沃土”中，他把“爱国敬业，艰苦奋斗，团结拼搏，求实创新”的“川农大精神”作为自己的初心，并把“兴中华之农事”作为自己的责任担当。

留学海外，初心不改

1990年杨明耀去英国留学，1996年获英国格拉斯哥大学分子遗传学博士学位，之后加入剑桥大学研究团队，一直从事动物遗传学和衰老生物学的研究，是英国遗传学会会员、英国衰老研究学会会员，在动物遗传和衰老研究领域取得了一系列重要成果，在国际著名学术刊物上发表了数十篇颇具影响的研究论文，这些刊物包括*Cell*、*Neuron*、*PNAS*等，论文被包括*Nature*、*Science*和*Cell*在内的学术期刊引用2 000余次，单篇引用次数超过300次。斐然的科研成果和良好的个人发展并没有改变杨明耀的初心，他时刻关心着祖国的进步、川农的发展。家里的电视频道始终有中央电视台的中文国际频道。此外，他还通过网站、邮件和国内朋友联系，无时无刻不关注着川农的发展。川农快速发展的态势深深吸引着他，每当在网上看到学校的好消息，杨明耀都非常高兴、激动与自豪！他还经常和同事们分享川农的最新研究成果，把川农的点点滴滴介绍给外国友人。除此之外，每次回国他都要回母校走走看看，也多次受邀为母校师生做学术报告，分享自己的研究成果，开拓师生的科研视野。

"在海外的这些年，'川农大精神'一直伴随着我，我对川农是有深厚感情的。出国学习和工作，主要是提升自己的科研能力，学习国外先进知识与技术，其实最终目的还是希望把这些先进的东西带回国内，为母校的发展做出自己的一份贡献。"谈到20多年的海外学习、工作和生活，杨明耀如此说道，言语之间流露的是拳拳赤子之心、深厚的川农情怀。

回归母校 教书育人

随着祖国和川农的发展，逐渐以开放的姿态创造各种条件，积极吸引海内外人才，杨明耀也实现了多年的夙愿，于2013年回到川农任教。《四川日报》《成都商报》《教育导报》等多家媒体多次报道杨明耀教授加盟川农的事迹，一时间掀起了川农人才引进的热潮。

杨明耀教授入职川农后一手创建了"动物遗传进化研究室"，填补了学校在该领域的空白，也极大地提升了学校在动物遗传基础研究领域的科研实力。在教书育人的过程中，杨明耀教授始终把传承好"川农大精神"作为自己的工作信条。实验室创立之初，他发扬艰苦奋斗的作风，从实验材料、仪器的采选到传授研究生果蝇遗传实验技能的各个方面都亲力亲为。实验室步入正轨以后，只要在学校，他基本都在实验室，要么听取学生的进展汇报，帮研究生寻找课题的关键解决方案，要么阅读领域最新文献，紧跟领域热点。在创立研究团队的同时，杨明耀教授还担任了多门硕士研究生和博士研究生的理论课程，包括博士生"高级细胞与分子生物学""英文科技论文写作"、硕士生的"生命科学进展"和本科生的"生物伦理学"等课程。杨明耀教授的课程资料丰富、内容精深，讲授过程幽默风趣，深受学生好评。

在学校与动物科学院领导的支持与关怀下，从2013年回国至今，他所领导的团队取得了一系列成果：获国家自然科学基金4项、省级科研项目5项，发表了包括衰老顶级期刊 *Aging Cell* 在内的SCI论文50多篇，其中影响因子大于5的SCI论文8篇。并担任中国老年学会和老年医学学会抗衰老分会常委、四川省遗传学会常务理事。杨明耀将他求实创新的作风落实到每一天的工作中，通过他的身体力行把"川农大精神"的种子植入学生们的心中。

在做好教书育人工作的同时，杨明耀教授自回国之初就非常重视提升团队的国际化视野，利用学校的"引智计划"支持，先后邀请包括英国皇家科学院院士、澳大利亚世界一流科学家等来川农开展学术交流，极大地提升了师生的专业素养。除了"请进来"，杨明耀教授也一直重视"走出去"的工作，他每年都会带领实验室的师生参加本领域的国际国内会议，并坚持在学术活动中介绍川农、推广川农。

在杨明耀教授的潜心培养下，实验室育人工作也取得了丰硕的成果，50%博士生具有海外留学经历，毕业的博士研究生大多进入四川大学、四川农业大学、云南大学等高校从事相关科研工作。实验室毕业的硕士研究生，有的赴国外著名高校继续深造，有的进入高校或企业工作，科研能力和工作能力均受到广泛好评。在杨明耀教授的心里始终怀揣着一个梦，希望在自己的带动下，让更多学生投入到基础研究中。从国外到国内，他的心里始终有一份沉甸甸的责任感，那就是把基础研究搞扎实，在动物遗传学领域做出一流成果，不断提升学校在相关领域的影响力。

川农→剑桥→川农，从杨明耀教授身上我们可以看到另外一部分“非典型”川农人的缩影：他们在川农学习或工作的过程中，学习、领悟“川农大精神”，“川农大精神”也重塑了他们的思想内核。当他们离开川农奔赴世界各地时，心中的“川农大精神”就成为他们和祖国、川农之间的纽带，让他们无论何时何地都心系祖国、心系母校，时刻关注国家和母校的发展，常怀报效国家、回报母校的赤子之心。他们就是一张张行走的“川农名片”，不断向世界讲述川农人的故事、川农的精神。

（四）任正隆：麦田守望者

著名小麦育种专家、四川“三农”“最具影响风云人物”之一、我校正校级调研员任正隆教授的生活中有很多个第一：他是1977年恢复高考后的第一批研究生，他是改革开放后四川省农业界第一个学成归国的洋博士，他是提出麦类基因符号被国际学术界接受的第一个中国人，他是一系列麦类新基因的发现者和染色体小片段易位理论的建立者；他率领自己的科研团队培育出“川农”系列小麦新品种，并在世界上第一个育成小麦“延绿型”新品种，实现了通过提高光合效率、增加生物量增产的目标。30多年的努力，他的目的只有一个：发展中国农业。

认识农业：农业可以解决饥饿问题

在1967年以前，任正隆的人生理想是成为一名数学家。“文革”中，学校关门，他开始了在彭县（现彭州市）长达十年的知青生活。他费尽周折，找到了一套北大数学系的教材自学。但是，数学不能解决他自己和农民的饥饿问题，在现实面前，他转而学习农学。在当地，他结识了正下乡服务的四川省农科院的万安良、覃明权、何明三位老师。任正隆的刻苦深深感染了几位老师，他们找来四川农学院的本科教材，耐心指导他学习农学知识，仅用了两年，他就自学完所有的课程，并把这种知识运用于实践。他指导农民种地，还当选了生产队长，他的生产队成了彭县有名的高产队，他示范的耕作制度至今已成为当地农民的耕作习惯。“我是一个有文化的农民。”回忆这段难忘的岁月，任正隆笑得很开心。

1978年恢复研究生招生时，他以优异的成绩考取四川农业大学作物遗传育种专业研究生，师从李尧权老师，从此与小麦研究结下不解之缘。

1984年留校任教的他被选派到德国哥廷根大学留学。在德国期间，他延续了一贯的刻苦好学精神，每天十七八个小时连轴转，不分节假日、周末。他以麦类植物为材料进行细胞生物学和分子生物学的研究，四年里发表了7篇高水平的论文。在图书馆、实验室忙碌之余，他还调查走访了数十个农场和研究单位，并对多所中学、大学的教学情况进行研究调查。这令他的同学惊奇不已：“一个人怎么可能同时做那么多事情？这样拼命是为什么？”只有他自己知道为什么：“我要为中国农业现代化闯出一条路来！”

投身农业：从基因到餐桌的努力

1988年取得博士学位回国，任正隆在仔细思考中国现代农业发展的道路后，开始了“从基因到餐桌”的全程研究，“全程研究不会让具有潜质的资源束之高阁，可以尽快把科技成果转化成生产力，更快促进农业的发展”。这就意味着他必须全面开花：从最基础的分子生物学研究探讨基因的秘密，到应用研究着力于小麦新品种的选育，再到把品种推广到田间地头，然后加工为健康美味的食品，送到千家万户的餐桌上。每一步都需要投入巨大的精力。

为了实现自己“从基因到餐桌”的研究理想，任正隆归国后就建立了一个研究集体，最初这个集体只有两个人：他和自己的妻子张怀琼老师。现在这个团队已经发展到18人，其中具有博士学位和即将获得博士学位的14人，还有数十名研究生。研究集体整合了小麦研究领域的人才，汇集成强大的科研力量，30多年来，任正隆带领他的团队取得了不俗的成绩。

在基础研究方面，他们发现了一系列受到国内外学术界关注的麦类植物重要基因。他提出的杂种坏死基因符号Ner是迄今为止国际学术界接受的由中国人提出的第一个麦类基因符号。他们发现了小麦异源易位的诱导和发生规律，在国际上首次提出小麦和黑麦小片段易位的概念，并证明了小片段易位的存在。根据这些理论，他设计了一个染色体工程新方法，培育了一大批小麦抗病高产新材料。这些新基因、新材料极大地改善了中国南方小麦新品种的抗病性，也是其后培育的“川农”系列小麦新品种神奇的抗病性的遗传基础。这一成果被国家自然科学基金委员会评为“‘九五’期间中国自然科学重大科技成果”。他们的研究成果在国内外学术界广受关注。小麦专家、中科院院士李振声对任正隆的研究评价很高。奥地利维也纳大学的T. Lelley教授认为他们在染色体易位诱导方面的研究“在国际上无疑是首创的”。著名植物遗传学家、德国慕尼黑技术大学的F. Zeller教授对任正隆说：“您可以想象我对您的工作是怎样地感兴趣。”

近年来，他们培育的“川农”系列小麦新品种已有17个通过国家和四川省审定，这些新品种突破了被视为禁区的“生态穗容量”的限制，在保持大穗的情况下以增加穗数来增产，并在世界上最先实现用“延绿”特性增加生物产量的育种目标。由于这些实践的重要性，国家自然科学基金委员会资助了他们一个重点课题，支持他们进一步研究这些新品种的细胞生物学和分子生物学基础。川农小麦新品种无论产量、抗病性还是品质都表现不俗。“川农”25号小麦成功抵御了2016年初严重的低温冻害，充分体现了抗逆性强、产量高的优势，尤其是山区的小麦产量达到了每亩500千克。2003年“川农”17号在彭山县（现彭山区）最高亩产量达647.5千克，创下了成都平原上的高产历史记录。彭山县粮食局的李金华记得，2003年，他送“川农”17号和“川农12”号小麦到四川省粮油产品质量监督检验站化验其湿面筋含量时，第一次化验结果：“川农”17号湿面筋含量超过35%，“川农”12号湿面筋含量接近40%。这一结果让化验人员根本不相信，甚至怀疑在化验过程中出了差错，因为四川本地产小麦还没有达到过这么高的面筋含量，从河南购进的优质小麦也没达到过这么高的面筋含量。经过多次重复化验，结果基本一致，他们这才信服。这证明了“川农”系列小麦可以被用于面包加工产业。多年来，四川小麦种植一直没有突破，原因就是缺乏“强筋粉”小麦品种。1999年，川农小麦品种占全省栽培面积的比例很小，现在，在课题组的示范推广下，“川农”系列小麦已经在省内大面积推广，占全省1/3、整个西南地区1/4。

发展农业：助推小麦产业化发展

“粮食安全是一个国家稳定的基石，小麦产业化的发展可以解决粮食安全问题，单纯靠进口，是绝不可能得到什么优质廉价的进口货的。”任正隆在思考农业现代化发展后，开始为助推小麦产业化发展努力。

小麦是四川省的第二大粮食作物，其种植规模化将直接影响四川粮食总量安全。任正隆依托良种为助推小麦产业化发展四方奔走，多方努力。他上书四川省委领导，呼吁从政策上给予小麦产业化生产支持。他联系用粮企业，以品质打动他们承诺加价收购“川农”系列小麦，以保证产业化生产出口。除以技术入股外，任正隆还掏出1万元钱，入股邛崃市嘉禾川农小麦科技专业合作社，带动农户种植小麦。

合作社成立一年多来，在邛崃市发展优质小麦生产基地2万多亩，带动1.5万户基地农户增产增收。该合作社的相关报告数据显示，社员种植优质小麦的收入比种植普通小麦每亩多200多元，农民全年增收400多万元。而据合作企业华丰粉业统计，2016年在当地收购优质小麦2 000吨，仅运输费用节约就达到200万元，大大提高了企业的效益。

现在，任正隆忧心的是粮食收购价格与生产成本倒挂，农民生产积极性不高，尤其是规模化的农业生产企业和大户不愿涉足粮食生产。粮食的产业化生产面临困难，食品生产和供应的初始源头十分脆弱，粮食安全和食品安全缺乏保障。要保护农民种粮积极性，就必须要保证他们的合理合法利益，这是作为全国人大代表的他计划的议案之一。作为人大代表的11年里，为农业发展，他一直积极建言献策。综合多年前对国外农业的调查和对农业发展现状的深入调查，对于中国农业现代化发展，他的建议始终坚持着一个原则——“留下精英搞现代农业，保证中国人的粮食安全和食品安全”。我们期待着他的这一愿望能早日实现。

案例来源：江英飒．校史文化与“川农大精神”［M］．成都：四川大学出版社，2013；四川农业大学农学院．任正隆［EB/OL］．四川农业大学农学院网，2016-04-19，https://nxy.sicau.edu.cn/info/1078/2762.htm.

二、对接教学

（一）适用范围

本案例适合于《思想道德修养与法律基础》第四章“践行社会主义核心价值观”第一节“全体人民共同的价值追求”、第二节“坚定价值观自信”教学使用。

（二）理论要点

（1）社会主义核心价值观基本内容；
（2）社会主义核心价值观的现实基础与道义力量。

三、案例解析

社会主义核心价值观是社会主义核心价值体系的内核，体现社会主义核心价值体系的根本性质和基本特征，反映社会主义核心价值体系的丰富内涵和实践要求，是社会主义核心价值体系的高度凝练和集中表达。党的十八大提出，倡导富强、民主、文明、和谐，倡导自由、平等、公正、法治，倡导爱国、敬业、诚信、友善，积极培育和践行社会主义核心价值观。富强、民主、文明、和谐是国家层面的价值目标，自由、平等、公正、法治是社会层面的价值取向，爱国、敬业、诚信、友善是公民个人层面的价值准则，这 24 个字是社会主义核心价值观的基本内容。习近平同志在十九大报告中指出，要培育和践行社会主义核心价值观。要以培养担当民族复兴大任的时代新人为着眼点，强化教育引导、实践养成、制度保障，发挥社会主义核心价值观对国民教育、精神文明创建、精神文化产品的创作、生产、传播的引领作用，把社会主义核心价值观融入社会发展各方面，转化为人们的情感认同和行为习惯。

爱国就是要从祖国的实际需要出发，为国家的发展做出贡献。价值观是人类在认识、改造自然和社会的过程中产生与发挥作用的重要力量。不同民族、不同国家由于自然条件和发展历程不同，所产生和形成的核心价值观也各有特点。而四川农业大学海外留学人员高回归率就与社会主义核心价值观基本内容的“富强”“文明”“爱国”“敬业”等密切相关。

四、课程训练

（一）课堂环节

通过该案例引导学生认识国史、社会主义建设史、校史等，以激发学生的爱国热情、敬业奉献精神。

（二）课后实践

布置课后任务，让学生回所在学院了解所在学院教职工中具有海归经历的教师，分享他们身上体现的社会主义核心价值观基本内容。

五、思考与讨论

结合以下材料，从社会主义核心价值观与“川农大精神”角度思考并规划自己在四川农业大学的学习生涯。

思想引领，书写爱国敬业新篇章——“川农大精神”之感悟

“川农大精神”的内核

百余年前，一批知识分子继承学校爱国爱校的优良传统，怀着兴农报国、振兴中华之志，特别是在雅安半个多世纪的艰苦环境中自强不息，艰苦创业，默默耕耘在农业科教的第一线，为中国农业发展进步培养了大批人才，做出了巨大贡献。经过数代川农人的薪火传承和不懈努力，最终形成了“爱国敬业、艰苦奋斗、团结拼搏、求实创新”的“川农大精神”。而新老川农人致力于民族复兴、报效祖国的情怀和他们痴心不改、热爱事业的孜孜追求则成为“川农大精神”的精髓。

如今，“川农大精神”犹如一座丰碑高高耸立在学校改革发展的前沿，它不仅记载和镌刻着川农百余年艰苦创业的辉煌历程与成就，还以其丰富的内涵和鲜明的特色引领和鼓舞着一代又一代川农人在追求真理、造福社会的征途上做出更大的贡献！因此，作为学校不可多得的宝贵精神财富，“川农大精神”对学校的发展产生了巨大的推动作用。

从川农人的视角看待“川农大精神”

思想引领，书写爱国敬业新篇章。2020 年新型冠状病毒肆虐，前方抗击疫情的消息牵动着每一个人的神经。在疫情防控的关键时期，全国各地纷纷采取有效措施控制疫情蔓延，各界人士踊跃捐款捐物，积极贡献自己的力量。与此同时，我校众多专家学者以服务社会为己任，应民所需、用心为民，在春耕生产、脱贫攻坚、助力企业复工复产等方面殚精竭虑、挺身而出，用实际行动诠释了川农人的勇气与担当。为了确保农业春耕不误农时，我校多位农学教授积极发挥科技和人才优势，通过远程技术指导、技术下乡、提供春耕物资保障等多种形式，“智援”春耕生产，助农增收，先后被《人民日报》《四川日报》等多家媒体广泛报道。除了对种植业的影响，新型冠状病毒肺炎疫情也令不少中小农牧企业、养殖户遭遇了不同程度的困难。学校动医和园艺学科的专家们积极行动，通过远程网络指导、现场咨询等形式帮助相关企业和畜禽养殖户共渡难关，为全省的“菜篮子”产品稳产保供做出贡献。同时，川农经管学科的专家学者即时发声，从专业高校智库的角度为政府应对疫情提供了及时的决策依据。作为川农人的代表，了解到一线医护人员常吃不上一顿好饭，川农商学院的毕业生“雨衣妹妹”刘仙自筹食材，带着团队“逆行”，从成都奔向武汉，在40余天里，为武汉各医院送上2万余份盒饭……一条又一条的新闻报道令人深受感动，也让人倍受鼓舞、倍感自豪。这些都是“川农大精神”的缩影，“爱国敬业，团结拼搏”，他们与医护人员夜以继日的辛苦付出，以及全国人民众志成城的守望相助互相映照，构成当今中国最靓丽的景色。

艰苦奋斗，智扶贫困惠万家。4月28日，我校青年教师葛飞获评团中央授予的2020年“全国向上向善好青年——扶贫助困好青年”荣誉称号。本次共评选出爱岗敬业、创新创业、勤学上进、扶贫助困、崇德守信5类150名好青年，四川仅4人入选，我校是省内唯一入围高校，这也是我校首次有师生获此殊荣，先后被《中国教育报》《教育导报》和教育部官网等媒体报道。葛飞作为留美海归博士，毕业留校到组织部工作的第二天，就主动申请到国家深度贫困县雷波县参加扶贫。两年来，他舍小家顾大家，把扶贫和扶智、扶志、扶产结合，不仅带领村民修建144口水窖，解决了当地祖祖辈辈的生活用水问题，而且积极争取经费大力推广“玉—豆—草—蜂—畜”种养循环产业，既解决牛羊过冬草料缺乏的“世纪”难题，又带来新的增长点，当年让蜂农增收8万元，集体经济分红3万元；设立“励志奖学金”3.5万元，规劝辍学学生重返校园。他用大爱彰显出“80后”青年的担当和责任，用实干将“艰苦奋斗，求实创新”的“川农大精神”书写得熠熠生辉。

如何传承“川农大精神”

习近平总书记经常强调，“青年要发扬党永久奋斗的传统”“奋斗的人生最幸福”，川农校领导也不断地告诫全校师生“艰苦奋斗”才是人间正道。“艰苦奋斗”并非单纯地指克服恶劣的外部条件，更多的是指生活的准则与精神的修炼。练好这门内功，恪守“艰苦奋斗”，方能抵御住五光十色的诱惑，避开贪图安逸的陷阱，在自己前进的路上一往无前。

“创新是引领发展的第一动力，是建设现代化经济体系的战略支撑。”党的十九大吹响了加快建设创新型国家的强劲号角，创新能力已经成为衡量一个国家、一个民族、一所高校、一个人的重要指标。“求实”是态度与前提，“创新”是方向和手段。追求“求实创新”，秉持实事求是的态度，逐一地去了解所在领域发展现状，精彩的人生故事方能驰而不息。

多年来，“川农大精神”贯穿学校办学全过程，成为校园文化最核心的价值追求和最宝贵的精神财富，得到了社会各界的高度评价和充分认可。理智思考善作为，拼搏实干显担当。发扬和传承好“川农大精神”，对于促进学校改革发展和学生全面成才具有重要意义。

案例来源：代建武. 思想引领，书写爱国敬业新篇章——“川农大精神”之感悟［EB/OL］. 四川农业大学校园新闻网，2020-09-10. https://news.sicau.edu.cn/info/1516/58935.htm.

第五节　美德同行，斯人如玉

一、案例呈现

（一）久病床前有孝子

原动物营养所老教师陈虞书和妻子在2016年春夏相继去世。一位瘫痪卧床，一位双目失明，这对被病魔缠身多年的老人是不幸的；然而，子女数十年如一日无怨无悔地看护，尽心尽力地侍奉，他们又是幸运的、幸福的。

俗话说“久病床前无孝子”，陈苹、陈芳姐妹却是那久病床前不改初心的孝女。

姐姐陈苹回忆，父亲在她还很小时就患上了糖尿病，而且病情越来越重。她还在读小学时就学着帮母亲照顾全家，那些年的冬天帮着妈妈拉煤的情境给她留下了深刻印象。在当年人民路坑坑洼洼的陡坡上，一辆破板车，母亲在前面拉，小小的她就在后面推。那时妹妹陈芳还小，但也记得，据说有治糖尿病功效的南瓜，堆满了她们家的床底。

岁月如梭，当姐妹俩终于长大，母亲却积劳成疾病倒了。由于糖尿病、高血压等多种病症，老母亲在2001年第二次瘫痪后，基本丧失生活自理能力。“她的病多到病历都写不下。”忆起母亲，陈苹几次哽咽：“妈妈这辈子吃的苦太多了！”

为方便照顾老人，姐妹两家一直住得很近。一日三餐以及为父母每天打针、洗脚，还有洗头洗澡、修剪指甲……老人家的日常起居都是姐妹俩和女婿们承担的。“幸运的是两个男人也很孝顺。打针吃药、伺候大小便，我们不在的时候，就由两个男人来。在医院，还有人把我的老公当成我妈的儿子。”陈苹略带自豪地说道，“外人都很羡慕我妈。”

姐姐陈苹出嫁后，父母一直和妹妹住一起，主要由妹妹陈芳照顾。2010年，陈芳因工作需要被调至成都校区，陈苹身上的担子陡然加重：“我爸妈、自己、老公、女儿、妹夫、外甥，每天至少要做七个人的饭。”多年来，早起开始一天的忙碌、没有午休已成为陈苹的日常。当然，妹妹陈芳也不轻松，几年来只要不加班，她都坚持每个周末回雅安，“我放心不下”就是她多年两地奔波的理由。

然而，祸不单行。陈苹的公婆分别因为肺纤维化、脑出血也离不开人照料。有同事开玩笑说她家有“四座大山”。“2012年是最困难的一段时间。”那一年公公和母亲同时因病情恶化住院，她每天中午下班，先赶回家给父亲煮饭，自己匆匆吃两口就要赶到医院给母亲送饭，然后去和照看公公的丈夫换班，然后，就又到了下午上班时间。这一年，她像个陀螺连轴转。然而她却不以为意：“其实身体上的辛苦都不算什么。”

反而只挂心老人的健康，自责不能让老人生活质量再高一些：“看着他们一天天消瘦下去，精神上太折磨了……真的是树欲静而风不止，子欲养而亲不待！现在家里的生活越来越好，但再想让父母过几天好日子也做不到了。”她哽咽道。

父母重病的这些年，两姐妹从未因此耽误过工作，即使忙得脚不沾地，陈家也从没请过保姆。“我们做子女的做事肯定要更细致些。”姐妹俩凡事亲力亲为，用心侍奉，用自己的行动传承孝道、传递孝道。

古语讲得好：父母德高，子女良教。陈家的“孝”，就是在无言的身教中代代传递的。

陈苹回忆，外公去世早，外婆一直独自抚养四个子女，同时尽力照顾自己的婆婆。外婆也一直是家里的“绝对权威”，所有人都很尊敬、孝顺她。“小时候，逢年过节，外婆的四个子女都要去看她，大家聚一聚，就像家里一个重要的仪式。”后来，外婆和舅舅住在一起多年，外婆得了老年痴呆症，舅舅和舅妈精心护理，从无怨言。“在我家的观念里，老年人是个宝。”

姐妹俩从上一辈那里学到的，如今又传递向下一辈。陈芳的儿子2016年不过14岁，也懂得：“外公外婆喊我做的事要跑快点。”有时，他在房间里做作业，一听到客厅有响动，都会马上跑出来看一看是不是外公外婆需要帮助。

陈苹说：“我们从来没有对孩子说过什么，但是我们的行动他们看得到。”

也许，写就一段佳话并不需要太多言语，只需要行动。

（二）农学院两名学生勇救溺水老人

2015年5月20日早上8点9分，农学院农学专业2012级学生周贤和农村区域发展专业2012级学生王青梅在仁寿县珠嘉乡踏水村四川现代粮食产业示范基地完成本科毕业论文田间调查后，准备返回专家大院吃早饭，途经实验田一个蓄水池，突然发现里面漂浮着一位老人。

周贤同学当即毫不犹豫地跳入池中把老人拉上岸，王青梅同学则及时拨打“120”，呼叫周边正帮忙做实验的村民。他们把老人拉上岸后，发现是一位常到这里洗衣服的60多岁老婆婆，便与听到呼救声赶过来的村民一同把老婆婆移到平坦的地方。由于村民都不懂得如何救治，周贤同学便利用学校所学救护知识，立刻对溺水老婆婆进行胸外按压和人工呼吸，王青梅同学则一直在公路边等着救护车。

随后，周围的村民与落水老婆婆的家人均相继赶到了这里，12分钟之后，救护车也赶到这里。医生检查了老人的瞳孔、血压、心跳，测了心电图，最后遗憾地告诉大家：“人已经没有救了。”两位同学虽然没有成功救活老人，但他们英勇无畏、勇于助人的精神感动了落水老人的家人，也让周边村民纷纷赞扬。

（三）晏芳芳同学街头救助倒地受伤老人

2015年4月15日，雅安市水务局焦吉明将一封充满感激之情的感谢信送到我校，代表他们全家四代30多口人感谢我校食品学院学生晏芳芳在关键时刻见义勇为，救助他92岁高龄的母亲。

焦吉明在信中写道：“3月16日，我母亲在雅安彩虹桥头不慎摔倒，头面部多处受伤，流血不止。此时正巧晏芳芳同学路过，立即伸出了援助之手，毫无顾忌地扶起我母亲并陪同到医院就诊，其间拨打我的电话与我取得联系并说明情况。我母亲在医院接受治疗期间，晏芳芳同学跑前跑后帮助办理治疗手续，并无微不至地照料我母亲。治疗结束后，又护送我母亲回家。等我赶到家时，晏芳芳同学已经走了。事后，我们全家多方打听才知道这位同学的姓名，但她总说是应该的，让我们无以回报。”

“都说现在世风日下，很多人都是自扫门前雪，抱着多一事不如少一事的心态，不愿多管闲事。晏芳芳同学这种不计得失、见义勇为的高尚行为就显得更加难能可贵。我母亲是一个九旬老人，假设没有这位好同学的帮助，跌倒后没有及时得到救治，后果将不堪设想。”

“为此，我再次真挚地代表我们全家四代 30 多口人，感谢晏芳芳同学，也感谢学校党委。没有学校长期树立的良好校风，没有学校对学生的一贯教育和要求，哪里会培养出这样的好学生。谢谢，再三致谢！”

（四）永不褪色的雷锋精神

整个 3 月，动物医学院近 200 名志愿者，走进学校周边社区，或助力老年人公益体检和保健宣传，或参与少年儿童“雷锋精神”体验，或参与社区文明建设，或发挥专业所长开展流浪动物关怀和宣传，围绕“雷锋精神社区行”主题，开展了十多次共计 620 余小时形式多样的社区志愿公益活动，直接服务群众 3 000 余人，用行动践行了“永不褪色的雷锋精神”。

爱老敬老，做雷锋精神的践行者

“之前就看我爸腰板打不直，确实家里也没有多的积蓄来体检。孩子们说可以帮我们联系免费体检，原本不以为意，没想到他们还真做到了。今天这一检查，果真发现了问题，可真是帮大忙了呀。”在温江惠民社区一户居民家中，传来了这样的对话。

动物医学院志愿者了解到，学校附近温江惠民社区中，困难家庭户基数大、比例高，特别是老年人高比例家庭数量大。但社区相应的配套设施、政策却很少，急需相关社会服务加以辅助和补充。为此，周末等课余时节，动物医学院青协携手农、林、风等学院青协共同开展老年人公益服务，参与到社区治理微公益项目中，旨在助力社区“居民有所需，社区有所应”的社区管理发展道路。志愿者们深入社区，走访调查和宣传，针对社区中残疾人、低保户，联合惠民社区卫生院，引导和帮助 65 岁以上的老人们享受免费体检，让社区居民更加了解自己的身体状况，宣传日常健康知识。

同时，每次公益活动中，动物医学院志愿者还积极收集社区民众对社区服务和建设的意见和建议上百条，特别是基础医疗保健、安全保障等与老人日常生活息息相关的版块，并整理后反馈给社会相关管理部门，以志愿服务助力社区基础建设。

守护文化，做雷锋精神的推动者

社区建设，离不开良好的社区和谐氛围营造和文化建设与传承。在万春镇红旗村，动物医学院志愿者结合当地习惯和庙会等时节传统，身着精美传统服饰，印制精心准备的宣传制品，在社区开展“寻最美红旗村，扬社区文化之韵”等特色游园会，让社区民众在参与中增进对良好风俗习惯、传统文化的了解，积极参与到社区特色文化的创建之中。

当一朵朵精心雕刻的手工树枝艺花从年过花甲的老人手中绽放、一曲曲有着浓郁地方特色的戏曲被唱出时，也不禁勾起了前来参加游园会老人们的回忆：“这种用树枝做的艺花现在都没得了，想当年这还是我们红旗村独特的（文化），虽然做一朵要很长时间，但毕竟也是一代代传下来的手艺。”社区民众吴奶奶谈道：“这种社区文化应该展现在更多人的面前，不能被雪藏。”

红旗村村委会负责人也对活动志愿者表示肯定：“每个社区都有自己独特的文化，打破常规，用更亲民的、体验的方式，在相互参与中，潜移默化地将社区文化扎根于社区居民心中，这也是我们在探索的方向。感谢川农志愿者们的参与和聪明才智!”

不仅在红旗村，动物医学院志愿者走进社区，用小型文艺表演、图文宣传、问卷调查等方式，激发民众参与所在社区文化建设的热情，倡导从身边点滴做起，“你我相互助”“你我共承担”，用公益行动助力构建和谐文明幸福社区。

童心相伴，做雷锋精神的启蒙者

“学习雷锋好榜样，忠于革命忠于党……”离惠民双语幼儿园还有一段距离，孩子们清脆嘹亮的歌声就已传到志愿者的耳中。三月里的课余时间，动物医学院志愿者们以班支部为单位，来到了惠民双语幼儿园，给小朋友们开设“唱雷锋，学雷锋，做雷锋”为主题的趣味志愿服务体验课。

志愿者们引导幼儿园孩子用简笔画描绘出生活中帮助他人的小场景，用小故事描述自己帮助他人美好的瞬间。同时，志愿者们还带去很多“雷锋故事”，用雷锋同志一次次“力所能及”“从身边做起”的行动，引导幼儿园的小朋友在感人的故事里了解帮助他人的高贵品质，传播“雷锋精神”。

“这已经是动物医学院志愿者来到这里的第五个年头了。虽然志愿者的面孔在变，但陪伴孩子茁壮成长，引导树立正确价值观的初衷从未改变。”已在幼儿园任教了6年的任老师感叹道。

据悉，从2015年动物医学院调整至成都校区开始，每年3月，学院青协都会开展践行雷锋精神的系列主题“雷锋月”公益活动，宣传雷锋精神和志愿者精神。与往年活动有所不同的是，2019年，动物医学院青协响应团中央“志愿服务进社区”号召，利用“雷锋月”活动，在公益服务中积极探索适合自身特点的“三个创新三个结合”的“志愿者+活力团支部+社区”的志愿服务模式。创新建立“支部+基地”双选制度，结合共青团“活力提升工程”和“第二课程成绩单制度”，推进志愿服务常态化。“雷锋月”活动各子项目均由班支部经过“竞标”的方式产生并承担，在保证活动目的和意义的前提下，更多释放班支部的创造力、活力，促进班团建设和提升青年责任感。创新“协会—班团组织—志愿者”服务工作网机制，结合学生成长需求和专业特点，点面互促，培育更有品牌效应的社区公益服务项目。创新“志愿者+社工”志愿服务模式，积极与社区、与社会公益组织互动，结合社会焦点和社会资源，推进社区志愿服务专业化。

“雷锋月”活动后，动物医学院青协还将与已经对接的航天社区、花土社区等4个社区积极合作，结合当地社区的特点，积极开展老人关怀、特殊儿童帮扶、流浪动物救助与治理等多样的社区公益服务活动，促进学生“把公益从身边做起”，提升青年学生公益认知和社会责任感，推进大学生社区志愿服务常态化。

案例来源：张诗雨，杨雯．久病床前有孝子［EB/OL］．四川农业大学校园新闻网，2016-12-15，https://news.sicau.edu.cn/info/1078/23986.htm；四川农业大学农学院．农学院两名学生勇救溺水老人［EB/OL］．四川农业大学校园新闻网，2015-05-31，https://news.sicau.edu.cn/info/1078/29604.htm；

杨希. 晏芳芳同学街头救助倒地受伤老人［EB/OL］. 四川农业大学校园新闻网，2015-04-15，https://news.sicau.edu.cn/info/1078/30001.htm；蔡文俊. 动医志愿者从身边做起　践行永不褪色的雷锋精神［EB/OL］. 四川农业大学校园新闻网，2019-04-04，https://news.sicau.edu.cn/info/1078/50505.htm.

二、对接教学

（一）适用范围

本案例适合于《思想道德修养与法律基础》第五章“明大德守公德严私德”第二节“吸收借鉴优秀道德成果”第一目“传承中华传统美德”，第三节“遵守公民道德准则”第一目“社会公德”、第三目“家庭美德”、第四目“个人品德”，第四节“向上向善、知行合一”第一目“向道德模范学习”等内容教学使用。

（二）理论要点

（1）中华传统美德的内容；
（2）社会公德的内容；
（3）家族美德的内容；
（4）个人品德的内容。

三、案例解析

中华民族传统美德，是指中国五千年历史流传下来的，具有影响、可以继承并得到不断创新发展，有益于下一代的优秀道德遗产。概括起来，就是中华民族优秀的品质、优良的民族精神、崇高的民族气节、高尚的民族情感以及良好的民族习惯的总和。它标志着中华民族的“形”与“魂”。它也是我国人民五千多年来处理人际关系、人与社会关系和人与自然关系的实践的结晶。中华民族自古崇尚“富贵不能淫，贫贱不能移，威武不能屈，杀身以成仁”的民族气节；强调建立一种和谐协调的人伦关系，主张“和为贵”“义以为上”，“以义统利”“先义后利”，要求“见利思义”“见得思义”；提倡用“仁爱”之心去尊重人、理解人、关心人、爱护人、帮助人的思想；倡导“格物、致知、诚意、正心、修身、齐家、治国、平天下”的实现人生理想的步骤和模式。

社会公德是千百年来广大人民群众约定俗成的一种共同的社会准则。它对于规范人们的日常行为，促进一个社会和企业的良性发展有着十分重要的意义。家庭美德，是指人们在家庭生活中调整家庭成员间关系、处理家庭问题时所遵循的高尚的道德规范，内容主要包括尊老爱幼、男女平等、夫妻和睦、勤俭持家、邻里团结等。个人品德，即个人的道德品质，也称德行或品性，是个体依据一定的道德行为准则行动时所表现出来的稳固的倾向与特征。社会公德、家庭美德和个人品德紧密联系，既相互制约又相互促进。

本案例以学校内部发生的广为传颂的实事为案例，用切实行动解释什么是“孝”、什么中华传统美德，以及和谐的家庭、和谐的社会关系是如何构建的，让学生明白“百善孝为先”与“乐于助人”的朴素理念，激励学生为和谐校园贡献力量，打下构建和谐社会的根基。

四、课程训练

（一）课堂环节

以身边的事精确诠释什么是“孝”“勇”等传统美德，在教师讲授相关事迹之后，让学生进行发散思维，寻找身边的传统美德，并现场与大家分享。

（二）课后实践

组织学生到敬老院为社区老人提供服务，在校园内做一些助人为乐的事。

五、思考与讨论

阅读以下材料，从职业道德角度思考道德会对人们从事的职业提出怎样的要求，以及自己应该怎样坚守职业道德。

人物简介：邓昌碧，女，49 岁，现为四川农业大学雅安校本部生活服务中心桂苑餐厅小吃间工作人员，2002 年入职川农，2010 年、2011 年、2012 年、2013 年连续四年年终考核优秀。

她给人的印象是：娇小的身材，朴实的笑容，利索的手脚，时时刻刻忙碌的身影。

同事说她：“干活儿很卖力”“有时候遇到谁家里有什么事情她总是热心地帮忙”。

“很能干和勤快的一个人，也不提什么要求，一到年底‘推优’时总有她，很难得。她明年就要退休了，要是可以返聘，我还真想留住她继续在这里干。”食堂经理笑着说。

工作 12 年，一年四季，邓昌碧清晨五点从家里起床出发，到达工作岗位忙忙碌碌就是一整天。哪怕是重复、琐碎的工作也并没有让她厌倦和改变，凡事都争取做到最好，而且几乎没有请过假，即便一个月规定两天的假期，有时候她都没有休息。

工作常态：起早贪黑、操作间忙碌的每一天

凌晨五点多，当人们还沉浸在睡梦之中的时刻，食堂已经亮起了灯光。为保证按时“开饭”，到岗后的她立即和同事一起开始这忙碌的一天。

一天的工作中，“清洗、切配、加工、售卖、清理”这些似乎形成了一条工作线，麻溜儿、有条理是必需的。精心准备早餐，揉面蒸包子、馒头，烧稀饭做小菜，变着花样制作多种精美糕点面食，做好保温或散热准备，这些都成了习惯性动作。因为，几乎每天从七点开始她便要迎接熙熙攘攘前来就餐的师生；忙完早餐，刚喘口气，紧接着的午餐准备工作接踵而来：择菜、切肉及清洗水产品等。10 点 50 左右，厨师长冒着高温炙烤炒出一锅又一锅美味的时候，便到了售卖的时间，她麻利地做着一切，即便不到夏日，汗水已悄悄渗透衣襟；午餐过后近两个小时可以放松一下忙碌了大半天的自己，下午 3 点多又要开始重复做早上和中午做过的各项筹备工作。而哪怕是在这宝贵的休息时间里，为了保证工作间和售卖间的干净整洁，身材娇小的她也常常都是早到晚退的那个人儿。工作的每一天，她在反反复复中没有拖沓，没有抱怨，只是热情地招呼着每一位前来就餐的同学。

为了坚持合格的卫生标准，让大家吃得放心，不论寒冬水有多冻手、酷暑汗有多湿衣，哪怕一天内经历冷热两重天，“着工服、戴口罩、戴帽子，累了继续，轻伤继续，值班食堂寒暑假继续”成了她默默付出的固有工作常态。

工作感动：真诚相待，温暖人心

“能让来就餐的老师和同学满意便是对我们最大的鼓舞和感动。”她喃喃地说道。

“做我们食堂工作的，大部分时间都是在后台操作间准备的时间多，真正和学生接触的时间很少。但是有时候一个简单的肯定，总会让我们开心半天。‘阿姨，这个饼好好吃，是怎么做的啊?’‘阿姨，上次那个饼怎么没有了，卖完了吗?’”她说，这是有几次学生兴冲冲来买餐点时说的话。他们也许就是随口一说，很平常很简单，可就这么一句简单的肯定让她在很忙碌辛苦的状态下，总会不由自主地开心和激动。还有好多次拾到同学们不小心落在食堂的东西物归原主后，看到学生因失而复得绽放的笑容，她也是心里满当当的开心。

“我喜欢现在这份工作，在这里大家都比较合得来，互相照应着，同学们也很乖。特别是过年给留校同学们准备团年饭就好像是等待迎接家人一样，看着他们吃得满足的样子，就好像是自己远在他乡求学的孩子在身边，特别温暖。”她开心地说。

工作信念：争取为师生服好务，共同期待学校的新发展

在我校工作了12年，邓阿姨说：“近年学校把我们都纳入了川农这个大家庭，我们现在学习机会多了，福利待遇也逐年增加，连我们都有机会申请学校的公租房了，真的是没有想到啊！工作条件有时候虽然艰苦了一点，但是工作氛围好，工作起来也有盼头！”当谈到理想的工作该是什么样子的时候，她想都没想就说：“现在就不错啊！大家都有干劲儿了，争相做好本职工作，更好地为师生服务，共同期待学校的新发展。”

案例来源：张星玉. 寻常岗位上的一员：记校本部生活服务中心桂苑餐厅工作人员邓昌碧［EB/OL］. 四川农业大学校园新闻网，2014-07-15，https://news.sicau.edu.cn/info/1078/31366.htm.

第三章
校本资源进“纲要”课

四川农业大学成立于1906年，从诞生之日起，四川农业大学就与国家和民族的命运紧密相连。长期以来，四川农业大学广大师生始终与祖国和人民共命运、与时代和社会同前进，在各条战线上为我国革命、建设、改革事业做出了重要贡献。一部四川农业大学的历史就是中国近现代历史的一个缩影，映射出中华民族谋求伟大复兴的奋斗史、图强求变的探索史、伟大祖国日新月异的发展史。“中国近现代史纲要”课的教学目标就是要让大学生“认识近现代中国社会发展和革命、建设、改革的历史进程及其内在的规律性，了解国史、国情，深刻领会历史和人民是怎样选择了马克思主义，选择了中国共产党，选择了社会主义道路，选择了改革开放”。“中国近现代史纲要”课程教学在遵循教学大纲的前提下，紧扣教材内容，注重学校实际和学生学情，深挖校史资源、优秀校友素材，将历史中的学校沿革、校友的光荣事迹与课堂教学有机结合，既能充分彰显课程目标，又能使校史与党史、新中国史、改革开放史、社会主义发展史充分融合，鲜活地展现在学生眼前，有效提升课堂教学质量，使学生通过课程学习全面实现“真学—真懂—真信—真用”更高层次的教学目标。在实际课程教学中，马克思主义学院将百余年学校发展历史融入中国近代争取民族独立、人民解放的救亡史中，融入中国现代实现国家富强、人民富裕的奋斗史中，从历史视角讲透川农校史与“川农大精神”的形成历程，通过身边一个个鲜活的教学案例，站在爱国主义、马克思主义中国化等理论基础上深刻认知“川农大精神”爱国荣校的真正内涵，使学生既增强了爱国主义情怀，也坚定了他们对马克思主义的信仰、对中国特色社会主义的信念、对实现中华民族伟大复兴中国梦的信心，从而把“中国近现代史纲要”课建设成为学生真心喜爱、终身受益的重要课程。

第一节　为民族复兴而奋斗的川农大先贤

一、案例呈现

（一）川农大兴农报国的先驱——杨开渠

杨开渠，号顽石，1902年10月27日生于浙江省诸暨县（现诸暨市）齐鲤乡全堂村，我国著名水稻专家，再生稻研究的开拓者和奠基人，也是一位在科教领域做出卓越贡献的优秀农业教育家。1927 年 7 月留学日本，1931 年毕业于日本东京帝国大学农学部。1936 年被聘为国立四川大学农学院农艺系教授；1950 年担任四川大学农艺系主任；1952 年院系调整后兼任四川大学农学院副院长；1956 年川大农学院迁雅安独立建院，命名为“四川农学院”，杨开渠被国务院任命为第一任院长。杨开渠历任四川省第一届政协常委、四川省第一届人民代表大会代表、全国政协特邀委员、第二届全国人民代表大会代表、川西区科普协会副主任委员、四川省科协副主席，1957 年被聘为中国农业科学院第一届学术委员会委员，1961 年被选为中国作物学会第一副理事长，1962 年 2 月 2 日病逝于成都。

从工业救国到农业救国：对救国之道的早期探索

杨开渠生长于动荡黑暗的近代旧中国时代，自幼目睹家国破败，中华民族国运衰颓，饱受列强欺凌，他发奋刻苦读书求学，靠半工半读考入杭州甲种工业学校，1923 年在校中加入救国工业会，立下了第一个人生志向——工业救国。1924 年，经校长许炳堃介绍，杨开渠到杭州大有利电气公司工务股任检表员。

1927 年初，北伐军攻克杭州后，杨开渠参加了东路军政治部宣传队，后返回电气公司工作，并于 3 月加入中国共产党，被选为工会副会长，为党工作。后因身处白色恐怖中，于 1927 年 7 月离杭州经上海去日本东京，与党组织失去联系。杨开渠赴日留学后，入东京帝国大学农实科学习，自此弃工从农，人生志业发生重大转变，树立了之后贯彻终身的农业救国的人生抱负。留日期间，杨开渠尽其所能地对日本的经济社会和文化思想进行深入研究，翻译日文著作多部，先后有《日本帝国主义下之台湾》《文学十讲》《人口问题概论》，甚至他还与我党著名红色作家沈端先（笔名夏衍）合作翻译过苏联著名小说《沉醉的太阳》。上述译作的主题和合作情形，不难看出他反对日本帝国主义和肯定苏联社会制度的进步思想倾向。正是基于当时他对日本帝国主义实质的深入了解，杨开渠对日本在华行径极为忧愤。1931 年，“九一八”事变爆发，杨开渠义愤填膺，辞去日本东京帝国大学的育种研究室工作回国，供职于浙江省地方自治专修学校，积极以平生所学和满腹才智投身于抗日救国的洪流之中。

“九一八”事变后的抗日经济战构想

1933 年，杨开渠发表《英日在世界的经济战》一文，极具有前瞻性地预见到随着日本在东亚地区侵略的加剧，必然与传统列强英国发生矛盾。

1934 年，杨开渠面对日本对中国的日益紧逼，尤其是在经济方面，再次在期刊上发文纵论各国排斥日货的方法，以期在此种形势下能对国人经济抗日方案选择有所支援。

农业增产与抗战大后方建设

1935 年，经金善宝先生推荐，杨开渠到重庆乡村建设学院任教。1936 年，经李驹（李超然）先生推荐，杨开渠到四川大学任教。全面抗战爆发前夕，杨开渠创建四川大学农学院稻作室（今四川农业大学水稻研究所）并发表《民族复兴最后根据地：四川省目前的稻作增收计划书》一文，提出“四川为吾中华民族复兴最后之根据地，现已为人所共知，愿所谓民族复兴根据地者，不仅以其地理的进足以取、退足以守之优越条件，且需具备一切立国之要素。此等要素中，粮食之充裕，实为最重要之前提，固无待言”。通过历时一年多对四川省农业生产条件的细致调查，杨开渠提出通过种植双季稻、采取干田直播法、选育旱稻品种等全面促进四川粮食增产，以期就此巩固抗日大后方，为抗日战争做好粮食供应准备。

该计划书受到当时四川省政府高度重视，杨开渠因此与杨允奎（时任四川省稻麦改进所所长，后为我校迁雅安建院后继任杨开渠的第二任四川农学院院长）合作开办稻作试验场，进行水稻品种试种，并作双季稻试验。

在二人的合作下，尽管四川在当时遭遇了五年干旱，但四川省稻种得以明显改良，并得到大面积推广。

而在包括稻麦试验场在内的农业改进所工作推动下，“四川粮食增产取得很大进步，为支持抗战和稳定社会奠定了一定物质基础，意义重大”。(《试论抗战时期四川的粮食增产问题》，赵黎花、陈雷，2014)

1939年后，随着日本侵略者步步紧逼，民族存亡已到了最后关头，杨开渠重新提出一年之内的增产计划——再生稻种植，力图缓解民族存亡关头的粮食危机，并且呼吁后方农学界人士为了最后的胜利，为了民族生存而努力。

杨开渠因在20世纪30年代开始的再生稻研究而被视为世界上最早研究再生稻，并且研究最全面和最深入的农业科学家。

1945年，时任四川省政府主席张群撰文称，全民抗战中，四川征购捐献粮食7 100万石（1石=60千克）。1946年，蒋介石在还都南京前的演讲中，称“四川同胞的输财输粮征工征粮的数量和成绩，都在各省之上，这在将来中华民族复兴史上，必将永垂不朽”。(《兵力与粮食：四川省第三行政督察区人民在抗战中的主要贡献》，杨玉林，2005）而四川作为抗战时期对前线输送粮食最大的省份，与当时杨开渠等为代表的在川农业科研工作者的上述研究贡献密不可分。

“审查国情顺应环境，毋因利而忘弊，勿以私而废公，随时势之变迁，制适当之对策，则必能排万难，挽危机，徐图独立自由之实现。”纵观杨开渠在民族危急时期的作为，他正是凭借对国情的清醒审视，趋利而不忘弊，随时势之变迁，提出农业生产的适当之对策，为挽民族于危机之中而竭尽心力。

一片赤诚唯爱国

虽然因为少年时穷苦多病，杨开渠个头不高、身形单薄，可他留给后人的一袭剪影却是高大的：一生被家国情怀萦绕，顶天立地，历经磨难而不悔。他说：“一切的事都轻于鸿毛，只有国家与民族的生命才是重于泰山的。”他不仅这么说，而且用了自己的全部生命来实实在在地践行。他的勤恳拼搏、求真务实、高风亮节不是偶然的，而是来自对国家与民族的一种强烈关怀和责任感。

杨开渠一颗赤诚火热的心，无时无刻不在为祖国跳动。1939年，虽对国民党并无多少了解，只因为听到川大森林系邵维坤教授“共赴国难”的劝说，杨开渠和同事们一起集体加入了国民党。抗战中宣传再生稻，杨开渠曾深深体会到国难之中官僚的腐败，在重庆歌乐山上他沉痛地感叹：“这荒凉的山……现在却预备为阔人们的避暑地了！似乎没有国难，也无战事，他们还是游山玩水的情绪，部长、局长……都已预订了造别墅的地方，陈立夫之妻，也正上山去看地。他们的钱哪里来的呢!?”这些现象都让他深为憎恶，也让他为国家前途而深深扼腕。

等抗日战争胜利了，以为有了希望，但是“时局日趋混乱”“物价高涨，生活又回到（中华民国）三十一二年（指1942—1943年）时之情境，而当时抱有希望，现在只有黑暗。”1948年，成都的米价数天内从（旧币）40多万元1斗，涨至（旧币）110

多万元1斗，抢米的事到处都在发生。到成都解放前夕，杨开渠每月收入不够买5斗米，却要养活一家人。因为家庭的累赘、生活的压迫，兼课占用了他大部分的时间，这是无可奈何的事，十分希望在科研上进一步有所作为的他可谓心有余而力不足。而且由于性格耿介，不肯巧佞逢迎，他还曾被人排挤甚至诽谤而几乎失业，后来是学生们坚决反对，才算保住了饭碗。

解放了，一切都发生了翻天覆地的变化，国家日新月异，社会风气一新，这一切都让杨开渠感到心情无比舒畅。1950年5月，他被派为川大校产清理小组组长，看到了共产党的大公无私和国民党的官官相卫迥然不同。7月，他被派往重庆，参加西南农业生产会议，听邓小平政委的报告。邓政委号召团结起来，克服困难。8月，他又被派往北京参加中华全国自然科学工作者代表会议，听了朱德总司令、周恩来总理的报告，他深切地感受到“祖国建设对科学工作者的殷切期待”，后来又到上海等地进行教育考察。他深情地爱着自己的祖国，时时关心祖国的变化，就是出差，也要仔细观察沿途一切，读祖国大地这本“活的书”，从中吸取营养，给自己增添力量。“铁路在秦岭山中绕来绕去，这一座山，竟可以把火车送上山，这是太不平凡的事，在短短三年中竟完成了。这在我的记忆里，过去看到日本的火车，多沿海穿山洞，比比秦岭，真是什么都比不上了……”“想起双轨，过去看到日本品川，有很多的轨道，以为了不起，现在各大站都是如此。在双轨并行的大平原上，奔驰着满载旅客和建设物资的火车，来往在瞬间擦过，这是何等令人兴奋的事!”“在创造新的历史的时代，必须把自己变成这一历史创造的参加者，而不是站在旁边……”祖国各地一片欣欣向荣的景象，再没有外国人在中国土地上横行，“主权完全在我们自己的手中”，这一切使他这个经历了旧中国的屈辱和苦难、贫穷和落后辛酸的知识分子看到了祖国无限美好的前景。此刻，从日本回国近20年后，他发自内心地感叹：“从今真正找到了祖国!”

他把迸发出来的爱国热情化成实际行动，把全部热情和精力投入工作中去。他在一份信息登记表中写下“我的希望”：“我希望有机会就到新疆、青海或西藏等地区服务，因为那里地广人稀，需要大量农业工作者去开发。我到那里去从事农业改进工作，或者可比在成都发挥更大的作用。”1950年兼任农艺系主任、1951年被任命为农学院副院长后，他深感这是党和政府对他的信任，在各项工作中，他都带头以实际行动团结、带动全体师生，使院、系的工作都走在川大的前列。他要处理农学院全院的教学、科研与行政事务，而院长办公室只有一位秘书协助他，工作十分繁忙，而他自己的教学科研工作一点没有减免，除农学院的课程外，生物系的作物课也是他亲自在教。他不知疲倦地夜以继日地工作着，没有星期天，没有节假日。夫人关心地问：为什么这样忙啊？他轻快地答道：为人民服务嘛！他把各方面工作都尽职尽责做到很好，得到了师生们的广泛认可，被评选为四川大学第一届模范教工。

国家和社会的崭新风气让杨开渠热情满怀，开始了新的学习。1952年11月13日，这一天杨开渠正好满50周岁，他效仿孔子“五十以学易”，送给自己一本《毛泽东选集》(简称《毛选》)作为纪念。从这天起，学习毛泽东思想就成了他的日常功课，工作再忙也要挤时间学。在生命中最后一次回雅安，办双季稻培训班时，有一天已工作到深夜，妻子劝他休息，他却说：“《毛选》还没看哩!”蓝色、红色的笔做的各种符号在书上随处可见，从这些心得附录的学习时间、地点可知，他读《实践论》和《矛盾论》的次数最多。在《矛盾论》一篇书页上写着的心得就达100多处，他把学到的思想方法、工作方法随时与科研工作联系起来，如：“决不能千篇一律地把李森科的一个公式普遍用于中国的各种作物”，“南特号在昆明，温度是主要的，短光是次要的。其他品种不同地点光、热的主次常异位”。

他也用各种方式把爱国精神传递给他人。1951年5月，在听志愿军归国代表团报告后，他不但踊跃捐钱捐物和动员、鼓励学生参军，还坚持每天写一封信给前线的中国人民志愿军，并在《人民川大》报上撰文谈写信的体会，号召“大家多写信给我们最可爱的人”。他每日写一封慰问信为前线战士加油鼓劲，坚持了一年多，直至停战谈判开始。他在报刊上连连发表《十四年对一年》《我怎样经常写信给“最可爱的人”》《以检查我的爱国主义思想迎接“七·一”》《美国战俘的供词激起了我对美帝国主义的愤怒和仇恨》《对成都市本届高校毕业同学的一点希望》等，表达着一个知识分子对新中国、对共产党的热爱。有一次，一位在西安工作的青年，见杨开渠在火车上仍抓紧时间工作，休息时就帮助列车员打扫卫生，十分感动，后来还来信说一定要向像他那样的老一辈学习。《毛选》第四卷刚出版，其女儿杨光蓉就收到了父亲送给她的一本，扉页上的手迹叮嘱着她要“学习毛主席的思想方法，学习毛主席的工作方法……时时学习，终生学习……把一生献给伟大祖国的建设……”一切为了献身祖国建设，这是杨开渠对女儿的希望，也是他自己以极大热情不断学习的原因。

1952年，杨开渠向党组织申请重新加入中国共产党，在报刊上公开发表文章《我决心争取入党》。1953年12月，四川大学教师党支部讨论接受杨开渠入党问题时曾做审查。当时总支委员会认为，杨开渠存在历史问题，即自动脱离共产党后又参加过国民党，而关于其脱党情况的唯一证明人陶秉珍已于“三反”运动中畏罪自杀，无法取得旁证，因此他入党的请求被搁置了下来。

杨开渠决定用行动和贡献来争取重新入党。他为自己定下了一个目标：“我的理想很简单，就是要使全国人均每年有1 200斤（600千克）粮食。”20世纪50年代初，我国人均粮食产量不到300千克，要实现目标就要想方设法让人均粮食产量翻一番。为此，他又紧锣密鼓地开始了粳稻密植高产、良种繁殖、光照、耐肥等一系列试验。分蘖是水稻产量构成的极重要因素，杨开渠明确了水稻分蘖发生的节位和发生规律，明确了分蘖的发生与生长期及经济性状等的关系，填补了水稻研究的空白，丰富了水稻科学的基础理论，为更好地利用水稻的分蘖特性，制订合理的水稻栽培技术提供了依据。为表彰他的科研贡献，1953年，四川省人民政府颁发给他奖金100万元，按新币制折算相当于1万元。20世纪五六十年代推广应用的水稻“好种壮秧、少秧密植、合理施肥”就是在他的研究基础上提出来的。80年代以来杂交水稻生产培育多蘖壮秧，后来又发展长龄多蘖壮秧，都是根据他的理论，由他的学生们深化演绎出来的，对推动杂交水稻的发展做出了突出贡献。

此后数年间，他先后撰写了再生稻研究论文10余篇。1957年，中国水稻科学技术会议在武汉召开，有苏、朝、越三国水稻专家共同参加。会上他做的报告《再生水稻研究》，受到与会专家一致肯定。他不仅在我国开拓了水稻研究新领域，提出了增产的新途径，也是世界上最早系统研究再生稻的学者。他所发表的一系列论文也是世界上迄今为止较系统的论著。1986年，国际水稻所负责再生稻的专家见到杨开渠过去发表的论文，都表示钦佩。后来，一些再生稻研究者和推广者将杨开渠的一些基本理论应用于杂交水稻以培育再生稻，都取得了成功。四川省自1986年在冬水田培育再生稻69.8万亩以来，逐年扩大面积，1989年培育再生稻675.6万亩，平均亩产105千克，高产的达300千克/亩，四年间增产稻谷14.2亿千克。再生稻由于品质优良，在部分地区，成为稻田耕作制度中的一环。进入新世纪以后，在市场上还能听见农民用颇带傲气的口吻与买主讨价还价："我这是再生稻（的米）！"杨开渠若泉下有知，当为之感到欣慰。

1956年，四川农学院在雅安成立，受命担任四川农学院首任院长的杨开渠，曾反复考虑在雅安建校的利与弊。一开始他也认为在雅安建校不是十分合适，向上级提出过雅安不适合建校的意见。但当上级做出最后决定要在雅安建校时，他就坚决服从，并开始做其他人的思想工作，同时立足现实，从雅安实际出发考虑学校的发展，积极规划学校的建设。他考虑到，中国是"八山一水一分田"，四川也是这样，山区资源丰富，发展前景十分广阔，雅安兼有山地、丘陵、平坝，具有研究山区农业生产的有利条件。他根据雅安地处平原、丘陵和高山接合部的自然特点，放眼全国，高瞻远瞩地提出把学校教学、科学研究重点转向山区的办校方针。在1956年9月6日建院成立大会上，他热情洋溢地鼓励全院师生多研究山区，为山区资源的开发和山区农业的发展服务："我们应该充分利用这有利条件，向山区的农林牧进军，使毕业生在专业上能全面掌握平原、丘陵和山区的农业知识，办出学校特色。"

到雅安不久，他便立即成立"四川农学院科学研究委员会"，抽调青年教师与他一道去王家沟、青原坪、麻岗山、甘家坝等地作了土壤、植被等多项考查。就在1956年秋天，他多次带领植物教研组的教职工以及林学系的同志去金凤寺，打算把金凤寺建成四川农学院的植物园。学院接管了原西康省农试站在姚桥的一大片水田，他又组织各学科的教师去搞规划，计划着把姚桥农场作为水稻科研教学基地，要建立一个水稻研究所。在他的倡导和组织下，学校派出各专业教师对山区的土壤、植被、动物、果树、蔬菜、作物栽培、农业生产合作社进行广泛的调查，掌握了第一手资料，为以后的科研打下了基础。后来，他还带着各学科的教师，跑遍了芦山、宝兴、天全还有泸定的二郎山、康定的折多山，写成许多篇调查报告，出版了《山地农业科学》刊物。他把省里的负责同志包括科委主任、科分院的马识途院长都请到二郎山、折多山去考察，希望把那里建成自然保护区。他说："把二郎山搞成自然保护区，折多山、营官寨再搞一个，四川农学院的农学、林学、畜牧就有坚实的科研、实习基地了。"

1956年，杨开渠任全国政协特邀委员，被选为四川省科普协会副主席，担任原高等教育部组织的作物栽培学编审委员会成员。1956年9月，四川大学农学院独立建院，他被国务院任命为四川农学院院长。1957年，他被原农业部聘为中国农业科学院第一届学术委员会委员。1959年，他当选为第二届全国人民代表大会代表。作为一名科学家，在科研出成绩的同时，杨开渠还有着其他许多身份，他尽力在一切国家和社会有需要的地方贡献着自己的能量。

案例来源：四川农业大学档案馆（校史办公室）. 川农大红色档案（五）：杨开渠农业救国思想探析［EB/OL］. 四川农业大学校园新闻网，2020-03-10，https://news.sicau.edu.cn/info/1078/56281.htm；杨雯. 杨开渠先生的故事（四）［EB/OL］. 四川农业大学校园新闻网，2018-09-28，https://news.sicau.edu.cn/info/1078/47877.htm.

（二）中国现代土壤肥料科学的先驱——彭家元

彭家元，1897年出生于四川省金堂县，土壤肥料学家，中国现代土壤肥料科学的先驱。毕业从事农科大学的教育和土壤肥料科学的研究。早在20世纪30年代中期便出版了我国大学教科书《肥料学》和《土壤学》，较长时期为多所大学选用为教材，发表了一批有学术价值的研究报告，对我国的水土保持事业起到了推动作用。

爱国修身养正气

1897年，彭家元出生于四川省金堂县的一个既有封建文化深刻影响，又受资产阶级民主思想熏沐的家庭之中，其父是清末秀才。他自幼从父学习，1907年入私塾，1912年入成都高等农业学堂预科，1913年随父入京，1914年考入北京农业专门学校（今中国农业大学），1918年毕业。在校期间，曾积极参加反对“洪宪帝制”、反对“二十一条”等爱国学生运动。1919年，作为革命先烈彭家珍的胞弟，彭家元获四川公费留美名额，次年赴美深造。

彭家元从小的生活环境、国内求学以及多次参加爱国学生运动的经历，使他胸中有浓烈的家国情怀。即使身在国外，彭家元亦密切关注着国内的情况。最初，他进入威斯康星大学学习兽医专业，但在了解到国内的土壤品质很差，不利于栽种农作物时，便于1921年转入伊里诺伊斯大学攻读土壤肥料科学，1922年获农学士学位。之后，又入衣阿华（又译“艾奥瓦”）州立大学学习，继续钻研土壤学，1923年获农学硕士学位。在美学习期间，他半工半读，经常辗转农场、工厂、餐馆、私人家庭等处打零工，备尝艰辛。毕业后，成绩优异的他在俄勒冈大学从事研究工作。1924年，他决心放弃美国的稳定工作毅然回国，辗转多处后最终扎根川大农学院，将自己的所学全部应用于我国土壤研究上。

“如果不可以选择自己的出身，可以选择的便是怎样做一个人”是彭家元和学生们在一起时常说的一句话，也是他始终践行着的一句话。1949年成都解放前夕，国民党多次鼓动川大教授去台湾办学，但深知国民党腐败的彭家元始终没有表态。最终，他决定在川大定居，迎接成都解放。

敬业勤勉做成就

彭家元留学回国后，将所学全部奉献给祖国的土壤事业。1940年，彭家元在四川省内江县（今内江市）城西郊圣水寺建立了内江土壤研究室，该室针对四川盆地紫色土地易受侵蚀的特点，对不同土质、不同作物的水土流失做了大量研究，并提出了相应的水土流失的解决方法；对四川土壤的元平菌、扎扎菌性质做出研究，并提出相应的改善方法。四川的许多土壤工作者都曾在这个研究室里工作或学习过。他们所做的工作奠基和开拓了四川水土保持事业。

值得一提的是，内江土壤研究室并非彭家元归国首站，此前他在中山大学、厦门大学和武汉大学均任过教。因战争辗转任教期间，彭家元不仅利用自己的知识进行研究，也将自己的研究成果与同行们共享。他积极创办《农声》杂志，发表相关论文，传播农学知识。1929—1937年，彭家元在中山大学创办的《农声》及《土壤与肥料》两本杂志上发表过有关土壤微生物的研究论文，在国内率先研究了细菌对土壤形成的作用。1936年，他同陈禹平一起发表了《广东土壤中氮素固氮菌之分离研究》，是我国研究固氮微生物最早的一批论文之一，对后来的研究者颇有启迪。这些论文，为我国细菌肥料的应用奠定了基础，特别是对固氮菌生态条件和固氮菌分类的研究很有参考价值，且均为国内初创。

彭家元取得上述成就的原因之一是他有强烈的敬业精神。他的敬业精神首先表现在对土壤专业知识孜孜不倦的学习上。1954年，中央在北京举办“苏联威廉斯土壤讲学班”。学校领导考虑到彭家元年近花甲，旅途劳累且学时紧张，因而学习报名单中没有加上他。但他不愿失去这次宝贵的学习专业知识的机会，亲自去找领导，申诉各种理由，坚决前往学习。在他的坚持下，最终得偿所愿。在学习班里，他没有专家的架子，思想开朗，积极虚心学习苏联先进理论，敢于发表不同的学术见解，受到学员们的欢迎，自己也受益良多。其次，彭家元的敬业表现在作为一个科学家的求实精神上。在川大、川农，彭家元曾担任农学、农化、园艺、林学等专业开设的土壤肥料学、土壤微生物学等课程的教学老师。他重视理论联系实际，经常把课堂讲解的教材内容与农业生产中不符合科学的做法生动地讲出来。例如当时农村宣传什么“人有多大胆，地有多高产”、要“给山剃头”等破坏大自然生态平衡的口号，彭家元便将这会造成水土流失灾害的后果讲解给学生们，力求给学生传递从实际出发、实事求是的精神和爱护大自然和农业生产的优良品德。

润物无声育人才

对待教学，对待学生，彭家元总是一丝不苟。

每堂课前，查阅有关资料，提前发给学生们讲授提纲和课堂的相关重点，早已是他改不掉的习惯。彭家元的板书快速且整齐漂亮，并经常开展当时还颇为新颖的纸片化教学，受到广大学生喜爱。彭家元在几十年的教学工作中认真负责，不仅认真上好每一堂课，还亲自辅导答疑，有问必答，带领学生们到田间、野外调查土壤，亲自指导学生们认识土壤类型、测定土壤性质的方法，培养学生掌握土壤农化专业技术的能力。

令彭家元众多弟子记忆深刻的，还有这么一件小事。有一年的大年初一，彭老的学生到他家中去拜年。一进门，就看见彭家元教授依旧在查阅资源、伏案备课，各种教学材料堆得书桌满满当当。

彭家元也十分关心青年教师，热情帮助他们健康成长。1952年暑假，全国高等学校进行了院系调整，四川大学农学院的农业化学系调入重庆西南农学院，本校仅保留一个土壤耕作教研组。此时土壤学和肥料学的专业基础课师资短缺，学校临时抽调担任化学课的年轻教师刘守恒支援，并立即走马上任担任土壤学、肥料学两门课程的实验指导。刘守恒感到业务不熟，相当紧张。彭家元发觉后，与刘守恒亲切谈话，多方鼓励，并对实验要求、内容和操作技术等详加讲解。学生做实验时，彭家元亲自到实验室解答疑难问题，一点没有教授的架子。

不久，教研组新调来三位助教担任土壤学、肥料学、土壤微生物学的实验指导工作。当时实验资料缺乏，彭家元便拿出自己保存的国外资料供实验参考，并耐心辅导，不仅完成了教学任务，还培养出许多业务骨干。年轻教师感到他毫无架子，平易近人，也愿意接近他，有问题就向他请教，他也总是有问必答。遇到一时弄不清的问题，他绝不随意解释，而是立即查阅资料，直至搞清楚以后才予以解答。

附：农业、农学与农业教育

彭家元

我国以农立国，顾名思义，是以农产品供给本国衣食住行及其他工业原料以外，尚有余裕，然后运销外国，换取外汇或工业产品，以裕民生、充国防的意思。然事实上除少数日渐衰微的几宗农产品，如桐油、蚕丝、茶叶、猪、药材，进出口货物相较，实在太远。有关衣被的棉花不足，靠美国输久，关于食的米、麦、面粉等无不从外国输入。现在各省饥馑无衣无食者有三千多万人，即抗战前亦靠洋米棉麦的输入。由此看来，哪能说中国自古以农立国，不过以农为名的，占全部人口80%罢了。

依士农工商的次序看来，农民的位置相当高，并不是重农，实在是表面文章，并未把农民的利益或生死存亡的事放在心上。可是什么党都在想利用绝大多数的农民，作他们的声势，所谓农业政策、农民运动，都是空头支票，办公室内讲得好听，试往窗外看，有下列几个问题：

一、农村凋敝农民被剥削压榨，谁真的为农民解除痛苦？

二、无论平时或抗战，出钱出力，直接或间接，几乎完全取之于农，政府拿多少钱……作改进农民生活，农业技术？

三、在抗战胜利以后，劳苦功高的农民不但没有稍稍的生活改善，反而加上一些更重的痛苦，虽然政府举办有农贷，得到实惠的也许是有，恐怕不过万分之一，有些地方根本未听见过。

四、水旱灾害、饥荒、兽疫、虫害，收成减少，靠天吃饭，谁替他们想办法？

孔夫子主张学而优则仕，“吾不如老农，吾不如老圃”，轻轻地把民生重大责任放在匹夫匹妇身上。如何改进农民生活，增加农业生产，士大夫阶级根本不加过问，虽然古有“亲耕”的仪式，何尝真正重农。因此关于选种、施肥、栽种、饲养之技术，及如何可以增加生产之农技，从未实地去做，至于农学更谈不上。几千年之生产方式，几千年之农具，至今依然。

美国副总统华莱士说“中国农业比较美国差一百年”，因为美国农民在百年前亦占全部人口80%，现在只有23%。换言之，百年前之美国每五家农民的生产仅可供给都市人民一家人之需要，现在只要一家农户就可以供应四家都市人家的食物，这是由于农学的进步。工业的进步更促进农业的发展。

可怜得很，中国提倡农学已近40年的历史，至今不为重视，以为简单不足道，并且不相信科学。直到现时科学昌明，已到原子能时期，而我国仍在神权时期，迷信鬼神，例如天旱不求预防或根本解决之图，而一般却相信打醮、禁屠，甚至执政者或智识阶级，亦舍重就轻，附会其说，暂时敷衍过去了事。老百姓对于猪瘟、虫害等只好听天由命，求神拜佛为不二法门，从未想到有所谓农学。

政府并非完全不想振兴农业，然投资少无重农决心，实际仍重重剥削。就农业教育言，农学院为造就农业高级技术及农业行政人员而设。全国所谓农业专家不过二三百人，大学毕业生亦不过二三千人。中国之大，业务之广，何能分配？但实际上此少数人尚无用武之地。提倡农业教育将近40年，高级中级初级人才不算少，平心而论，成绩渺小，不是农业有所进步，不见科学农业，仍然滞留在原始农业生产方式，无怪一般人对农学及农业教育不无怀疑。

农学以数、理、化、生物、工学、经济及其他社会学为基础，利用于农业等生产或农业经营。在生产技术方面，分农艺、园艺、森林、病害虫、农化、蚕桑、畜牧、兽医等。在工程方面分农业机械、农田水利。在经营方面分农业金融、农场管理、农业推广、农村教育、农村组织等。故农学范围非常广大，欲达到农业教育预期的目的，必须充实室内及田间教学设备与实验研究及经营推广的便利，使学生不仅能明学理而且能充分实习，使教员有深入研讨之机会，然后有良法美种的产生。有学识经验兼优的学生，例如谈集体农场或农业机械、农业研究，过去及现在几乎完全纸上谈兵，即或有农场实习亦与普通农场无异，甚至普通农具与实习土地俱无，办农业教育以为有黑板桌凳即算可矣。如此农学生大量生产，反因社会政治种种关系，毕业生出路大成问题，不久改业。或不能胜任，能胜任亦无法可施。

考医学院学生有医学实习，工学院学生有附设工厂实习。出校后能医好几人，或能制造出几件东西，即属成绩优良。而农学生之对象为大自然，全部农村，即或有了良法美种，欲普遍采用，或显著增产不是简单的。何况在校时，缺乏教学设备，如农场、林场、牧场、菜园之土地房屋，经费劳力之未得适当之配合或设施，实为农业教育最大之致命伤。至于不了解、不重视，甚至摧残其生命，与80%的农民遭一样厄运，被歧视，呼援无门，叹息而已。

农业与农学院不为人重视不了解，农业教育之目的又如此艰巨，从事大学教授者为数不多，抗战期间于经费支绌设备简陋下，乐道安贫，循循善诱，不气馁，不灰心，十年如一日，有如程复新、杨开渠、李超然三先生者实不可多得。敬佩之余，书此以作纪念，共贺三先生之成功，愿联合其共同奋斗。

［原载1946年5月26日《中央日报》（成都）第四版］

案例来源：杜珊，黄怀琼，龙泓宇.【“川农大精神”征文】土壤肥料学奠基人彭家元其人其事［EB/OL］. 四川农业大学校园新闻网，2020-09-25，https://news.sicau.edu.cn/info/1078/59189.htm；潘坤. 丹心谱汗青：川农大红色档案［M］. 成都：四川人民出版社，2020：115-116.

二、对接教学

（一）适用范围

本案例适合于《中国近现代史纲要》上编综述“风云变幻的八十年”第三小节“近代中国的主要矛盾和历史任务”第二目“两大历史任务及其关系”教学使用。

（二）理论要点

（1）近代以来先进中国人提出农业救国的主张，川农先驱为探索国家出路所做出的贡献。

（2）争取民族独立、人民解放和实现国家富强、人民富裕这两大历史任务之间的关系。

三、案例解析

本组案例精选“川农大精神”的缔造者、践行者的典型人物，结合近代以来中国社会历史发展的背景，川农的先贤们立志农业救国、兴农报国，把一腔热血献给祖国和人民，为实现民族独立、人民解放和实现国家富强、人民富裕而奋斗，体现了川农人的爱国主义精神。

在运用本案例教学时，应着重从近代以来中国人民所面临的两大历史任务出发，分析当时的先进中国仁人志士提出的“教育救国”“科学救国”以及“农业救国”的主张，以及为之所进行的努力，对中国近现代社会的进步做出的贡献，分析其结果，理解两大历史任务及其之间的关系，进而深入把握中国近现代史的主流和本质。

四、课程训练

（一）课堂环节

在教师讲授之余设计10分钟的课堂交流环节，让学生现场发言，谈谈学校“兴中华之农事”的文化传统对学校发展的意义。

（二）课后实践

（1）组织学生利用课余时间前往雅安校区读书公园为杨开渠先生扫墓，深入了解杨开渠生平事迹，缅怀川农老一辈在科学研究上取得的突出成就和为中华民族复兴伟业所做的贡献，自觉继承先辈遗志，勤学钻研。

（2）安排学生到图书馆查找文献资料，深入了解近现代中国仁人志士为实现农业救国而奋斗的事迹，并提交一份读书报告。

五、思考与讨论

1. 在近代中国，为什么“工业救国”“教育救国”“科学救国”“农业救国”没能给濒临危亡的中国指明正确出路？

2. 在新时代，作为农业高校的学生，应如何以“强农兴农”为己任，为实现中华民族的伟大复兴贡献力量？

第二节 建党伟业中的川农人

一、案例呈现

（一）四川地区的马克思主义先驱者——王右木

四川公立农业学校（1914—1927年我校前身办学机构）经济学教员王右木，作为四川早期马克思主义思想传播者、四川党团组织创始人和陈独秀在报告中最早提及的三名四川党员之一，曾当选为参加中国共产党成立大会的四川代表，并在中共一大期间到过上海，会见了党的领导人和共产国际代表。之后，王右木曾列席中共二大，在四川乃至全国党团组织草创时期做出过不朽的贡献。

20世纪20年代初期，曾经是“五四运动”在四川的策源地的四川大学（当时为国立成都高等师范学校），又成了四川传播马克思主义的基地和革命者的摇篮。一批具有共产主义思想的知识分子，如吴玉章、恽代英、杨闇公、童庸生等，集结于校内进行活动，他们中的代表人物，当首推本校教员王右木。

王右木是四川最早传播马克思主义的先驱者，革命群众运动的宣传者和组织者，四川地区中国共产党、中国社会主义青年团组织的主要创始人之一。他的一生虽然短暂，但留给我们的精神财富却极为丰富。

生在风雨中

四川省江油县（今江油市）武都镇，是一个依山傍水、风景秀丽的千年古镇，背靠巍巍的龙门山脉，面临碧波奔流的涪江。1887年11月12日（农历九月二十七日），王右木就出生在这里。

王右木出生的年代，正值神州大地灾难深重、风雨飘摇之时。其父王源光，为前清秀才，做过教书先生。后来家道中落，只好做点小生意糊口。最后，竟连小生意也做不下去了，因蚀本躲债，远走他乡。王右木只能由当塾师的大哥王初龄抚养长大。

王初龄是个有学问的正直的旧式知识分子。王右木随他一起生活，日子虽然贫寒，却能受到良好的文化熏陶。大哥经常给他讲民族英雄岳飞、文天祥的爱国故事，教他学习相应的诗文，使他幼小的心灵萌生了报效祖国、救民于水火的爱国主义情愫。

王右木少年时代，先后就学于江油县登龙书院和龙安府巨山书院，“应童生试，名列前茅”。他目睹了清政府腐败无能、民族危机进一步加深的现实。11岁那年，大足爆发了震动全川、波及江油的反帝爱国的余栋臣起义，给王右木以深刻印象；15岁的时候，席卷全国的义和团运动也在四川轰轰烈烈地开展起来，川西坝子的传奇女英雄“廖观音”悲壮感人的事迹，震撼着王右木的心灵。斗争的浪涛给他很大的鼓舞和力量，起义的失败又使他陷入深深的惆怅之中，思考着救国的路该怎样走。

1906年8月，江油同盟会会员李时、何如道、高云麟等在家乡高举义旗，策动以武装推翻清王朝，建立共和。王右木这时已是19岁的青年塾师了。他耳闻目睹发生在身边的革命斗争，对其寄予了无限的希望。但是，势单力薄的起义军在清王朝的残酷镇压下，最后还是失败了。王右木对此是“痛心疾首”的，他又一次失望了。救国的道路，究竟在哪里呢？

艰难求索

1907年夏天，20岁的王右木以优异成绩考入成都四川师范学堂优级部。该部专为年龄较大又稍有功名的读书人设立，毕业后可任中学堂教习。

他之所以要读师范，是因为受他大哥王初龄的影响。王初龄是一位受儒家学说影响很深的旧式知识分子，他崇奉孔孟之道，主张康有为、梁启超式的改良主义。他教育王右木，改良政治要先从改良教育入手，只要能培养出大量的新式人才，国家就会有希望。而这也是受那时风靡一时的“教育救国”的主张所影响的。

那时正值辛亥革命前夕，成都已是四川革命党人活动的中心和集结地，四川师范学堂又是他们活动的主要场所。教师中有许多外籍人士和留日归国学生，思想十分活跃，革命空气浓厚。在校内，他如饥似渴地大量阅读进步书刊，如梁启超的《新民丛报》、严复翻译的《天演论》、邹容的《革命军》、陈天华的《猛回头》，以及吴玉章主编的《四川》，这些读物对王右木影响很大，使王右木进一步得到民主革命的思想启蒙。在学校，他是一个勤奋的学生，同时非常注意锻炼身体，经常爬山、游泳、洗冷水浴。他认为，有广博知识而无强健体魄，是不能成就大事业的。

两年后，22岁的王右木毕业回到家乡，受聘为龙郡中学堂监督（校长）。他大力改革校务，整顿校风，一心想为国育才。但是，神州陆沉，国事日非，单单办好一所中学，于国家民族又有多大裨益？他认为，帝国主义列强之所以敲开了清王朝“闭关自守”的大门而在中国的土地上横行霸道，是因为他们“船坚炮利”，我们要富国强兵，非振兴科学不可。由“教育救国”转向“科学救国”，王右木于1910年重新考入母校数理科。

在校期间，辛亥革命爆发，大哥王初龄在江油县首倡共和。长期感到报国无门的王右木，激动异常，欢欣鼓舞，“乃立志专攻数理科，以提倡科学为己任，并经常团结有志之士，研讨国家政治，广为倡导，以发扬民主”。

但是，辛亥革命虽然推翻了几千年的封建专制统治，却没能使中国落后的现状有所改变。国家民族的出路究竟在哪里？王右木在学校时，与日本教习小川相识，过从甚多，渐渐受其影响。他认为，日本自明治维新之后，国家日臻富强，人民生活安定，必有可资借鉴之处。在苦闷彷徨之余，他产生了前往东洋考察的愿望。1913年秋毕业后重回龙郡中学任职期间，他考取了官费留日学生资格。1914年，他以27岁之龄辞家去国，浮槎东渡，到日本留学，并且又一次改变初衷，由庆应大学理化科转入明治大学法制经济科，如同许多革命先驱一样，决心从改造社会入手来救国救民。

在日本期间，王右木与李大钊、李达等结识，参加中国留学生总会组织的反袁爱国活动。他的一位老朋友参加了筹安会为袁世凯捧场，王右木闻知后怒不可遏，面斥其非：“如不退出，即与汝绝交!”

当时日本思想界比较活跃，马克思、恩格斯的著作广泛流传，关于社会主义各派别的著作，日本也有许多译本。克鲁泡特金、普鲁东、傅立叶、李卜克内西、卢森堡、蔡特金、考茨基等的著作，他都仔细阅读、比较、研究。他除与进步学者山川菊、上衫荣来往密切外，还常常到京都大学去听对马克思主义有较多研究的河上肇讲政治经济学史，对“剩余价值论”和无产阶级革命的主张，表现出了浓厚的兴趣。留日期间，时值俄国十月革命成功，他会见了革命诗人爱罗先珂，这些都给王右木以极大鼓舞，使他看到了祖国获救的希望。

1918年秋，王右木以优异成绩毕业后，立即启程返国，回到家乡江油县。他的大哥王初龄为江油著名社会活动家，本欲让他填补改选后的省议员位置，但被他拒绝了。王右木说：“我绝不能求自身荣达，去走升官发财之路。我到日本留学，是为了寻找救国救民的方法。现在我从日本回来，当然是准备去革命的。准备和普天下的劳苦大众一道，共同努力，摧毁这个吃人的黑暗社会。我怎能去当什么省议员呢?”

良师益友

1919年6月，应校长杨若堃的聘请，王右木来到成都高等师范学校当学监，并兼任经济学和日文教员，从此以母校为基地开展革命活动。

“五四运动”勃兴，反帝爱国浪潮席卷巴山蜀水。作为“五四运动”在四川的策源地的成都高等师范学校，师生高举“民主”与“科学”的大旗，声援北京学生抵制日货，反对封建军阀，提倡新思想、新文化，反对封建旧道德、旧文化的斗争，一浪高过一浪。革命青年在探索，在寻求，在行进。中国向何处去，民族的出路在哪里，都成了摆在大家面前的迫切问题。

在这样的氛围中，王右木也在仔细地观察着，深深地思考着。一些进步刊物，如《星期日》《四川学生潮》《威克烈》《直觉》等先后出现了，其内容虽然传布新思潮，宣传十月革命，但又有些分不清社会主义与无政府主义的界限；反对封建旧思想、旧道德、旧文化，但又说不清中国的出路在哪里。这些矛盾现象带给他以强烈的触动。他敏锐地感到，运动要深入发展，“必须抓住高师这支庞大的队伍”“必须要有马克思主义做指导，用它来占领思想文化阵地”，因此“亟须组织一支马克思主义的先进队伍”。

他首先利用教学的机会，在课堂上宣传马克思主义。他讲经济学，就根据教科书上的纲目，结合实际，用形象的语言，深入浅出地讲解马克思主义经济理论。他很注意方法，讲课中并不谈及“马克思”和“共产主义”，但他常常使听课的学生在不自觉的情况下潜移默化地受到影响，逐步认识中国社会的某些本质问题，树立革命观念。

王右木不像其他一些旧式教员那样喜欢摆架子。他平易近人，和蔼可亲，“每次上课后，从来不到教员准备室去等工友给他打洗脸水和泡盖碗茶，更不到学监室和教务处去说学生的坏话。他总是把一顶旧呢帽戴得矮矮的，悄悄走到教室侧边来找同学闲谈。下课后又有很多学生围着他谈问题，要一直谈到下一堂课的钟声响了他才能脱身”。

他经常教育学生关心政治，注意时局，多读《新青年》等进步书刊，不读死书。他说：“你们不要迷信中国先哲旧说，要研究新的社会科学，从旧的国故中走出来，做中国的新青年。”他在和同乡、学生领袖张秀熟等谈话时，要他们多学习马克思主义，在家乡开创出一种新局面来。他在农专讲课时，针对当时一些空喊“实业救国”的论调，尖锐地指出：“中国政治问题不解决，经济问题就不可能解决，实业就没有前途。”他还利用当学监的便利条件，指导学生的课外活动，物色和联络他们中的积极分子，为开展革命工作进行准备。

马克思主义读书会的启蒙者

1920年初，陈独秀迁居上海，与在北京的李大钊相约在南北共同筹建党组织。当年8月，陈独秀在列宁派来的共产国际代表维辛斯基的帮助下，与李达、李汉俊等在上海建立了第一个共产主义小组。暑假期间，王右木前往上海考察，会见了陈独秀等，了解到上海和各地筹建党组织和《新青年》宣传马克思主义的情况，深受启发。

当时的四川，经过“五四运动”洗礼的青年追求光明，也迫切需要有组织的斗争。王右木返校后，即于1920年底在校内明远楼成立马克思主义读书会。这是五四运动以后，四川地区最早诞生的以研究和宣传马克思主义为主要任务的革命群众组织。成员由高等师范学校和附中发展到各校，中小学教师及少数工商从业人员后来也参加进来，人数达100余人。

读书会由王右木直接指导，每周活动一次。他自费订购了《新青年》《觉悟》《东方杂志》等进步书刊，手抄、油印《共产党宣言》供会员学习。恽代英给会员讲阶级斗争。但讲得最多的还是王右木，他专题讲《资本论》《唯物史观》《社会主义精髓》等，理论联系实际，深入浅出地揭露帝国主义和封建军阀的罪恶。他“发言激昂，鼓动性强，颇能打动听众的思想感情，是一个很好的革命理论宣传家”。

读书会并不仅仅是“读书”，会员们聚集在一起，分析时局，交流思想，如遇社会上发生重大问题，“读书会员即须参与推动问题的解决”。换句话说，就是要理论联系实际，参加革命活动。那几年，成都地区的重大革命运动中，读书会会员是起了骨干作用的。

马克思主义读书会团结了大批青年，许多党、团的优秀干部，如童庸生、袁诗荛、廖恩波等，都是在读书会中受到启蒙后，走上革命道路的。读书会为四川党、团组织的建立，奠定了思想基础和组织基础。

《人声》，人民的呼唤

“五四运动”以后一段时间，面对无政府主义思潮泛滥，王右木感到光靠读书会，范围、时间、影响都受限制，必须有一个宣传马克思主义的刊物，于是他主编的《人声》报于1922年2月应运而生了。何谓“人声”？用他的话说，这个刊物“应鼓动人民起来大声疾呼，提出人民的意愿和要求，代表人民的呼声”。王右木的大部分工资都用来办报。他自己集社长、编辑、主笔于一身。

《人声》报是四川地区第一家以宣传马克思主义为主要任务的刊物。创刊宣言公开声明“要直接以马克思主义的要义”去分析社会问题，寻求解决办法。他深入浅出地介绍剩余价值、阶级斗争、无产阶级革命等基本理论，宣传十月社会主义革命，批判当时泛滥成灾的无政府主义，深刻揭露帝国主义和封建军阀的罪恶，猛烈抨击四川军阀拥兵虐民的防区制，深入探讨文化、妇女、青年等各方面的问题，激励工农组织起来斗争。1922年9月，因《人声》报刊登了揭露江油地方军阀和县太爷狼狈为奸、搜刮民脂民膏的罪行，导致王右木的大哥被军阀囚于牢狱、二哥被县太爷用刑致死。王右木悲愤至极，但革命的决心更坚定了。

本报创刊缘起

本报前身，即去年一月内出版之《新四川十日刊》。彼时言论，是欲以平易之自治建设，供社会采择。故一面向社会指导建设途径；一面为防包办与利用起见，亦曾铁面无私，痛下攻讦。出版虽不久，其有胆有识，识论精透之处，自不仅“不偏不党”已也。

一年以来，万象停滞，欲包办自治与利用者，咸亦未见收效，是固由民众能努力于理解所致。但吾人所期望之“理想自治”，何亦非“所谓理想尚非至唯”，故未见诸事实也。

本社同人，应摒去私冗，积月攻研，远觇大势，近察国情；爰重新改组，正名人声报社，本心得以主张，期于直切地向“人类均等幸福之坦道”上，呼倡前去；绝无无的放矢旁皇道左之态度，至于本社经费，概由社员独立负担，务期巩固，以正前《新四川》之失。今当发刊伊始，谨宣布出版之计划如下：

《人声十日刊》——出版期2月7日（阴历正月十一日），本刊专为筹备《人声日报》而设，每期一大张，共出六期，至3月27日后，即以日报代之。

价目——预定六期共洋一角，零售每张五十文。

《人声日报》——出版期3月28日（阴历二月初二日），本刊每日一大张，逢星期日休息。

价目——预定每月共洋三角，零售每张三十文。

（原载1922年2月7日《人声》报创刊）

办《人声》报，最大的困难仍是经费和人力问题。办报经费主要由王右木和刘絮述负担。王右木节衣缩食，将自己的工资几乎都用来办报了。他还不顾兄弟分家之隙，写信给大哥王初龄求援，好心的大哥还是给了这位“莫良心”的弟弟以极大的援助。人手少，王右木仅找了两三个青年学生来协助做校对和发行工作。这样，他便一人兼任社长、编辑、主笔，乃至内外杂务都自己干，工作任务极其繁重。

《人声》报社址设在大坝巷5号王右木家中。之所以将刊名定为“人声”，据王右木解释，这个刊物“应鼓动人民起来大声疾呼，提出人民的意愿和要求，代表人民的呼声”。

《人声》报的出版发行，给徘徊不前的四川革命运动指明了前进的方向，使青年们知道了马克思主义的概要和改革社会的正确途径。四川地区两届团委书记童庸生、蒋雪邨在给团中央的报告中，都深刻地谈到他们在创建团组织中受王右木和《人声》影响的情况。

《人声》报发行遍及省内外和社会各界，它如万马齐喑中突发的一声呐喊，震撼着人们的心灵；如天边微露的曙色，让人们在黑暗中看到了希望；如战鼓声声，振奋了无数的热血革命青年。张秀熟说：“在中国共产党领导下的《向导》周刊出版前，《人声》在四川起了它不可磨灭的战斗先锋作用。”

站在革命群众运动的前头

王右木既是马克思主义理论宣传家，也是革命群众运动的组织者。

1922 年夏天，四川爆发了一场争取教育经费独立的群众运动，其主要领导者就是王右木。

长期以来，由于军阀混战，教育经费无着。各校校长年年为经费所苦，教职员因薪水拖欠情况严重，忍饥挨饿，思想浮动，议论丛生。1922 年初，成都高等师范学校全体学生发表宣言，历数军阀摧残教育的十大罪状，以“唤起民众觉悟，运动教育独立”。大规模的群众运动有一触即发之势。

王右木抓住时机发动群众，借这个关系学校存亡和师生员工切身利益的十分敏感的问题，掀起一场斗争。经省学联和省会教职员联合会决定，以王右木为总指挥，全市总罢课，并带领群众到省议会请愿，当面与议长熊晓岩进行说理斗争。不久，重庆各校也总罢课表示声援，运动扩展到全川，北京、上海的报刊也进行了报道。坚持斗争的结果，迫使省议会通过“拨肉税为教育经费独立专支的议案，并使军阀当年答应拨付欠薪”。斗争取得了巨大胜利。这场斗争是“五四运动”以后成都地区较大规模的有组织、有领导的群众运动，也第一次显示了王右木领导群众运动的才能。

1922 年夏秋，王右木在组建了社会主义青年团成都地方执行委员会并去上海与中央取得联系后，即遵照中央指示，回川组织社会主义青年团员开展工人运动。

当时成都只有兵工厂和造币厂的工人算是现代产业工人，但军警控制严密，暂时不易发动。而一般的手工业工人既零星分散，工作难做，影响也不大。只有“长机帮”（织锦业）工人最多，工作条件差，待遇低劣，受过革命思想影响，迫切要求改变现状。王右木除派社会主义青年团员到他们中去外，他自己也取下呢帽，脱去长袍，换上工装，深入“长机帮”，和工人交朋友，出入工人聚居的街道、茶馆、酒店。他还化装进入正在闹罢工风潮、军警林立的成都兵工厂，多次用通俗的语言宣传马克思主义，进行启蒙教育。他说：“工人要求自己生活的改善和解放，只有努力奋斗，组织自己的工会，团结自己的力量，不依靠他人，也不希望现实的政府能帮助你们，因为现实的政府都是保障老板的利益的。”

工作有一定基础后，王右木团结工人中的积极分子，在校内办起了成都市第一所以宣传马克思主义为宗旨的工人夜校。他和国文部学生谢国儒等人，在课堂上讲阶级斗争，讲十月革命，讲社会主义和共产主义。后来四川地区工人运动的领导骨干，如梁华、孟本斋等，都是在夜校接受启蒙后走上革命道路的。

由于王右木扎扎实实做了许多发动、启蒙工作，“长机帮”“生刍帮”“建筑帮”“牛骨帮”和“店员帮”等20多个工会陆续成立。1923年“二七”惨案发生后，王右木带领社会主义青年团员和读书会员，通过各工会发动全市工人进行政治大罢工，抗议北洋军阀暴行，声援京汉铁路工人。这次大规模的游行、罢工，第一次显示了组织起来的成都工人阶级的伟大力量，有力地配合了党领导下的全国工人阶级的斗争。1923年5月1日，成都市劳工联合会成立，发表了《人日宣言》和《劳动五一纪念游行大会宣言》，标志着四川工人运动进入了新阶段，也是王右木积极宣传马克思主义的巨大成果。马克思主义理论和革命运动相结合，使革命形势发生了很大变化，推动了四川地区党、团组织的建设。

为四川地区党、团组织奠基

王右木在理论宣传和群众运动的基础上，开始进行了创建党团组织的工作。

1920—1924年，每年暑假他都要去上海，先后和党、团的领导人陈独秀、施存统、俞秀松、张太雷、阮时达等有所接触，并和施存统进行了较密切的通信联系。这对他领会中央的路线、方针、策略有很大作用。

1922年4月，由王右木领导的马克思主义读书会的骨干成员童庸生、钟善辅、郭祖、阳翰笙、李劼熏、刘弄潮、雷兴政等，根据《先驱》杂志刊登的《中国社会主义青年团临时章程》自发组织了“四川社会主义青年团”，并发表宣言，开展了教育经费独立运动，体现了“为国家除害，为人民谋福，牺牲一切，在所不惜”的精神。

为了和团中央取得联系，建立正式统一的组织，王右木于当年7月赴上海。时值中国共产党第二次全国代表大会在沪召开，会议制定了彻底反帝、反封建的民主革命纲领，使他明确了斗争方向。团中央书记施存统等发给他《社会主义青年团大会号》等文件，委托他回川建立团的正式组织。王右木回到成都后，经过紧张筹备，在原四川社会主义青年团的基础上，于10月15日在王右木家中正式建立了中国社会主义青年团成都地方执行委员会，选出执委，国文部学生童庸生为书记。王右木则因年龄大，以特殊身份指导团的工作。这是四川地区最早的相当于省一级的团组织。随后，王右木又按团中央指示物色刘砚声、张秀熟（均为本校国文部毕业生）以及何珌辉等，委托他们分别进行重庆、川北（南充）地方团组织的筹建工作。在成都团的建设中，王右木坚决按中央的正确路线办事，反对无政府主义思潮。后来在恽代英的支持和团中央的决定下，王右木于1923年5月直接担任了书记，工作有了很大发展。到1924年初，成都地方团下面已建立了11个支部，团员遍及全市，并支持邹进贤等创办了机关刊物《青年之友》，先后领导了声援开滦工人反帝爱国斗争，开展了民权保障运动，使团组织成为学生运动、工人运动、妇女运动的领导核心。

随着斗争的深入，四川建党条件开始成熟了。1923年5月，王右木给党中央写信，要求在四川建立党组织。8月上旬，他亲自到上海和广州找党中央联系。党中央批准了他的请求，并委派他回川建党。

1923年秋天，王右木带着党的三大形成的文件回到成都。根据党的指示，他在社会主义青年团中选拔了一批骨干，按组织原则转党，秘密组成中国共产党成都独立一组，直属中央领导，由王右木暂任书记。1923年冬，中共中央正式任命他为成都地区党组织的书记，同时命他辞去团的职务。这个组织即中共四川支部，是四川地区最早的党组织。这个组织的骨干成员童庸生是后来相当于四川省委的中共重庆地方委员会负责人杨闇公、吴玉章的入团、入党介绍人。可见，王右木在创建四川党、团组织方面的巨大贡献和主要奠基作用。

视高官厚禄如粪土

在创建四川党组织的同时，王右木积极贯彻1923年6月党的“三大”关于建立革命统一战线的方针，在四川积极推进国共合作。当时，很多同志对国民党极为不满，尤其是军阀混战，对四川国民党当局的种种祸国殃民劣行印象深刻，对国共合作很不理解。王右木则耐心进行工作，讲斗争形势，讲国共合作的重大意义，说服大家执行党的决议。

王右木本人则身体力行，带头按党中央的决定，以个人身份加入国民党，由于他的声望和胆识，被聘为国民党四川省“左派”党部宣传科的副科长。他利用合法身份，进行马克思主义宣传，发动群众投身革命运动，为北伐战争做了思想和组织方面的准备。

在国共合作中，王右木正确执行中央的革命统一战线策略，很注意维护无产阶级的独立性和自主权。一方面，他力求与国民党“左派”和一切可以团结的人士合作共事。他不计前嫌，与在教育经费独立运动中站在对立面的省议会议长、国民党党员、本校教授熊晓岩携手合作；另一方面，对国民党右派和陷人民于水火的四川反动军阀，则继续进行坚决的斗争。1923年下半年，他在与社会主义青年团员、大军阀杨森的秘书泰正树一起以杨森的名义主编的《甲子日刊》上，著文巧妙揭露帝国主义和封建军阀的罪恶，反对“防区制”，反对军阀混战，反对拥兵虐民，主张还政于民，并颂扬十月革命，介绍社会主义。这些当然为杨森所忌恨，但又慑于王右木在社会上的地位和群众中的威望，便企图收买他。1924年春天，杨森的四个亲信副官抬着一大箱银圆和一张杨森签署的军部督办署高级顾问的委任状，说：“杨军长久仰大名，请来共理川军。”王右木婉言谢绝。在把军官们打发走后，他对妻子说：“杨森想用高官厚禄收买我，简直是痴心妄想。我和他的信仰主张是水火不相容的，我怎么能去做他的官?”

王右木通过长期考察，特别是结合四川军阀实行防区制、兵匪成灾、混战连年的现实，得出“劳工专政，必自握军权始”的结论。他认为：“四川到处都是军阀、政阀造成的被压迫者的觉悟时机。”1923年下半年，他向中央提出让社会主义青年团员、革命的工农青年打入团练局，从内部改造团练组织，将其掌握在革命力量手里，使工农阶级成为“有枪的阶级”。建立工农武装，进而夺取政权的建议，表现了他作为一个马克思主义者的远见卓识。

高山仰止

1924年暮春，王右木对工作略做安排后，即告别妻儿，取道嘉定、叙府、泸州，乘轮船东下，去上海与党中央联系，并到国共合作的中心地区广州参加党的重要会议。

是时，中国国民党第一次全国代表大会刚刚结束，会议通过了孙中山的“联俄、联共、扶助农工”三大政策，革命事业蒸蒸日上，北伐战争已准备就绪。在这样的氛围和形势下，王右木也受到很大的感染。

不久，王右木接受任务，经广西、贵州步行回川，一路进行社会考察。经过艰苦跋涉，是年中秋前夕，亲属收到他的来信，得知已到贵州土城，离泸州不远。成都的同志们闻讯，异常欢喜，奔走相告，切盼良师益友、领导者早日回蓉，与大家一道为党的事业战斗。但是，此后音讯杳然，同志们和亲人再也没能见到王右木。他在贵州土城至四川泸州的路途上失踪了。据传言，杨森收买利用王右木不成，竟与贵州军阀周西成串通一气，在土城一带将王右木秘密杀害了。

新中国成立后，以毛泽东同志为主席的中央人民政府，于 1953 年追认王右木为革命烈士，并发给家属“光荣纪念证”。

王右木的一生是短暂的，牺牲时年仅 37 岁。他从事革命活动的时间更短，从 1919 年“五四运动”后投身革命，到 1924 年秋失踪遇难，不过 5 年时间。但他的一生，是不断探索的一生、开拓创业的一生、勇猛搏击的一生。他学府执教，泽沃群英，为大革命培育了许多骨干；他巴蜀播火，把马克思主义的真理传遍全省；他艰苦创业，为四川党、团组织的建立奠定基础；他英勇奋斗，给四川地区无产阶级事业开辟了壮阔道路。

（二）参加南昌起义的英烈校友康明惠

四川公立农业学校（1914—1927 年我校办学机构）林科学生、英烈校友康明惠作为四川早期马克思主义传播者、温江第一个中共党员和党组织创建人，曾参加“八一”南昌起义。

康明惠的川农岁月：树立信仰、坚决斗争与启蒙民众

1920 年秋，温江籍学生康明惠考入四川公立农业专门学校林学专业本科第八班学习。因学业优异且家庭贫苦，康明惠申请公费入读并获批准。

在读期间，康明惠加入了由王右木（时任四川公立农业学校经济学教员、四川党团组织创始人）创建的“马克思主义读书会”，并逐步确定了马克思主义人生信仰。1922 年夏，康明惠等七位四川公立农业专门学校的学生，一起加入王右木创建的四川共青团组织——四川社会主义青年团，积极投身团组织领导的四川教育经费独立运动，成为四川公立农业专门学校在此次运动中的重要领导者，最终逼迫四川军阀政府补发了停拨一年多的教育款项。此次运动使四川公立农业专门学校在经费紧张的关键时刻得以延续办学事业。

为提升工人群体的阶级意识和知识水平，为四川党组织创立奠定好阶级基础，1923 年，康明惠受王右木委托，在四川公立农业专门学校组织开展平民教育，创办工人教育班并亲自担任班主任，有包括四川公立农业专门学校校工在内的多位工人参加，招生多达 50 余人。1924 年，康明惠开始兼任四川省学生联合会秘书和省民权运动大同盟庶务股主任，作为学生领袖积极组织四川公立农业专门学校的学生参与平民教育及四川民权运动等。

开展调查研究，提出武装夺取政权的正确主张

1923 年，康明惠当选为四川社会主义青年团五位执委之一，在四川早期党组织创建时期，他被委派负责团组织的日常管理工作，并与当时的团内分裂分子展开了坚决有力的斗争。同年，康明惠受王右木委托，回到家乡温江考察农村状况。目睹当时四川省军阀混战，土匪遍野，民不聊生，康明惠经过认真调查与思考，提出了组织群众，招募农工，建立革命武装政权的建议，是在党的历史上较早正确地提出武装夺取政权的先行者之一。王右木在 1923 年 5 月 18 日给施存统的信中专门针对康明惠的工作评价道：“明惠于归温江后，调查得乡村匪患，只在办团。若能招募有职业之工人青年立刻化为有枪阶级，劳工专政，必自握军权始。此为最可信赖者。”在康明惠等人的不懈努

力下，四川团组织活动取得广泛影响，为之后成立四川党组织打下了良好的基础。

南下投身革命洪流，参加“八一”南昌起义

1924年底，康明惠应党中央开展国共合作的要求，以个人身份加入国民党。1925年初，受党中央委派，康明惠离开成都南下广州，考入黄埔军校第四期工兵科，投身革命洪流之中。在黄埔军校国民党右派分子活动猖獗时，康明惠不理威逼利诱，加入周恩来组织的“青年军人联合会”，同该校国民党右派“孙文主义学会”“西山会议派”分子展开斗争。黄埔军校毕业后，康明惠在国民革命军第二方面军任排长并参加北伐。在战斗中，他身先士卒，英勇作战，于攻克武昌后升任工兵连长。“四·一二”反革命政变发生后，康明惠随部队参加南昌起义，后因起义部队在离开南昌向广东进发时内部发生叛变，康明惠遭到清洗而被迫离开部队。

1927年底，康明惠返回温江。1929年，康明惠与川西特委组织取得联系，重新恢复了党组织关系，并受委派在温江筹建温江党组织，后作为温江历史上第一个党员建立了温江党支部，直至牺牲前夕（康明惠于1931年赴江西苏区途中失踪，后推断牺牲并被追认为烈士），他仍奋战在革命征程中。

案例来源：跃武. 川大记忆——校史文献选辑［M］. 成都：四川大学出版社，2010；陈昀菲，王继红. “七一”珍档：建党伟业中的川农大人［EB/OL］. 四川农业大学校园新闻网，2020-07-01，https://news.sicau.edu.cn/info/1078/58166.htm.

二、对接教学

（一）适用范围

本案例适合于《中国近现代史纲要》中编第四章“开天辟地的大事变”第二节“马克思主义的进一步传播与中国共产党的诞生”第三小节“中国共产党的创建及其意义”教学使用。

（二）理论要点

（1）中国共产党创建的历史背景；

（2）中国共产党成立的历史意义。

三、案例解析

本案例结合马克思主义在中国的传播和中国共产党诞生的背景，结合王右木烈士生平事迹的学习，了解马克思主义在四川传播的历史条件和播种者的历史功绩，了解川农的先贤们追求救国救民真理的过程，把一腔热血献给祖国和人民，为实现民族独立、人民解放和实现国家富强、人民富裕而奋斗，体现了川农人坚定的政治信仰。

在运用本案例进行教学时，应着重从近现代中国面临的两大历史任务的角度分析先进的中国人为中国寻求出路进行的艰苦探索，结合对中国共产党诞生的历史条件、历史特点、历史意义的理解，深刻领会中国共产党的成立是近代以来中国社会历史发展的客观结果，学习川农先烈追求真理、坚定信仰的优秀品质，学习他们冲锋陷阵、奋勇向前、不畏艰险、敢于牺牲的高尚情操。

四、课程训练

（一）课堂环节

在教师讲授之余设计10分钟的课堂交流环节，让学生现场发言，通过了解王右木的生平事迹谈谈如何坚定人生理想信念。

（二）课后实践

（1）组织学生利用假期社会实践前往绵阳市江油王右木纪念馆参观，感受王右木在追求共产主义理想的革命道路上的坚定信念与不为名利、舍生忘死的精神，缅怀川农老一辈为中华民族复兴伟业所做出的贡献，继承先辈遗志。

（2）安排学生到图书馆查找文献资料，深入了解王右木生平事迹，并提交一份读书报告。

五、思考与讨论

1. 20世纪初，中国先进分子接受和传播马克思主义的特点是什么?

2. 结合王右木在四川传播马克思主义的英勇事迹，谈谈作为当代大学生应如何传承和弘扬川农红色文化基因。

第三节　全民抗战中的川农师生

一、案例呈现

莫谓书生空议论——川农大师生抗战事迹掠影

1937年7月7日夜，侵华日军的铁蹄踏碎了“芦沟晓月”的静谧，中华民族开始奋起抗战。在抗日战争的纷飞战火中，中国的大学生们和中国工人、农民以及其他爱国人士积极投入抗日洪流中。当时的川大农学院，也即四川农业大学前身，许许多多师生治学不忘救国，在那场轰轰烈烈的全民族抗战中，也曾用自己的方式，将个人生命融入历史大潮，谱写出一曲曲可歌可泣的赞歌。

全体师生：不畏战火 贡献后方农业

1938年国民政府迁到陪都重庆后，日寇飞机接连轰炸重庆、成都。当年，日军两次轰炸成都，共出动飞机35架次，投炸弹199枚。1941年7月27日更是发动了成都大轰炸。这天，川大办公区、教学区、宿舍区以及图书馆和博物馆等，共127间房屋被炸成废墟，残垣破壁，令人触目惊心。抗战期间，四川大学农学院就在这样的战火纷飞中，没有随学校大部分师生迁到峨眉山，而是长期坚持在九眼桥和望江楼办学。

1937年11月，川大农学院受四川省教育厅委托，代办省立高级农科职业学校，由杨开渠教授兼任校长，为四川省农业人才的培养做出了巨大贡献。1938年夏，农学院开设了农民补习学校、合作社各三所，举办乳牛养殖、柑橘栽培、水稻螟虫防治及其他讲习会，宣传乡村卫生教育等。农学院的学生们还根据四川省建设厅的建议，分赴各县推广杨开渠研究的防螟害、丰产、质良的再生稻，有效地提高了当地粮食产量。

杨允奎教授是我国作物数量遗传学科的拓荒者。抗战中，他在川大农学院农艺系任教并兼系主任，主讲遗传学、作物育种学、生物统计学及田间设计等课程，同时开展了玉米、小麦、豌豆的遗传育种研究工作。杨先生利用他与美国农业部蒙里森教授以及他在美国的同窗好友、后成为美国副总统的华莱士的关系，从他们那里得到一些美国优良的玉米品种，用来和四川当地的玉米品种进行杂交，培育自交系。到1945年，先生及其同事先后培育出50多个玉米双交、顶交优良组合，增产幅度都在10%~25%。玉米的大幅增产，为当时的抗战提供了有力的粮食支持。

时任农学院院长的曾省说："本院同仁对于后方生产的农垦事业，向甚关心，总希望在危急存亡之秋，打通一条血路。"

"七七事变"前，四川交通不便，军阀相互倾轧，被视为西南"僻壤"。可1943年，李约瑟在考察了中国高等教育后认为，农学是川大"最强的学科"，而成都可以说是当时中国的"农业中心"。八年全民抗战期间，四川以一省之力为全国贡献了1/3的粮赋，成为支撑中国抗战的大后方，这离不开当时川农人的坚持和努力。

莘莘学子：积极活动 抗日救亡

农学院有着光荣的革命传统。早在抗战初期，农学院学生就开始积极投入抗日斗争洪流，尽己所能参与抗日救亡活动。

1937年秋，为了欢送川军出川抗战，农学院学生动手参与缝制棉衣。仅用六天，他们和其他川大学生一起，共缝制棉衣1 075件赠送川军，同时收集旧衣数百件赠送战区难民。另外，他们还赠送毛巾1 200条和锦旗16面，上面写着"为民族解放而抗战""保卫中华，争取我们的生存""把我们的血肉筑成我们新的长城"等口号。

1937年，在宣传抗战的活动中，农学院植物病虫害系喻季姜等学生还曾遭反动政府逮捕。1938年底，农学院成立了党支部，罗贤举、蔡定炽、王秋成先后担任支部书记，积极参与和组织抗日救亡活动。

为推动抗日救亡活动开展，同学们还组建了一些抗日救亡组织。"七七事变"爆发后，学校成立了以进步学生为主体的全校性群众救亡组织——四川大学学生抗战后援会，主要负责抗敌宣传，如上街演说、演唱、张贴标语、散发传单，为抗日将士募捐。他们还组织了两个宣传队，印制了传单、口号、漫画和国难地图等，前往温江、郫县（今郫都区）、新都、新繁、德阳等地，在广大农村传播抗日救亡的火种。

在抗敌后援会开展活动的同时，1938年，成都学生抗敌宣传团成立，共分为四个团，其中川大农学院和理学院学生为第二团，农学院学生喻季姜就曾先后担任该团的副团长、团长。他们利用少量经费和大家的捐款，制作旗帜，在星期日走上街头演讲，教唱革命救亡歌曲，出演街头剧。

1939年2月，抗敌宣传一团、二团发起义卖募捐活动。同年5月7日，以川大抗敌宣传一团、二团为主，在成都市内举行了声讨汪精卫叛国投敌的火炬游行示威。这是一次大规模的群众示威活动，在全市引起了较大反响，推动了抗日救亡运动的发展。

1939年，川大组织学生暑假农村服务团，农学院学生以抗敌宣传二团为组织参与其中，并动员了大批进步学生参加。由于服务团内进步力量较大，经费又有保证，因而在开展抗敌救亡的宣传活动上，取得了很好的成绩。在青神县工作期间，适逢"七七事变"两周年纪念日，服务团举行了坚持抗战、反对投降的火炬游行，群情激昂，盛况空前。

除抗战后援会、抗敌宣传二团外，农学院学生还积极参加进步社团活动。如1944年秋季创办的时事研讨社，以剪贴报纸中揭露时弊的评论以及盟军反攻日本的图片为活动内容。农艺系学生张大成就是其中的骨干成员，1947—1948年曾任该社负责人。

杨开渠：慷慨捐款 科学救国

1937年7月7日抗战爆发，国难当头，农学院杨开渠教授捐出了自己八月份的全部薪金260元作为抗敌费。当年，这些钱足以买到4.5头牛或大约1 100千克熟盐。为此，国立四川大学抗敌后援会第三次常委会议特别给予了杨开渠教授表彰。1938年，他又一次捐出了在四川省立高级农科职业学校兼课的全部工资支援抗日。

杨开渠先生一生简朴。在女儿杨光蓉的记忆里，家中从未有过豪华家具，父亲杨开渠总是布衣、布鞋甚至草鞋。但对于支援抗战等事业父亲却从不吝啬。抗战期间，他一次又一次地把工资、奖金和稿费捐献出去。

让杨开渠这样做的是一颗爱国心。早年他考入东京帝国大学农学部农实科，因踏实勤勉，成绩优异，毕业后顺利留校工作。但1931年“九一八”事变日本强占我国东三省后，他出于民族义愤，毅然抱着“科学救国”信念回到祖国。

回国后，他一直重点进行双季稻的研究。1936年秋，杨开渠应聘到我校前身国立四川大学农学院农艺系任教授，主讲稻作学，并主持稻作研究室工作。抗战爆发后，为支援抗战，争取在“最短期内”获得粮食增产，杨开渠又把研究重点转移到再生稻上。

杨开渠曾在日记中写道：“整个国家如此破碎，难道还忍心逸乐吗?”“为民族尽孝，为国家尽忠，顶天立地，艰苦卓绝，鞠躬尽瘁。我当牢牢记住才好!”

贾厚仲：投笔从戎 抗日远征

贾厚仲是我校退休老教师中的一位，2014年已92岁高龄，但一说起70年前参加抗日远征军的经历，老人仍激动得难以自已。

1944年，成都的冬天很冷，贾厚仲正在金陵大学读一年级。这时，传来中国远征军失利，急需征召文化水平较高的学生兵，以接收盟军援助的现代化装备的消息。国家兴亡，匹夫有责，“要亡国了！我是中国的学生!”一时间杀敌雪耻、保家卫国的热血在胸中沸腾激荡。于是，贾厚仲留下一封请表兄转寄父母的信后，毅然报名参了军，当了一名远征军战士。

1945年，元旦刚过，贾厚仲随军从成都到新津机场，到昆明，再到印度，最后到缅甸，辗转来到了缅北，他正式成为了中国驻印军新22师的士兵。新22师是新六军的前身，正是这支部队在缅甸反攻战役中，给了日军王牌18师团毁灭性打击，歼敌两万余人，还缴获了该师团发布作战命令的关防大印，这在抗战期间绝无仅有。蒋介石的嘉奖电只有3个字：中国虎!

贾厚仲被编入中国驻印军时，缅北战役已接近尾声，但日常训练出操他仍非常积极，就是一个托枪的动作，晚上睡觉前也要练上无数遍。印缅地区蚊虫肆虐，生存条件极其恶劣，但不足以动摇他坚定的报国心：“学好了本事，才好去打日本鬼子!”

回国后，贾厚仲成为新六军14师炮兵营一名士兵。让他没想到的是，他还见证了一个重要的历史时刻。1945年9月9日，国民政府在南京接受日军投降仪式举行，贾厚仲所在的炮兵营三连，受命到南京城墙上放礼炮。贾厚仲被选定为在受降仪式上的21响礼炮中负责打响第一炮的炮手。

颜济：慨然从军 保家卫国

颜济，1924年6月13日（农历五月十二日）生于成都一个书香门第。他的父亲颜楷在四川“保路运动”中被推为领袖，成为四川辛亥革命的主要人物。颜济从父亲那里继承了刚直不阿的性格和“天下兴亡，匹夫有责”的强烈责任感。

抗战形势的不断发展几乎伴随了颜济整个青少年时代的成长。对那时的他来说，抗战的影响最大。他就读的华西协和中学就因战火而迁到了温江乡下，跑空袭警报是家常便饭，学生活动就是参加学校剧团宣传抗日，因为是教会学校，除了唱圣诗之外，唱的都是抗战歌曲，学生们最关心的也莫过于报纸上刊登的各种抗战消息。

当时为避战火，数十所高校纷纷内迁，四川成为迁入高校最多的省份。颜济中学毕业考入华西协和大学牙科。1944年，日军攻陷贵州独山的消息传来，“大后方危险”！来自全国各地的青年学生群情激奋，成都华西坝一时掀起了“投笔从戎”“保家卫国”的高潮。此时，成都开始征召抗日远征军，同时国民党空军军官学校也到成都招收飞行员。在母亲支持下，还在牙科二年级学习的他毅然报考空军，投身抗战行列，成为空军军官学校飞行班第24期学员。

在昆明接受严格的飞行训练约一年后，抗战胜利，颜济才离开空军，重返华西协和大学学习，改学农学，后随全国院系调整进入四川农业大学工作。

忆及当年，颜老说：“当时没想太多，日本人打来了，就觉得应该反抗，去参军不过是一件自然而然的事。”

案例来源：杨雯. 莫谓书生空议论：川农大师生抗战事迹掠影［EB/OL］. 四川农业大学校园新闻网，2015-08-31，https://news.sicau.edu.cn/info/1135/37843.htm.

二、对接教学

（一）适用范围

本案例适合于《中国近现代史纲要》中编“翻天覆地三十年”第六章“中华民族的抗日战争”第三节“中国人民奋起抗击日本侵略者”第四目“全民族抗战开始”、第五节“抗日战争的胜利及其原因和意义”第三目“抗日战争胜利的原因和意义”教学使用。

（二）理论要点

（1）在祖国存亡的危急关头，中华儿女表现了空前的民族觉醒和民族团结，奋起保卫祖国。

（2）中国人民抗日战争的胜利是全体中华儿女勠力同心、以弱胜强的雄浑史诗，显示了中国人民坚不可摧的磅礴力量！

三、案例解析

本组案例选自学校发展历史上抗日战争时期学校师生在民族危难、全民族抗战之际，办学不忘抗战、读书不忘救国，纷纷投入抗日救亡的洪流中，采取各种措施支援抗战，体现了川农人的爱国主义精神。

在运用本案例教学时，应着重从课程教学的目的与要求出发，结合对川农先贤事迹的学习，深入理解“爱国敬业”是“川农大精神”的核心内容，一代又一代的川农师生将自己的事业与祖国的需要联系在一起。正是这种爱国主义信仰的激励和召唤，推动了他们的成长和事业的进步，从而继承和发扬近代以来中国人民的爱国主义精神和革命传统，进一步增强实现中华民族伟大复兴的责任感和使命感。

四、课程训练

（一）课堂环节

在教师课堂讲授时设计10分钟的课堂交流环节，让学生现场发言，谈谈学校农业科学研究对坚持抗战、夺取抗战胜利的意义。

（二）课后实践

（1）组织学生利用课余时间拜望颜济教授、杨开渠教授、贾厚仲老师等人的亲属，感悟老一辈川农人的爱国情、报国志、强国行。

（2）结合学习习近平总书记在纪念中国人民抗日战争暨世界反法西斯战争胜利75周年座谈会上的讲话精神，安排学生到图书馆查找文献资料，深入了解川农人抗日救国的事迹，并提交一份读书报告。

五、思考与讨论

1. 如何理解抗日战争的胜利奠定了民族复兴的基础？解决好“三农”问题对中华民族伟大复兴有何重要意义？

2. 在新时代，作为农业高校的学生，应如何以“强农兴农”为己任，为实现中华民族的伟大复兴贡献力量？

第四节 为新中国诞生而牺牲的川农校友

一、案例呈现

百余年来，“爱国报国”一直是川农人永恒不变的精神底色，红色基因在川农人的血脉中代代流传。在风云变幻的年代里，川农人始终与国家、民族同呼吸共命运，他们秉持坚定的理想和信念，为创建新中国抛头颅洒热血，为我们今天的美好生活，奉献满怀赤诚，付出了最美的青春，他们的英名也终将镌刻在校史上。

（一）红岩上红梅开——江竹筠

江竹筠，原名江竹君，1920年8月20日生于四川省自贡市自流井大山铺的一个农民家庭。八岁时家乡发生了大旱灾，母亲便带着江竹筠姐弟到重庆投奔兄弟。10岁时江竹筠就到重庆的织袜厂当了童工，两年后她的身体被拖垮了，便从工厂退工，凭三舅的关系到基督教会办的孤儿院小学上学。1939年，江竹筠考入了中国公学附中读高中。在这里，她遇到了中共地下党员戴克宇，并在戴克宇的介绍下加入了中国共产党。1940年中国公学停办，江竹筠考入中华职业学校会计训练班学习，同时担任该校和附近地下党组织负责人。

由于特务经常跟踪，1944 年，江竹筠被迫转移到成都，改名为江志炜，考入国立四川大学农学院植物病虫害系。江竹筠进入川大的时候正是波澜壮阔的学生运动逐步兴起之时，但川东地下党组织对她的要求是以隐蔽为主，以普通学生的身份做好群众工作；不发展党员，但要主动配合学校党组织，壮大革命力量。遵照这个要求，她既是本系学习最刻苦用功、成绩优异的学生之一，又是学生运动中最隐蔽的幕后策划者和组织者之一。

在学校，江竹筠仅作为一般成员参加了“女声社”和“文笔学会”两个进步社团，进而成为党的外围组织“民协”的成员，而且都没有担任领导工作。她尽量避免在学生运动中处于显眼位置，而是密切注视着运动的整个过程，发现了问题就与同学以相互商量的方式提出自己的见解，语调谦和，但很有分量。

化学系的学生蒋国基功课很好，参加兄弟团体“自然科学研究会”后，引起了大家的注意，并影响了一些中间同学靠拢进步团体。江竹筠对民协骨干赵锡骅说：“他功课好，在中间同学中威信高，他们愿意和他接近，比较听他的话。你们几个比较暴露，特务们又有意把你们往红的方面渲染，使中间同学对你们不敢靠近。我们和反动派公开斗争，需要人打冲锋，这就难免暴露，但还是要尽量多上课，不要脱离班上的同学，只在进步同学中间活动是不够的。”不久，民协便做出决定，要会员不要跨团体，以适当减少参加活动的时间，保证上好课。

江竹筠参加的“文学笔会”最初只吸收有文学修养的人，后来取消了这个限制，参加的人多了，还想将校内更适合于参加其他兄弟团体的同学吸收进“文学笔会”，兄弟团体对此有了意见。江竹筠注意到后，规劝“文学笔会”的负责人说：“不要只顾自己一个团体的壮大，还要其他兄弟团体都壮大起来，我们进步阵营的力量才能强大。单是一个‘文学笔会’，特务又会像过去一样藐视我们，说我们不过就是这七八个人，我们会再被孤立的。”江竹筠说的特务藐视社团的事，发生在 1944 年冬天，反动势力煽动几个在川大先修班读书的反动军官的子弟，捣毁了进步报纸《华西晚报》的营业处。“文学笔会”用“十七学术团体”的名义，严正地谴责反动派的暴行，声援《华西晚报》。那时，他们只组织了几个团体，为了壮大声势，临时把一些系级学会、中学同学会也凑数署名。特务策动那些学会中的一些人出面反水，声明不能代表他们，弄得社团很被动。特务头目马云声、段兴典在望江楼茶园拿着一张黑名单，对众人说：“所谓十七学术团体，不过就是达凤德、赵锡骅这七八个人！”江竹筠用这个往事，启发社团负责人不要只看到自己一个团体，只突出自己一个团体，要同兄弟团体互相支持、互相帮助，才能不断壮大社团的力量。《华西晚报》事件发生时，正处于第三次反共高潮之后，进步力量比较弱，在反动势力的围攻下，处于不利的地位，有个别同志为此焦虑不安。有一次，在从图书馆到望江楼的那段校园路上，江竹筠开导那位同志说：“他们‘护校团’利用了同学们爱护川大校誉的心理，蒙蔽了许多同学，占着优势。我们要揭穿他们的阴谋，不能笼统地讲校誉，要分清是非，让大家知道，我们才是真正维护川大校誉的人。他们的目的是打击进步报纸，扼杀人民的言论自由。不要怕他们一时的嚣张，只要把不明真相的中间同学争取过来，他们就闹不起来了。”一席话，使那位焦虑不安的同志，受到了鼓舞，看到了希望。

1946 年暑假，为了配合丈夫彭咏梧的工作，经党组织决定，江竹筠不再回川大，留在重庆做彭咏梧的助手。离开川大后，江竹筠协助彭咏梧具体负责组织领导了重庆市反内战、反饥饿、反迫害，声援南京“五二〇”血案受害师生的学潮，同时还为市委的地下刊物《挺进报》递送稿件和组织发行。1947年秋，江竹筠和彭咏梧前往下川东组织武装暴动，以牵制国民党兵力，开辟第二战场。此次暴动计划在初期取得了初步胜利，但之后遭遇了敌人大量兵力的围攻，彭咏梧在领导队伍突围时壮烈牺牲。江竹筠闻讯后强忍悲痛，以破釜沉舟的决心在下川东继续战斗。1948年6月，因被叛徒出卖，江竹筠在万县被捕。在狱中她受尽酷刑却什么也没说，只回答以“不知道”“没有组织”。那首难友们为江竹筠所作的诗歌也成为激励后人的千古绝唱：

你是丹娘的化身，
你是苏菲亚的精灵，
不，你就是你，
你是中华儿女革命的典型！

1949年11月14日，国民党在覆灭前夕，对在押革命者进行了大屠杀，江竹筠等30余名革命者牺牲在了重庆歌乐山电台下的刑场上。江竹筠时年仅29岁。

（二）初心不渝——胡其恩

胡其恩，又名胡佑、胡蕲，原籍四川简阳，1919年生于成都。他自幼聪明过人，四岁入学，从小学到高中，成绩均极为优秀。在中学时期，胡其恩阅读了大量的进步书刊。高中毕业时因不满学校当局为国民党某反动官员举行纪念会，胡其恩和20多位同学奋起反抗，被学校开除。后在家长的严正交涉下，当局只好让其以另一所较差的学校的名义毕业。

1939年高中毕业后，胡其恩考入四川大学农经系学习。两年后因父亲生病，家境困难而被迫辍学。踏上社会后，胡其恩仍然坚持追求真理。在校期间，他阅读了《大众哲学》《辩证唯物主义》等大量进步书籍，接受革命思想的熏陶。1941年冬，胡其恩进入重庆中国农民银行第一期训练班。他关心国家大事，博览群书，刻苦学习《资本论》和《联共（布）党史》等著作，从中寻求救国救民的真理。他对国民党政府贪污腐败，消极抗日、积极反共极为不满，认为“国民党腐败无能，非推翻不可”。同事们反映：“胡其恩为人正直，作风谦虚，有正确的政治见解。”

1942年春，他被分配进成都农民银行工作。他订阅了《新华日报》，认真学习毛主席《论联合政府》等著作，并积极投入到“反饥饿、反迫害、争民主、争自由”的群众运动当中去。他邀请进步青年到他宿舍收听延安广播，激励他们追求进步。他把自己的宿舍称为“解放区”。在国民党特务捣毁《新华日报》发行点后，胡其恩冒着生命危险去取报纸给朋友们看，让大家了解解放区的形势和解放军进军的情况。

1946年初，胡其恩加入进步团体“成都职业联谊会”，倾听知名人士做国内外形势报告，参加被蒋介石杀害的著名爱国民主斗士李公朴、闻一多两教授的追悼大会，并返回母校四川大学参加川大师生举行的反蒋、反美活动。他还带头捐款给陶行知先生办的育才学校，并公开反对为筹建蒋介石纪念堂举行募捐。

胡其恩的行动得到了群众的普遍支持，却遭到了反动当局的仇视。1946年冬，他被调往南充工作，并经常受到特务跟踪。半年之后，他又被调往特务多如牛毛的重庆北碚地区，仍在农业银行工作。

特务横行、军警称霸的重庆，白色恐怖笼罩全城。胡其恩没有被吓倒，仍与成都的进步朋友保持着密切联系，关注着成都学生爱国民主运动的动态，声援以川大学生为主体的成都学生“反饥饿、反迫害、争自由、争民主”的“四九”运动。他写信慰问母校在“四九”惨案中被反动派迫害的同学，并对受伤住院的同学予以援助。他在同事中宣传成都斗争形势，并告诉人们“共产党来了，只会好不会坏”。

不幸的是，胡其恩写给母校川大同学的慰问信被特务截获，他向香港书店邮购进步书籍的汇款单也被查出。1948 年 5 月 14 日，胡其恩被抓进渣滓洞监狱。

在狱中，胡其恩是一个革命的乐观主义者，即使在狱中最艰苦、最困难的时候，他也毫不气馁，坚信“不要紧，一切都会好的”。这句话成了他的口头禅。正是这种革命的坚定信念和对形势的清醒认识，使他在狱中参加了难友们反对特务随意打骂难友以及“争饮水”和“绝食”的斗争，受到了难友们的信任。他还担任单线传递消息的秘密联络员，为共产党员余祖胜（《红岩》小说中的余新江）与难友们传递消息，沟通情况。他把牙刷柄磨成一个“红心”，表示他热爱共产党、忠于人民的红心至死不变。他在传递解放军展开了淮海战役，“百万雄师过大江”的喜讯时，用“万炮齐轰”来形容这个伟大的胜利，给难友们以巨大鼓舞，至今幸存的难友仍对此事记忆犹新。

1949 年 11 月 27 日，巴山垂泪，蜀水含悲，胡其恩和渣滓洞烈士们集体壮烈遇难。胡其恩在牺牲的那个黎明前的黑暗里清楚地听到了解放的隆隆炮声。三天之后，重庆解放。

（三）何懋金：黎明前的歌唱者

1917 年 3 月，何懋金生于川东重镇万县（今重庆万州区）河口乡晏家咀。他自幼好学，勤于思考，5 岁即随祖父吟诵诗文，8 岁转入新学，12 岁考入万县中学读初中，成绩非常优秀。

何懋金从小就具有求实精神和爱国情怀。发生于 1926 年的万县“九五”惨案，使他早早地便意识到祖国正在遭受帝国主义的欺侮，中国应当自强。1937 年秋，何懋金为寻求真理，告别家乡，只身来到重庆，考入求精中学高中部。

其时，正值日本帝国主义悍然发动“七七”卢沟桥事变，全国人民同仇敌忾，掀起了轰轰烈烈的抗日救亡运动。何懋金在学校参加了歌咏宣传队宣传抗日，寒暑假回到家乡组成“抗日救亡促进团”，利用各种机会巡回演出，揭露日寇的侵略暴行，为前方将士及沦陷区难民募集寒衣、筹集捐款。

1941 年，“皖南事变”发生后，何懋金在其叔父、共产党员何其芳的指导下，开始钻研哲学、政治经济学和中国近现代史，开始追寻自己的革命人生信仰。

进入金陵大学后，何懋金如饥似渴地学习《资本论》《大众哲学》和《新经济学》等革命书籍。革命书籍让他眼界大开，革命的火焰在他胸中熊熊燃烧。在校内，何懋金更是党的外围组织——“中国民主青年协会”的首批成员和骨干分子。1946 年冬天，他被吸收为中国共产党党员，从此踏上了为民族为人民求解放的人生道路。

1946 年金陵大学回迁南京，何懋金决定转入国立四川大学农学院农经系借读。

何懋金借读国立四川大学后，先后发起成立了“黎明歌唱团”“离离草社”等进步社团，关于他在国立四川大学的革命活动，《川大记忆——校史文献选辑 · 川大英烈 · 第四辑》记载道：

此时，在国立四川大学校园内，人们经常可以看见一位春秋季节一身中山装，冬天只穿一件光棉袄、头发蓬松、面带笑容的中等身材的同学。有时，他和同学谈天说地，针砭时弊；有时，他挟着一捆捆纸卷或书籍，神态自若地从男生宿舍来到女生院。他就是国立四川大学农经系的何懋金，一个不惹人注目的党的地下工作者。

何懋金是解放战争时期四川大学党组织的负责人之一，是四川大学党总支委员。他工作积极，作风随和，善于接近群众，在党内和同学中都有较高的威信。1948 年，国立四川大学党组织获得较大发展。仅他自己就介绍了十多名经过考验的同学加入中国共产党。

与此同时，他还受组织委托，担任了国立四川大学“民协”的领导工作。他组织民协，积极带领同学们参加各种活动，广泛联系群众，团结中间同学，争取后进同学，壮大革命队伍。他不畏艰险，宣传革命真理，传播进步书刊，使民协成员在斗争中发挥骨干作用，为党组织培养和输送有生力量做了许多基础工作。

何懋金对音乐有特殊的天赋和爱好。音乐是他团结群众、对敌斗争的有力武器，也是他突出的特点。

1947 年，他发起成立了“黎明歌唱团”，这是当时在国立四川大学很有影响的进步社团。他出钱为歌唱团买钢板、蜡纸、纸张，编选进步歌曲，组织积极分子分头印刷，还亲自去校油印室与工友一起摇油印机。他经常组织同学大唱革命歌曲，宣传革命真理。尤其是他教唱的《跌倒算什么》这首歌曲，当时在激励同学不畏艰难、拼搏向上和催人奋进方面产生了深远的影响。每到傍晚，国立四川大学校园里常常就会响起：“山那边呀好地方”“跌倒算什么，我们骨头硬”的激越歌声，总能听到“雄鸡、雄鸡，高呀高声唱”的豪放歌曲，吸引了广大追求进步的同学。歌唱团在校本部、新生院、工学院、先修班举办了多次演出，都座无虚席。他们在成都市区新新新闻大厦举办的义卖演出，更是远远超过人们的预料，气氛极为热烈。在各场演出中，总有何懋金的节目。他很喜爱演奏刘天华的《病中吟》和聂耳的《金蛇狂舞》，他和刘光书同学的二胡合奏常常博得听众热烈的掌声。

1947 年 6 月 2 日，为了声援京沪学生，国立四川大学师生在大礼堂召开了大会，与敌人展开了面对面的斗争。何懋金是这次活动的组织者之一。

1948 年 4 月，在中共成都市委的领导下，以国立四川大学学生为主力和中坚，以争取平价米为名，和全市大专院校一道，发动了“反饥饿、反内战、反迫害”运动。何懋金作为党总支委员，是这次活动的主要组织者之一。4 月 9 日当天，有 300 多名同学受伤，132 名同学被当场抓走，酿成了有名的“四九”血案。何懋金受党组织派遣，努力争取全川、全国人民的支持，进一步揭露敌人的罪行，更有力地打击王陵基的嚣张气焰。王陵基终于不得不无条件地陆续释放了全部被捕学生。这次斗争的胜利，促进了全川“反饥饿、反内战、反迫害”运动的广泛开展。“四九”运动后，王陵基并未善罢甘休。这时，何懋金按照党组织的安排，不辞辛苦，不怕牺牲，日夜奔走，掩护黑名单上的一些同学撤退，使他们转移到新的岗位上，继续从事革命活动，从而保存了党的有生力量，进一步坚定了同学们斗争到底的信心和勇气。

1948 年夏天，中共川康特委决定委派何懋金负责组建“川东工作队”和工作队党支部。何懋金分析了当时的形势，提出以县为基地，利用各种社会关系做掩护，开展党的工作的意见。在征得党组织的同意后，何懋金按照党的要求，组织应届毕业生中万县籍为主的党员，在家乡万县组建了“川东工作队”和工作队党支部，他任队长兼支部副书记。何懋金回到家乡后，利用家庭和社会关系为掩护积极开展工作。他首先取得了幺叔何宋冰的支持，用“农民互助会”把觉悟了的农民兄弟组织起来。1948 年 9 月，河口乡“农民互助会”正式成立，并召开了第一次会议。何懋金在会上讲解了当前的形势，阐述了“农民互助会”的宗旨和任务，要求大家团结起来反抗地主和反动派的欺压。会后，会员们在他的指导下积极行动起来，反对“拉丁、拉夫、派款”，搞得热火朝天。到 1949 年 3 月，河口乡“农民互助会”已先后发展了 1 200 余名会员。在紧张而火热的斗争中，何懋金与广大农民建立起了深厚的感情，农民们都把他当成自己的贴心人。

发动农民运动的同时，何懋金与新发展的党员在河口乡组织武装队伍，开展武装斗争。他动员解甲归田的原川军 722 团团长崔北川回部队策划起义。1948 年 10 月，722 团在南川首举义旗，崔北川随即将武器支援给党领导的游击队。

1949 年初，成都有人被捕后经不住刑讯，向敌人供出了何懋金等人的情况，工作队支部获悉后，当即要求他们暂时隐蔽。然而，何懋金一心为迎接解放，他安排工作队其他成员隐蔽，自己却仍留在第一线坚持斗争。

1949 年 3 月 25 日，何懋金在河口乡被捕，被关押在万县特委会办公楼里。敌人对何懋金用尽了酷刑，但他总是咬紧牙关，没有泄露半点秘密。他用自己的血肉之躯，保护了工作队的同志们，保护了他热爱着的农民兄弟，保守了党的一切机密。何懋金的坚贞不屈让敌人无计可施。1949 年 5 月，国民党万县特委会将他转押至重庆渣滓洞集中营监狱。

在渣滓洞狱中，敌人继续对何懋金严刑拷打，甚至动用电刑，使他左手完全丧失活动能力，双眼也被电流烧坏了，但他仍然咬紧牙关，不向敌人吐露半个字。为了鼓励战友和振奋精神，他经常带领同志们高唱革命歌曲。

1949 年 11 月 27 日深夜，大批特务突然来到渣滓洞集中营，将楼上 8 间牢房的难友们，全部驱赶集中到楼下的 7 间牢房里。当大家正在猜测敌人又要使用什么诡计时，突然枪声大作，特务们从牢房的两头开始扫射。何懋金立即从上铺跳下来，伏在下铺老党员肖宗义身上，使肖宗义得以死里逃生。何懋金当场壮烈牺牲，年仅 32 岁。

何懋金年轻的热血，与志士们的鲜血汇流在一起，浸透了祖国苦难的西南大地，迎来了家乡的胜利解放。他用青春和生命演奏了一曲激越的呼唤黎明之歌！

（四）十二桥畔铸英魂：张大成

张大成，字文龙，1920 年 9 月 19 日（农历八月八日）生于四川省郫县德源乡。他家是一个勤劳、朴实的劳动人民家庭，父亲教书，母亲在家务农。在家庭的熏陶下，他从小就热爱劳动，常在田里帮助母亲干活。1944 年 10 月，勤奋好学的张大成从省立成都师范学校毕业后，考入了四川大学农学院植物病虫害系，翌年转入农艺系。一向疾恶如仇的他，很快投入到如火如荼的爱国学生运动中，同时参加了当时校内重要的进步社团“自然科学社”和“时事研究社”，并被同学们选为“时事研究社”社长。

他渴望加入党组织，但当时学校党员少且活动隐蔽，于是在 1946 年夏他经同学介绍参加了中国民主同盟。1947 年，张大成的二哥在国民党“六二”大逮捕中不幸被捕。他得知后并没有被吓倒，反而主动请战，把二哥曾领导过的郫县民盟小组和读书会重新进行组织和发展，一边兼顾郫县民盟工作，一边在学校参加斗争。很快，张大成的二哥领导过的民盟小组和读书会又被他重新恢复起来，革命地下活动日益发展。

1948 年秋，张大成毕业回郫县简明女中教书，他一面对广大学生进行革命启蒙教育，一面团结有正义感的教师与地方封建势力斗争，因此遭到当局解聘。

川西地区党组织注意到了张大成的革命活动，派人联络张大成。他开始为党工作，并于 1949 年 5 月光荣地加入了中国共产党。宣誓时他热泪盈眶，表示要为党献出一切。此后，张大成根据组织指示，到灌县（今都江堰市）中学任教，在该校设立联络点，接待成都与灌县间来往的党员。他团结进步教师，合办英语刊物，宣传革命理论，利用各种机会宣传党的性质和党的正义事业，在极其困难的条件下，还油印了两期小报，传播解放战争的胜利消息。

1949 年 8 月，因有党员出事，暴露了灌县中学联络点，张大成撤退不及，于 10 月 12 日被国民党灌县特委会逮捕，并被很快押送成都，监禁在将军衙门省特委会监狱。

特务严刑逼供，妄图从他身上打开口子，破坏岷江上游一带的党组织。但就算用尽了各种酷刑，甚至打断了他的一条腿，也未能从他口中得到一丁点有用情报。面对这位坚强如磐石的共产党员，特务们束手无策。拷打无效，他们又假惺惺地告诉张大成，只要写一份“悔过书”就可以出狱，张大成却丝毫不为所动。1949 年 12 月 7 日深夜，成都解放的前夕，张大成和其他革命同志一起就义于成都外西十二桥畔。

张大成的坚贞不屈，保护了岷江一带的党组织及其领导的岷江支队，使之未受任何破坏，后来岷江支队成为配合川西地区解放的一支重要力量。

案例来源：四川农业大学档案馆（校史办公室）.【革命英烈】江竹筠：不屈的战士；【革命英烈】胡其恩：红心向党；潘坤. 丹心谱汗青：川农大红色档案［M］. 成都：四川人民出版社，2020；杨雯. 张大成：坚如磐石的共产党员［EB/OL］. 四川农业大学校园新闻网，2019-06-19，https://news.sicau.edu.cn/info/1436/52148.htm.

二、对接教学

（一）适用范围

本案例适合于《中国近现代史纲要》中编第七章“为新中国而奋斗”第四节“创建人民民主专政的新中国”第三目“中国革命胜利的原因和基本经验”教学使用。

（二）理论要点

中国共产党人在革命过程中始终英勇地站在斗争的最前线，为中国人民的解放事业献出了无数的优秀战士。中国共产党人以行动表明了自己是最有远见，最富于牺牲精神，最坚定而又最能虚心体察民情，并依靠群众的多数的坚强的革命者，从而赢得了广大中国人民的衷心拥护。“没有共产党，就没有新中国。”这是中国人民基于自己的切身体验而确认的客观真理。

三、案例解析

本组案例选自学校发展历史上在新中国成立前夕为了中国人民的解放事业献出了宝贵生命的川农英烈校友事迹，这些英烈校友对共产主义的信仰无比坚定，为了民族复兴，勇于献身革命，不怕牺牲，体现了川农人的爱国主义精神。

在运用本案例教学时，应着重从课程教学的目的与要求出发，结合对川农先贤事迹的学习，深入理解近代以来中华民族面临的争取民族独立、人民解放和实现国家富强、人民幸福的历史任务，先进的中国人为实现中华民族的伟大复兴而英勇奋斗、艰苦探索。全国各族人民在中国共产党的领导下，进行伟大的艰苦斗争，经过新民主主义革命，创建了中华人民共和国，终于赢得民族独立和人民解放。历史充分说明了“没有共产党就没有新中国”，这是中国革命取得胜利的根本原因。以优秀校友江竹筠为代表的川农师生将自己的事业与祖国的需要联系在一起，体现了“爱国敬业”的“川农大精神”的核心内容。正是这种爱国主义信仰的激励和召唤，推动着他们个人成长、事业进步。同学们要深刻理解“爱国敬业”的内涵，从而继承和发扬近代以来中国人民的爱国主义精神和革命传统，进一步增强实现中华民族伟大复兴的责任感和使命感。

四、课程训练

（一）课堂环节

在教师课堂讲授时设计 10 分钟的课堂交流环节，让学生现场发言，讲讲学生先前所知道的有关江姐等革命英烈的英雄故事。

（二）课后实践

（1）组织学生利用课余时间前往雅安校区老校区档案馆前向江竹筠烈士塑像献花，缅怀革命先烈。

（2）结合学习习近平总书记在庆祝中华人民共和国成立 70 周年大会上的重要讲话精神，安排学生到图书馆查找文献资料，深入了解川农历史上英烈校友的英雄事迹，了解新中国成立以来家乡发生的翻天覆地的变化，了解学校在人才培养、科学研究、社会服务、文化传承创新以及国际交流合作等方面取得的成就，并提交一份实践报告。

五、思考与讨论

作为新时代的大学生，如何以实际行动自觉继承和发扬爱国主义精神和革命传统，把“爱国情、强国志、报国行”自觉融入学习、工作、生活中，为实现中华民族的伟大复兴贡献力量?

第四章 校本资源进“原理”课[①]

校本资源往往蕴含着丰富的思政教育资源。川农在百余年办学历程中不仅厚积了丰富的思政教育校本资源，而且形成了“爱国奉献、艰苦奋斗、团结拼搏、求实创新”的“川农大精神”，她是川农在百余年办学历程中积淀的文化精髓，更是我们挖掘思想政治教育资源的“富矿”。校本资源融入“原理”课堂，是顺应时代发展的需要，是贯彻理论联系实际原则的需要，是传承与创新校史文化的需要，是打造思政“金课”的需要。

在新时代，如何充分挖掘和整理川农校本资源并应用于“马克思主义基本原理概论”课（简称“原理”课）教学，是我们作为川农“原理”课老师要解决的新课题。目前在这方面的专题性教改课题暂付阙如，仅有散见于网络上的一些相关新闻报道。有鉴于此，我们以“讲好川农故事”为视角，探讨如何将川农校本资源有效融入“原理”课课程教学体系，可以深化学生对马克思主义理论的理解，增强教学内容的时代性和教学效果的实效性。

第一节　意识能动性——“川农大精神”赋能学校发展

一、案例呈现

（一）“川农大精神”简介

在四川农业大学百余年的办学历程中，特别是在四川省雅安市半个多世纪的艰苦环境中，一代代川农人继承学校爱国爱校的优良传统，怀着兴农报国、振兴中华之志，艰苦创业，自强不息，默默耕耘在农业科教的第一线，为中国农业发展进步和培养大批人才做出了巨大贡献。经过数代川农人的薪火传承和不懈努力，形成了“爱国敬业、艰苦奋斗、团结拼搏、求实创新”的“川农大精神”。

多年来，川农主动将自身发展与服务“三农”紧密结合，不断探索和创新服务“三农”的新机制和新途径，为社会主义新农村建设特别是西部农村经济的发展做出了

① 本章内容是四川农业大学2019年本科教育改革重点项目“讲好川农故事：校本资源‘思政元素’融入‘马克思主义基本原理概论’教学体系的路径探索”（项目号X201907）阶段性成果。

突出贡献。

2000 年 7 月，中共四川省委组织部、省委宣传部和省教育厅党组做出决定，号召全省教育战线学习和弘扬“川农大精神”（《关于学习“川农大精神”的通知》，川组通〔2000〕19 号）。通知指出，“‘川农大精神’是爱国主义、集体主义、社会主义精神在我省教育战线的生动体现，反映了新时期先进文化前进方向的要求，具有鲜明的时代特征和现实指导意义。”“它不仅是川农大的宝贵精神财富，也是四川教育战线的宝贵精神财富。”通知要求全省教育系统要结合自身实际，讲求实效，采取多种形式，认真组织广大干部、教师和学生深入学习“川农大精神”。

当年 6 月起，《人民日报》《光明日报》《中国教育报》《农民日报》《四川日报》以及四川电视台、四川人民广播电台等中央和省级主要媒体先后对“川农大精神”进行了广泛的宣传报道。

2001 年 10 月，时任国务院副总理李岚清同志来校视察，充分肯定了学校为地方经济建设做出的突出贡献，对学校科技成果推广转化取得的成绩和“川农大精神”给予高度评价。

2001 年底，新华社记者专程来校就学校留学回国人员工作情况进行采访，并在《国内动态清样》第 3007 期发表了《85%的回归率是怎样产生的？——四川农业大学吸引留学人员的启示》一文，对学校依靠“川农大精神”努力营造和谐人际环境，创造良好机制，吸引众多留学人员回归（国）的事迹给予报道。文章受到中央领导和四川省委的高度重视。

2002 年 1 月 3 日，时任中共中央政治局委员、国务院副总理温家宝同志批示：“‘川农大精神’应该总结、宣传和发扬。”2002 年 2 月 4 日，中共四川省委教育工委、四川省教育厅再次发出《关于认真开展宣传学习“川农大精神”的通知》。通知指出：“四川农业大学是我省高教战线的一个先进典型，不断总结宣传‘川农大精神’不仅对推动高校改革、发展和党的建设意义重大，而且对促进全省精神文明建设，加强基层思想政治工作都有重要意义。”2002 年 5 月，时任中共中央总书记江泽民同志视察学校，对学校在新的形势下积极开展思想政治工作和在教学科研方面取得的成绩表示赞赏。国内各大媒体对“川农大精神”争相报道，精心解读新时期的“川农大精神”。

2007 年 10 月 16 日，一封饱含川农 3 万师生员工深情的信，由党的十七大代表、我校原党委书记、校长文心田亲自带到北京，呈送温家宝总理。全校师生向温总理汇报了学校弘扬“川农大精神”建设发展取得的成绩和推进现代农业发展、服务新农村建设做出的贡献。温家宝总理再次批示：“川农大工作很有成绩，办学经验值得重视。”2008 年 11 月，四川省委宣传部组织近 10 家省级媒体对“川农大精神”进行宣传报道，社会各界再次掀起学习“川农大精神”的热潮。

而今，“川农大精神”犹如一座丰碑，高高耸立在学校改革发展的前沿，它不仅记载和镌刻着川农大百余年艰苦创业的辉煌历程与成就，还以其丰富的内涵和鲜明的特色引领和鼓舞着一代又一代川农人在追求真理、造福社会的征途上做出更大的贡献！

案例来源：四川农业大学党委宣传统战部.“川农大精神”简介［EB/OL］. 四川农业大学校园新闻网，2010-02-26，https://news.sicau.edu.cn/info/1083/23885.htm.

（二）精神的魅力——“川农大精神”探秘

这是一个有关精神的话题。一个有精神的人能走多远，一个富有精神的群体能攀上什么样的高峰，在四川农业大学从教授到莘莘学子的身上，你能找到具体的答案。

——笔者题记

从改革开放到2000年，四川农业大学共取得科研成果450多项，获国家和省部级奖320多项，教师人均0.6项，在全国21个省（自治区、直辖市）推广科技成果300多项，创造了300多亿元的直接社会经济效益。在川农不大的校史馆中，140多张大大小小的奖状挂了满满一面墙还多，那其中有囊括我国三大粮食作物（水稻、小麦、玉米）国家发明奖的最高奖。

是什么促使这个在交通不便、信息不灵、环境艰苦的盆周山区办学的学校创造出如此辉煌的业绩？凡熟悉川农的人都讲：那全靠一股伟大、神圣、崇高的精神力量支撑！

按常人眼光，这是一串不可思议的数字，从改革开放到世纪之交，川农派出出国人员338人，已有279人学成回国，回归率高达83%，而且其中绝大多数人回到了川农！是他们不想留在国外，不能留在国外?！不，是川农新一代知识分子受他们前辈言传身教的结果！

翻开川农历史，竹签钉不死的江姐是从这里走出去的，中国农学史上叮当响的四川稻田改制、双季稻最早的研究倡导者杨开渠，我国现代土壤农化科学奠基人彭家元，为我省乃至全国农村结束照搬外国喂猪饲养标准历史的动物营养学专家杨凤，蒙冤20年却矢志报国的畜牧兽医专家夏定友，基础兽医学专家陈之长等中国农学史上一批颇有影响的人物都像川农历史进程中的标杆，他们的身上，传播着中国优秀知识分子把自身命运同祖国兴衰紧紧联系在一起的荣誉感、归属感和责任感。

时任校长文心田在1990年放弃在德国即将攻取的博士学位，回到川农前，思想上也曾激烈斗争过：“但我的导师夏定友教授终生报国的精神和行为深深感动着我，学校又需要我，我还有啥话讲呢？”全国人大代表、全国人大农业农村委员会委员、副校长任正隆，1988年以优异成绩在德国以最高分获哥廷根大学博士学位后，不少公司开出高薪，向他抛出橄榄枝，他却毅然回到川农：“老实说，留在德国，我可能会挣到不少钱，但只不过是一个打工仔，研究出来的成果是老板的；回到祖国，回到学校来搞事业的那种成就感、荣誉感，是在国外体会不到的……”如今他的有关小麦高产育种和高产栽培的研究方法和研究结论被全国本科教材作为“范本”。虽然任教授的工资远没有在德国攻读博士学位时每月挣的2 000德国马克多，但他说：“我是吃着中国农民乳汁长大的中国科学家，理应为中国农民效劳！”

这批改革开放后川农培养的优秀知识分子，又像他们的前辈一样，对新时代的大学生的思想起着重要的影响。1995年川农90华诞时，从川农走出去的学生送回一块刻着“幸为桃李”的横匾，便是最好的注脚。“川农大精神”就这样代代相传！

农业科学有别于其他学科，其地域性、长周期性、社会公益性决定了其工作的艰苦性和低回报率。成功组织研制冈·D型系列杂交稻，为四川新增产值52.6亿元的周开达院士，为了研究水稻育种，从搞科技到犁田、挑粪、栽种、观察、收割，样样亲自动手。三伏盛夏，人们躺在凉床上还抱怨太热，他却担忧温度不够高而致稻穗开花不正常。水稻抽穗开花前，他要一株株地套隔离袋，扬花时要一穗穗地观察花粉，逐一记录，以一分田 1 700 多株水稻计算，一亩田就有 1.6 万多株，其工作量之大可想而知。

这种只求奉献、不图回报的敬业精神铸就了川农一代又一代的人成为中国知识分子的脊梁。他们的心灵就像选育出玉米川单系列，为社会带来几十亿效益的荣廷昭教授那样简单而美丽：每当看到路旁的玉米长势很好，就是最快乐的时刻！

走进川农，信手拈来一个故事都会让你怦然心动，感慨万千。笔者只恨纸短笔拙，让许许多多令人感动的人和事只好归于尘封。但愿你从此文中能多多少少感受到川农几代知识分子的那种精神。那种精神在当今是何其可贵啊！

案例来源：张飒. 精神的魅力："川农大精神"探秘［N］. 四川农村日报，2000-06-13（1~2）.

二、对接教学

（一）适用范围

本案例适合于《马克思主义基本原理概论》第一章第一节"意识的能动作用"的辅助教学使用。

（二）理论要点

（1）物质和意识的辩证关系；

（2）意识的能动作用；

（3）客观规律性和主观能动性。

三、案例解析

（1）物质和意识的关系是：物质决定意识，物质是第一性的，意识是第二性的；意识反作用于物质。坚持物质决定意识，就是坚持唯物论；承认意识的能动作用，就坚持了辩证法。物质决定意识和意识的能动作用是辩证统一的。割裂这种统一，会导致唯心主义和形而上学唯物主义。唯心主义片面夸大意识的能动作用，否认物质对意识的决定作用；形而上学唯物主义肯定物质对意识的决定作用，但缺乏实践的观点，忽视意识的能动作用。物质和意识关系的方法论意义要求我们必须尊重客观规律，一切从实际出发，实事求是，按规律办事，解放思想，发挥人的主观能动性，不断推进中国特色社会主义伟大事业。

（2）意识被称为"地球上最美丽的花朵"。意识能动性是指意识总是适应人们认识世界和改造世界的需要而产生的。意识的能动作用主要表现在以下几个方面：第一，意识活动的有目的性和计划性。人们在反映客观事物时，总是基于某种实践需要，并带有一定的主观倾向和要求，抱有一定的目的和动机，在头脑中形成一个所要达到的思想蓝图，构成准备行动的计划。这就是意识能动性的具体表现，而且是人所特有的。第二，意识活动的主观创造性。人的意识不仅采取感觉、知觉、表象等形式反映事物的外部形象，而且能够运用概念、判断、推理等形式对感性材料积极主动地进行加工制作，反映事物的内部联系及其规律性。意识的主观创造性，还表现在对客观对象的反映上，不仅能够“复制”所反映的对象，而且还能够追溯过去、推测未来，创造出一个理想的和幻想的世界。第三，意识通过实践对客观世界进行改造。意识的能动性不限于从实践中形成一定的思想、目的、计划、蓝图等观念的东西，更重要的还在于以这些观念的东西为指导，通过实践把观念的东西变为现实。

(3) 客观规律是指事物内部固有的、本质的、稳定的联系，它的存在和作用不以人的主观意志为转移。客观规律与主观能动性的关系：第一，遵循客观规律是正确发挥主观能动性的前提。第二，充分发挥主观能动性是认识和利用客观规律的必要条件。总之，尊重客观规律和发挥主观能动性是一个辩证统一的过程，只有尊重客观规律，才能正确发挥主观能动性；只有充分发挥主观能动性，才能更好地遵循客观规律。在认识世界和改造世界的过程中，要把尊重客观规律和充分发挥主观能动性辩证地结合起来，既反对无视客观规律，片面强调发挥主观能动作用的唯意志论，又要注意避免只强调尊重客观规律，不注重发挥人的主观能动性的宿命论和机械论的消极无为思想。

(4) 本案例展示了“川农大精神”及其魅力。“川农大精神”可概括为“爱国敬业、艰苦奋斗、团结拼搏、求实创新”16个字，是四川农业大学在百余年的办学历程中，经过数代川农人的薪火传承和不懈努力而形成的。“川农大精神”作为一种大学精神，是历代川农人所创造出来的独具特色的一种思想精髓，它是长期积累与发展而来的结晶，是一种无形的东西，有着强大的精神力量。“川农大精神”作为由物质派生出来的意识，对物质具有能动的反作用，其精神力量可以转化为物质力量。正如马克思所指出的：“理论一经掌握群众，也会变成物质力量。”历代川农人正是在这种精神的感召下，继承学校爱国爱校的优良传统，怀着兴农报国、振兴中华之志，艰苦创业，自强不息，默默耕耘在农业科教第一线，为中国农业的发展进步培养了大批人才，为国家的富强做出了巨大贡献。

意识具有强大的反作用。“川农大精神”犹如一座丰碑高高耸立在学校改革发展的前沿，它不仅记载和镌刻着川农百余年艰苦创业的辉煌历程与成就，还以其丰富的内涵和鲜明的特色带领和鼓舞着一代又一代川农人在追求真理、造福社会的征途上做出更大的贡献。我们要在新时代继续弘扬“川农大精神”，加强思想道德建设，为学校的全面进步提供精神动力，鼓舞广大师生继续发扬艰苦奋斗、艰苦创业精神，为实现全面建成社会主义现代化国家战略目标而努力奋斗。

四、课程训练

(一) 人物访谈：四川农业大学专家、学者心目中的“川农大精神”

说明：将教学班分为多个访谈小组，让学生通过访谈的形式，采访四川农业大学不同领域的专家、学者，请他们谈谈他们心目中的“川农大精神”，以及“川农大精神”作为一种伟大、神圣、崇高的精神力量在他们从事科研教学中的能动作用，以此来激励同学们将“川农大精神”传承好、发扬好，承担起时代赋予同学们的重任，勇挑重担，迎难而上。访谈后，每个小组撰写2 000字左右的访谈录，老师根据内容给分。

（二）课后拓展：参观四川农业大学校史馆

说明：

（1）以教学班为单位组织学生参观，参观过程中做好记录，包括拍照和写笔记。参观结束后，教师组织学生进行课堂讨论，要求每位学生写一篇 2 000 字左右心得体会，老师根据内容打分。

（2）通过参观校史馆，使同学们增进对四川农业大学历史与传统的了解，接受川农历史传统教育，感受川农精神文化，理解“川农大精神”的科学内涵和现实意义，做新时代“川农大精神”的传承人。

五、思考与讨论

1. 为什么意识被称为“地球上最美丽的花朵”？

2. 从意识能动性角度回答为什么要把“艰苦奋斗”作为“川农大精神”的内涵之一。

3. 小组讨论：主观能动性和客观规律性的辩证统一原理对大学生成长成才的意义。

第二节　实践出真知——在实践中奔跑的“新农人”

一、案例呈现

（一）与农共舞的“智慧农夫”

何刚是四川农业大学动物医学院动物医学专业2009级学生，2013年毕业，2014年8月创立成都智慧农夫农业开发有限公司，现任成都智慧农夫农业开发有限公司总经理、四川无界供应链管理有限公司副总经理、自贡市橙诺农业有限公司副总经理。2015年获得“全国大学生创业百强”称号，2016年获得“四川省首批大学生创业典型”称号，2016年受到李克强总理接见，2018年荣获“四川省创业新星”称号，2019年荣获“四川省乡土人才”称号。

何刚的父母都是地方兽医，因此何刚从小就立志从医，救死扶伤，挽救生命。何刚创业从事安全生鲜产业，源自他的一位朋友，为了签一个40万元的订单，陪客户喝酒喝到严重胃出血。正是朋友的这次意外，让他清晰地认识到健康、安全的重要性。联想到市场上频频爆出因农药、化肥滥用而造成的食品安全事故，作为农业院校毕业生的何刚，没有忘记自己“救死扶伤”的初心，秉持着打造绿色健康新农业的态度，他与母校川农达成战略协议，由后者提供农产品生产标准的技术支持，并与四川农科院结成战略联盟，所有农产品在上市前由农科院进行农残鉴定。他希望以自己的方式为社会做贡献，为人们的健康生活而奋斗。

随后，何刚开始品牌化创业团队，以“互联网+健康+农业”为出发点，“智慧农夫”开启了与农共舞的新篇章。

2014年，何刚成立了智慧农夫农业开发有限公司，致力于通过互联网社群经济的模式为消费者提供新鲜、美味、安全的原产地优质水果，通过建立消费者与生产基地的直接联系，以订单生产的方式，在增加农场收入的同时为消费者提供高品质的产品和服务。

创业过程中，随着客户数量的逐渐增多，产品数量需求也逐渐增加，能够达到何刚的标准的产品越来越少。因为农民管理水平及对于化肥、农药的使用很不理想，基地扩大后，品质的控制难度也加大了。

“学了这么多年农业，至少要让大家吃上放心的食品。”怀着这样的初衷，何刚开始了在农村的旅程。他先后奔波于分布在天南海北的数十家水果基地，实地采摘、监测、考察指导，确保每一个基地的水果配得上“仙果”的称号。

他在2017年建立自贡市橙诺农业有限公司，成立沿滩区橘满滩种植养殖专业合作社，在自贡市建立全市最高标准果园800余亩，投身基地从事柑橘品类的开发和种植，不断更新产品品类，提高品质，带动周边600余户1万余亩投入柑橘产业中，为当地农业发展、农民致富带来新活力。

同时，“智慧农夫”致力于成为农场与消费者的桥梁，为塑造“智慧农夫，健康生活”品牌形象，何刚立足成都市场，让“仙果特派员”的线下门店覆盖超过500个精品社区，涉及精品家庭50 000余户，通过互联网把最优质、最放心的绿色田园展示给每一个企业、家庭。

作为“新农人”，何刚十分注重前沿科技与现代农业的“碰撞”。他以“互联网+农业”为经营模式，目前已与阿里巴巴、京东等电商建立起多途径的销售网络，做到以销定产，探索物联网和人工智能在农业种植中的应用，让“智慧农夫”更智慧。

回忆大学四年，何刚有很多话想说，他对于母校以及在自己成长中出现的各位老师充满感激。“感谢川农给予所有有梦想学生的帮助，感谢老师们的鼓励和理解。他们时时刻刻都在关心我们，随时都想着我们。虽然可能因为工作忙不能随时关注到，但是他心里一直有你，一直有你。”他非常感谢学院给予自己的帮助，感谢川农教会了自己不忘初心、自强不息。正是在川农的历练，让他能在新的天地独当一面。

创新来源于实践。何刚坦然表示，在创业的路上他也经历了许多困难，走了许多弯路。他给在校师弟师妹提出了一些建议：“大学期间，在学好专业知识的同时，要更多地参加社会实践活动与科创活动，积累社会经历和经验，培养自己看待问题的大格局和解决问题的能力，切身了解行业现状，让自己少走弯路。”“要想成为理想中的自己，多经历是不变的真谛。”

案例来源：姜朕元，周海洋. 何刚：与农共舞的“智慧农夫”［EB/OL］. 四川农业大学校园新闻网，2019-09-11，https://news.sicau.edu.cn/info/1082/53276.htm.

（二）影之随行，响之随声

张世奎是四川农业大学动物医学院动植物检疫专业2010届学生，后于2014年继续在我校读研深造，并于读研期间成功注册公司。现就职于杨凌金海生物技术有限公司（中国—阿根廷合资企业，农业部项目），目前主要负责西北区业务；此外张世奎有自己的贸易公司，主要销售动物保护产品和植物肥料等产品。

张世奎的父母在家中经营火锅店，家庭的影响让他将“创新创业”这个选项在他的笔下圈为重点。他早早就明确了创业目标，高中时就开始联系志同道合者，大二时便与朋友自筹资金，在重庆合办养殖场，开始了他的第一次创业。

他们主动联系当地农业局，举行养殖技术交流宣讲会，在线上线下开展宣传。线上他们借助网络平台，在老师的指导和父母的帮助下，扩大养殖场影响力。线下他们一一拜访养殖户，了解其养殖过程中存在的技术问题和经营模式问题后，他们利用专业知识，按需求为其提供技术服务、解决临床问题，并定期对养殖户进行技术交流与技术培训。张世奎与他的朋友们真心实意帮养殖户解决实际问题，这使他们获得了众多信任与支持，最终养殖场获利上百万。

大四时，在投资商的支持下与朋友合办养殖场，张世奎决定将养殖动物数量做到万头以上。然而创业之路艰辛，难免碰壁，由于没有提前了解清楚投资商与银行的信贷关系，第三期投资时资金链突然断了。他虽自筹资金填补，但终究没能将养殖场继续经营下去。这事让张世奎明白，创业之路要有长远眼光，认真对待准备工作，将一切问题了解清楚后方能顺利进行。

研究生毕业后，张世奎与家人一起开办养殖场与农场，潜心经营，将其作为父母经营了几十年的火锅店可追溯的食品供货源头，力求达到除了海鲜类产品外，所有肉、菜全部来自自家的农场、牧场，做到产、销、研一体化。张世奎希望通过自己的努力，将家中的火锅店开得更红火。

创业多年的张世奎总结出创新创业中的几个要点：第一，形成好的商业模式是成功的基础，而好的商业模式是在摸清市场和合理整合资源前提下形成的。第二，要准备好对应的资源配置，提前找好对接平台。第三，要学会借助外界资源，寻求更有经验者的帮助。第四，要脚踏实地，一步一个脚印，走好创业途中的每一步。

明确发展方向后，张世奎开始了有目标的努力。他虽为动检专业的学生，但对经济管理课程毫不陌生。除了认真学习专业方向课程，只要与创业有关的或者可能用到的课程他都会去听去学。他理解的学习是全面、连续、交织关联的，从肢体到大脑、从理论到实践，全面发展。正是这种全面发展造就了他均衡而又强大的人格，使他在自己喜爱的方面有所建树。

在校时，张世奎有着一段特殊且珍贵的经历。2013 年“4·20”芦山地震发生后，第二天张世奎便与同学们以志愿者身份前往灾区抗震救灾。在近十天的抗震救灾中，他几次受伤，甚至险些丧命。此次经历于张世奎而言是永远难忘的记忆。抗震救灾使他直观、强烈地感受到了生命的重量，这种感受也使得他在接下来的日子里更加端正了对待生活的态度。

不忘初心，方得始终。创业成功的张世奎始终记得母校川农动物医学院的老师们对他的指导和帮助，他也惦念着那些家庭经济困难的师弟师妹们。通过恩师徐志文老师牵线搭桥，在物质方面，张世奎的代理商出资 5 万元，对学院人才培养活动提供赞助；在创造机遇方面，张世奎希望能与母校进行深度合作，通过这种方式为以后动物医学院的学生多添一条就业之路。

无论艰难的创业经历，还是日复一日的脚踏实地，无处不彰显张世奎的实干品质。作为川农人，张世奎将“川农大精神”始终贯穿于平凡的工作和生活中，展现出川农人的智慧与勇气。

案例来源：李孜雨. 张世奎：影之随行，响之随声［EB/OL］. 四川农业大学校园新闻网，2019-09-11，https://news.sicau.edu.cn/info/1082/53255.htm.

二、对接教学

（一）适用范围

本案例适合于《马克思主义基本原理概论》第二章第一节“实践与认识”、第二章第三节“认识世界和改造世界”的辅助教学使用。

（二）理论要点

（1）科学的实践观；
（2）实践是认识的基础；
（3）“实践的观点是辩证唯物论的认识论之首要的和基本的观点”；
（4）实践与认识的辩证运动及其规律；
（5）一切从实际出发；
（6）实事求是。

三、案例解析

（1）实践既是人与世界关系最基本的形式，又是全部人与世界关系最本质的基础。通过对实践的正确理解和实践观的合理建构，马克思和恩格斯有效地化解了困扰着旧哲学的种种理论难题，从根本上克服了旧哲学固有的理论缺陷，发动和实现了哲学史上的伟大革命变革，而科学实践观由此也成为马克思主义哲学的理论基础和核心内容，实践的观点成为马克思主义哲学的首要的和最基本的观点。因此，学习和掌握马克思主义哲学的基本内容，首先就必须理解和把握马克思主义哲学的实践观。

（2）马克思认为：“全部社会生活在本质上是实践的。凡是把理论导致神秘主义方面去的神秘东西，都能在人的实践中以及对这个实践的理解中得到合理的解决。”因为，首先，实践是人类社会的起源和基础。社会起源于劳动，劳动创造了人和人类社会；劳动不仅创造着和体现着人和自然的关系，而且还不断创造和体现着人和人之间的社会关系。其次，实践构成了人类社会生活的基本内容。社会的物质生产实践、社会关系实践、精神生产实践构成了全部社会生活的基本内容，特别是生产实践是整个社会的物质生活、政治生活和精神生活的基础，整个社会生活的历史实际上就是社会实践发展的历史。最后，实践是社会发展的动力。社会历史的发展过程也就是人类的实践活动发展的过程，以物质生产实践为基础的各种社会实践活动，推动了整个社会从低级向高级发展。

（3）实践与认识的辩证关系。实践是认识的来源，实践是认识发展的根本动力，实践是认识的最终目的，实践是检验认识正确与否的唯一标准，实践是认识的归宿。认识对实践具有反作用，正确的认识促进实践的发展，错误的认识阻碍实践的发展，科学理论对实践活动具有巨大的推动作用。所以我们要首先坚持“实践第一”的观点，同时重视认识的反作用，特别是科学理论的指导作用。坚持理论和实践相结合的原则，做到理论和实践具体地历史地统一。

（4）一切从实际出发，就是要把客观存在的事物作为观察和处理问题的根本出发点，这是马克思主义认识论的根本要求和具体体现。从实际出发，就是要从变化发展着的客观实际出发，从特定的社会历史条件出发，按照客观世界的本来面目认识世界而不附加任何外来的主观成分。从根本上说，就是要从客观事物存在和发展的规律出发，在实践中按照客观规律办事。从实际出发，关键是要注重事实，从事实出发。

（5）毛泽东指出：“‘实事’就是客观存在着的一切事物，‘是’就是客观事物的内部联系，即规律性，‘求’就是我们去研究。”即从客观存在着的“实事”中找到事物运动发展的规律，把事物的客观之“理”转化为人的认识之“理”，即真理。坚持实事求是，最基础的工作在于搞清楚“实事”，就是了解实际，掌握实情。这是进行一切科学决策所必需的也是唯一可靠的前提和基础。坚持实事就是，不仅要坚持一切从实际出发，还必须坚持解放思想。解放思想和实事求是是辩证统一的。解放思想、开拓进取，是坚持实事求是的内在要求。

（6）上述两个案例展示了两位川农学生在理论与实践结合下实现成功创业的故事。何刚、张世奎两位学生在学业中熟练地掌握到了专业知识后，运用创新性思维找到一条有别于以往产业的创业之路。但是在创新创业的过程中，理论知识只是先导性作用，在创业过程还会遇到很多困难，何刚因产业规模扩大难以保证产品的优质性，张世奎由于不了解投资商与银行的信贷关系导致资金链断裂，所以他们继续去探究自己所在行业中需要的相关知识，从中摸索出实践经验，创造出了比以往传统农产品产业更多的宝贵财富。

四、课程训练

（一）课堂辩论：“理论知识和实践经验对于当代大学生谁更重要?”

说明：从教学班中选出两个代表小组，每组四位成员，分组后进行抽签，决定正方、反方。正方辩题——理论知识比实践经验重要，反方辩题——实践经验比理论知识重要。

（二）课后拓展：原著研读

说明：①研读毛泽东的《实践论》(《毛泽东选集》第1卷，人民出版社，1991年版)、邓小平的《解放思想，实事求是，团结一致向前看》(《邓小平文集》第2卷，人民出版社，1994年版)。②要求同学们阅读上述著作后，写一篇2 000字左右的读书报告，并做成PPT在课堂上和同学交流分享。老师根据同学的表现打分。

五、思考与讨论

1. 如何理解社会生活本质上是实践的？试用这一观点说明中国特色社会主义道路、理论体系和制度三者如何统一于中国特色社会主义伟大实践。

2. 为什么说“实践观点是马克思主义哲学首要的和基本的观点”？

3. 为什么说“动物因本能而生存，人因为实践而生活”？

第三节　共性与个性——本科教学评估中的矛盾分析法

一、案例呈现

问诊把脉　精准发力

——学校全面调研学院本科教学审核评估工作情况

3个校区，25个学院，从6月11日到6月15日，评建办常务副主任、教务处处长李廷轩率队赴3个校区，全面调研本科教学审核评估工作情况。

5天的调研从早到晚，行程安排得满满当当。为留出更多时间倾听学院的声音，院与院之间的转场时间仅有10分钟，是深入推进“大学习、大讨论、大调研”的生动实践。各个学院高度重视，不少学院都是全体院领导班子、学院评建办、系室主任、专业负责人出席调研会。

“只有深入学院，才能了解真正的情况，”李廷轩说，“目前距离12月评估专家进校，还剩下6个月的时间。时间过半，任务过半没有？本次调研，就是要了解各个学院本科教学审核评估前期所做的工作以及目前面临的问题，以便于下一步有针对性地推动工作。”

梳理前期工作　整体状态良好

自从2018年3月学校发布本科教学审核评估方案以来，各个学院积极行动，纷纷成立相应的机构，多次召开推进会，出台学院工作方案，制定时间表，全面推进教学状态数据库预填报，试卷检查，本科生毕业论文、开题报告质量和格式检查，课程档案、专业档案整理，实验室实习基地清理等工作。不少老师顶着毕业季的多重工作压力，夜以继日地完成任务，加班加点成为常态。

不少学院认真对照学校评建工作方案，有步骤有重点地推进工作。动物医学院对标一流学科一流本科的定位，多次召开研究讨论会，出台学院课程大纲模板、课程档案模板、专业档案模板，并开展培训会，把工作落到实处。体育学院、土木学院充分发挥教育学教师的专业优势，细化、完善了相应制度，统一了教学档案模板，供所有老师参考。林学院构建了完备的工作运行机制，并组建了特别工作小组，负责本科教学审核评估工作的攻坚任务，在毕业论文检查中，由学生对53个项目一一对照检查打钩后，再由导师、督导组等逐级把控质量，最终由“敢死队员”从格式到英文摘要一一进行修改。管理学院、商学院等多个学院都实行了“挂图作战”，及时跟进工作进度。

不少学院始终贯彻评建工作的原则，注重评建结合、以评促建。园艺学院除建立相关课程模板外，加强了对重点老师的听课环节督导，院长汤浩茹对同一门课就听了四次。环境学院把评估工作作为青年教师的一次培养机会，通过课程档案整理、毕业论文修改、试题试卷规范来强化青年教师的教学过程意识。学院拉通听取全院教师的课，并构建互助课堂促进交流提高。资源学院加强实践基地的建设，确保每个专业至少有一个校外实践基地。经济学院全面部署，精准发力，尤其是适应国际化办学趋势，加强教育国际化建设，制定了一个全英语专业人才培养方案，全英语或双语课增加到16门。

从25个学院的调研情况来看，前期工作整体按照学校既定的时间节点顺利推进，不过仍然存在学院工作不平衡的问题，有些学院前期没有认真研读学校和教务处下发的相关通知和要求，工作虽然在推进，但是思路不清、重点不明、有序性不够。

畅通沟通渠道　把脉存在问题

“课程建设涉及其他学院，课程大纲应该怎么做?”

“课件需不需要手写?”

“我们学院梳理出9个目前存在的问题……”

调研会上，学院细细列举目前面临的问题，调研组耐心细致分析回答。“能现场答疑的，当场沟通交流。我们无法解决的，就记录下来，汇总上报学校领导和相关部门。”李廷轩说。

从收集到的问题来看，在本科教学审核评估中，共识性问题主要集中在以下几个方面：

(1)“学校能不能制作课程档案、专业档案等相关的模板?”对此，调研组表示，本次教学审核评估最大的特点就是以自己的尺子量自己，各学院应该构建自己的尺子。教务处目前发布的相关通知只是一个整体要求，各个学院专业、课程特点不一样，要学校出台统一的模板并不符合教育实际。调研组建议，各学院认真研读学校相关通知要求，结合各学院的特点，出台适合自身的各种标准、模板、要求。

(2)“反复修改论文格式、试卷格式，是不是折腾?”对此，调研组表示，校长郑有良多次强调，本科教学审核评估一定不要折腾老师。但是，不折腾不等于不做事。折腾是指做不需要做的事。而一学年试卷、毕业论文、开题报告是专家进校后必查的内容之一，课程档案、专业档案也是专家会抽查的内容。这些正是我们本科教学水平的一个体现，是必须做的工作，而不是折腾。调研组建议各学院结合实际，形成自己学院的论文和试卷标准，既不放任不管，也不吹毛求疵。学校希望通过本次教学审核评估，更多地让2005年之后进校的教师树立规矩意识，全面理解教学过程，规范教学行为。

(3)“实验课今年学校要统一排课，有些老师有意见怎么办?”对此，调研组表示，以往由学生选课之后，老师自己单独排实验课，一方面不好找实验室场地，另一方面很容易与学生的其他选课冲突，无法保障实验课教学质量。统一排课，旨在规范实验课的管理，提升实验课教学质量。在改革的过程中，肯定会暴露一些问题，把问题实事求是地反映出来，学校下一步会根据实际情况，完善相关的措施。

对有些学院提出的师资力量不足、教室多媒体和话筒等教学设备运行不良，实验室设备不能及时到位等问题，调研组表示会汇总上报相关部门和学校领导。

“调研太及时了，答疑解惑，让我们工作有重点、思路更清晰。”各学院老师纷纷点赞。

找准工作重点 迎接审核评估

结合近段时间工作重点，李廷轩表示，从现在到放暑假前，希望继续做好试卷试题归档、毕业论文归档以及课程档案和专业档案整理工作。暑假期间，教务处会对相关资料进行抽查。

考试季即将来临，他希望各学院从试卷出题开始，把控试题质量，力争零错误。对检查出的上学期试卷的阅卷问题，教务处录入老师的课程教学档案中，每个老师都可以查看自己出现的问题和不足，以避免再犯。

关于接下来的工作，李廷轩希望抓住三个重点：一是精心安排、周密部署下学期教学任务，积极开展学风建设行动，着力提升课堂教学质量。二是围绕学院概况、取得的成绩、亮点和特色、存在的问题和整改措施四个方面，写好学院工作报告，科学总结学院成绩，准确把握学院实际，精确凝练学院特色，切实摸清学院问题，明晰学院发展路径，切实推动学院教学质量提升。三是做好优秀实习实训基地的遴选，以供评估专家实地考察。

据悉，下一步，评建办将形成调研报告，汇总梳理调研中反映出来的共性问题，上报学校相关领导，并会同相关部门切实加以改进和落实。学校还将召开工作协调推进会，邀请一些学院做经验交流，全面推动学校本科教学审核评估工作上新台阶。

案例来源：张俊贤. 问诊把脉　精准发力［EB/OL］. 四川农业大学校园新闻网，2018-06-15，https://news.sicau.edu.cn/info/1134/46552.htm.

二、对接教学

（一）适用范围

本案例适合于《马克思主义基本原理概论》第一章第二节“对立统一规律是事物发展的根本规律”的辅助教学使用。

（二）理论要点

（1）矛盾的特殊性与普遍性；

（2）矛盾的特殊性与普遍性的辩证关系。

三、案例解析

（1）矛盾的普遍性是指矛盾存在于一切事物中，存在于一切事物发展过程的始终，旧的矛盾解决了，新的矛盾又会产生，事物始终在矛盾中运动，也就是“矛盾无处不在，矛盾无时不有”。矛盾的特殊性是指各个具体事物的矛盾、每一个矛盾的各个方面在发展的不同阶段上各有其特点。矛盾的特殊性决定了事物的不同性质。只有具体分析矛盾的特殊性，才能认清事物的本质和发展规律，并采取正确的方法和措施去解决矛盾，推动事物的发展。

（2）事物是由多种矛盾构成的。主要矛盾是矛盾体系中处于支配地位、对事物发展起决定作用的矛盾。次要矛盾是矛盾体系中处于从属地位、对事物的发展起次要作用的矛盾。不仅如此，在每一对矛盾中，总有一方处于支配地位，起着主导作用，这是矛盾的主要方面，处于被支配地位的一方则是矛盾的次要方面。事物的性质是由主要矛盾的主要方面决定的。把主要矛盾和次要矛盾、矛盾的主要方面和次要方面的辩证关系运用到实际工作中，就是要坚持“两点论”与“重点论”的统一。“两点论”是指在分析事物的矛盾时，不仅要看到矛盾双方的对立，而且要看到矛盾双方的统一；不仅要看到矛盾体系中存在着主要矛盾、矛盾的主要方面，而且要看到次要矛盾、矛盾的次要方面。“重点论”是指要着重把握主要矛盾、矛盾的主要方面，并以此作为解决问题的出发点。因此，我们看问题既要全面地看，又要看主流、看大势、看发展趋势。

（3）矛盾的普遍性即矛盾的共性，矛盾的特殊性即矛盾的个性。矛盾的共性是无条件的、绝对的，矛盾的个性是有条件的、相对的。任何现实存在的事物的矛盾都是共性与个性的有机统一，共性寓于个性之中，没有离开个性的共性，也没有离开共性的个性。矛盾的共性和个性、绝对和相对的道理，是关于事物矛盾问题的精髓，是正确理解矛盾学说的关键，不懂得它，就不能真正掌握唯物辩证法。

（4）川农评建办要全面调研 3 个校区 25 个学院的教学审核评估工作情况，虽然前期各个学院依照学校评建工作方案有步骤有重点地推动工作，但是各个学院专业性质、课程特点具有不一致性，按照学校统一的要求规划学院工作是不符合教育实际的。矛盾有其特殊性，调研组建议各个学院结合自身实际，按照本院的特点形成自己的评估标准。矛盾有其共性，学校应结合各个学院反映出的共性问题进行集中处理。最重要的是要抓住主要矛盾，精准发力，坚持“重点论”，着力解决调研过程中反映最强烈的问题。

四、课程训练

（一）课堂讨论：以“从矛盾个性和共性辩证关系看构建人类命运共同体的合理性”为题进行课堂讨论

说明：将教学班分成多个小组，每个小组由 4~6 位同学组成，提前告诉同学们讨论题目，要求大家收集好相关资料，制作成 PPT，在课堂上集中汇报讨论结果。

（二）课后拓展：社会调查——精准扶贫

说明：

（1）我国实施的精准扶贫，是建立在唯物辩证法基础之上的，是党中央深思熟虑之后的国家行为，体现了哲学上矛盾的共性和个性的辩证关系原理。矛盾的共性和个性相互联系，又相互转化。我们想问题办事情，既要从个性中找出共性，又要从共性中发现个性。只有既把握共性又抓住个性，才算是真正认识了事物。在扶贫工作中要紧紧抓住少数贫困地区和贫困家庭，解决矛盾的个性即特殊性，才能推动扶贫工作顺利开展。这就需要我们必须做到精准扶贫。

（2）学生以小组为单位撰写一篇 2 000 字左右的调查报告，在课堂指定时间进行讲解和分享。老师根据小组综合表现打分。

五、思考与讨论

1. 运用矛盾普遍性与特殊性辩证关系原理，说明坚持中国特色社会主义道路的正确性。

2. 为什么说中国政府在抗击新型冠状病毒肺炎疫情中的经验对其他国家来说无法“复制”？

第四节 量变与质变——自然科学研究中的辩证法

一、案例呈现

二十年开拓新学科 他把草鱼变“金”鱼

“草鱼的优点是肉质好、长势快、饲料转化率高，但在集约化养殖中，草鱼发病率、死亡率非常高，因此只要养活，效益就会很好。”记者见到周小秋时，他刚从外地参加完学术会议回到成都。下飞机后，就有公司请他去现场帮助解决生产中的问题。

近来，随着天气变暖，水温回升至适宜草鱼生长的温度。有些养殖户看到鱼吃得欢就猛投饲料，导致草鱼贪食却消化不了过量的饲料，反而发病，再加上这个季节天气变化频繁，不合理的加减料也让草鱼疾病频发。

周小秋是四川农业大学教授，他用近20年时间，瞄准我国草鱼养殖中发病率高和肉质下降的产业难点问题，以“器官健康”和“鱼肉品质”为饲料产品目标，研制了一系列水产专用饲料产品和配套技术。相关成果在全国16个省份的45家企业推广应用后，草鱼的发病率、死亡率、用药成本、氮磷排出率分别降低73%、84%、73%、16%以上，大幅度提高了养殖效益。

“我国是水产养殖大国，但营养饲料技术还跟不上产业发展的需要。”25年前，周小秋从自己熟悉的生猪营养科研领域，转向发展相对滞后的水产动物营养领域时，周围的人都说他是自找麻烦。“我这人就是这样，觉得越难越没人做的事，就越有价值。”他说。

要开拓一个新学科，周小秋不仅要在学术上从零起步，而且当时没钱、没人、没设备，困难重重。他用给一个企业开展技术服务挣来的3万块钱，在动物营养研究所的两间实验室中搭建了简单的实验设备，还把家里冰箱等凡是研究中能用得上的东西都搬到实验室，艰难地开始了鱼类营养研究工作。

周小秋在研究中发现，草鱼很难养活，与其他鱼类相比，草鱼组织器官的结构和组成有较大不同，且比较脆弱，更容易被破坏从而感染疾病，这激起了他的好奇心。这一步的跨出是很难的。传统营养学一般是研究生产性能、血液生化指标等内容，研究器官营养与抗病力的关系则与医学领域有较大交叉，周小秋想在传统营养学的基础上开展创新性研究。

他通过进一步研究发现，生病的草鱼有一个共同特点：一旦生病，组织器官的结构完整性和免疫功能都会出现问题。明白了营养与功能器官包括免疫器官的结构和功能的关系，顿时为下一步研究打开了大门。氨基酸、维生素、矿物质……几十种营养物质列入他的研究范围，他不断通过实验去发现营养物质供给达到多少才能实现最佳效果。他带领团队相继开展了保证草鱼器官健康的动态营养与精准营养需要参数研究，完全突破了传统生产模式的局限。

由于集约化养殖中会大量投喂饲料，其中一些物质没有经过鱼类消化就被直接排放到水体中，对鱼儿造成了环境胁迫，导致鱼类肉质变差。为提高鱼肉品质，周小秋和团队又研究出了一定剂量的营养素，可增强鱼类肌肉细胞结构的完整性，改善肉质。

团队一边做研究，一边还与多家饲料企业合作将科研成果进行转化，研发了一系列保证草鱼等淡水鱼“器官健康”和改善“鱼肉品质”的水产专用饲料，在全国多个省份推广应用，取得了重大的经济、社会和生态效益。

周小秋的研究成果把我国草鱼健康营养理论和技术研究带到了国际先进水平。谈及学术成功，他更欣慰的是自己的研究成果已被快速转化应用，推动了淡水养鱼业的可持续发展。“我要继续深入系统地研究下去，让更多科技成果转化到实际生产中，让更多企业、养殖户受益。”他说。

案例来源：盛利. 二十年开拓新学科　他把草鱼变“金”鱼［EB/OL］. 中国科技网，2020-05-06，https://yys.sicau.edu.cn/info/1041/3575.htm.

二、对接教学

（一）适用范围

本案例适合于《马克思主义基本原理概论》第一章第二节“事物发展过程中的量变和质变及其相互关系”的辅助教学使用。

（二）理论要点

（1）质、量、度；

（2）量变与质变；

（3）量变与质变的辩证关系。

三、案例解析

（1）事物包括质、量、度三个方面的规定性。质是一个事物区别于其他事物的内在规定性，量是事物的规模、程度、速度等可以用数量关系表示的规定性。事物的量和质是统一的，量和质的统一在度中得到体现。度是保持事物质的稳定性的数量界限，即事物的限度、幅度和范围，度的两端是变化的关节点或临界点，超出度的范围，此物就转化为他物。因此我们要坚持适度原则。

（2）量变和质变是事物变化的两种基本状态和形式。量变是事物数量的增减和组成要素排列次序的变动，是保持事物的质的相对稳定性的不显著变化，体现了事物发展渐进过程的连续性。质变是事物性质的根本变化，是事物由一种质态向另一种质态的飞跃，体现了事物发展渐进过程和连续性的中断。

（3）事物的矛盾运动表现为量变与质变及其相互转化。它们存在着这样的辩证关系：第一，量变是质变的必要准备。任何事物的变化都有一个量变的过程，没有量变的积累，质变就不会发生。第二，质变是量变的必然结果。单纯的量变不会永远持续下去，量变达到一定程度必然引起质变。第三，量变和质变是相互渗透的。一方面，在总的量变过程中有阶段性和局部性的部分质变；另一方面，在质变的过程也有旧质在量上的收缩和新质在量上的扩张。量变和质变是相互依存、相互贯通的，量变引起质变，在新质的基础上，事物又开始新的量变，如此交替循环，构成了事物的发展过程。量变质变规律体现了事物发展的渐进性和飞跃性的统一。

（4）上述案例展示了四川农业大学教授周小秋在量变与质变的转化下实现了草鱼

养殖科研成果的创新发展。草鱼有着自身的养殖优势，但在集约化养殖过程中草鱼的产出并不理想。周小秋教授正是抓住这些难点问题，以“器官健康”和“鱼肉品质”为目标，经过20年的研究探索，开拓了一个崭新的学科。周小秋教授经历了从无到有的研究历程，初步研究中发现草鱼组织器官的脆弱性，将这个问题置入营养学研究中，为提高鱼肉的品质进一步研发出营养素，完全突破了传统的生产模式。正是周小秋教授20年来对草鱼养殖的持续深入研究，才使得草鱼终变“金”鱼。

四、课程训练

（一）视频制作：以质量互变规律为主题制作短视频

说明：

（1）为了推进课程教学改革，增强学生的学习兴趣，通过将哲学原理设计制作成短视频，加深学生对质量互变原理的理解，提高学生运用马克思主义基本原理分析和解决现实问题的能力，从而真正实现参与式、体验式学习，达到提高课程教学质量和教学效果的目的。

（2）将教学班分成若干小组，每组4~6人，每个小组围绕量变和质变哲学原理制作3~5分钟左右短视频，视频可以采用微电影、纪录片、情景剧或专家学者访谈等形式。各小组视频在课堂指定时间进行展示、交流和分享，由全班同学根据视频制作总体情况进行打分，并评选出一、二、三等奖。

（二）课后实践：社会考察——全面小康后的乡村巨变

说明：

（1）从每个教学班里选出学生代表组成社会实践考察团，前往成都郫都区战旗村、彭州市宝山村、浦江县明月村等乡村振兴示范村进行考察。通过实地参观和采访党员群众的形式，学习乡村振兴经验，聆听党员带领群众奋斗的故事，见证全面小康后的乡村巨变，激发青年学生的使命感和责任感。从总体小康到全面小康，体现了从量变到质变的哲学原理，通过考察可加深同学们对这一哲学原理的理解。

（2）考察结束后，每位学生代表需要撰写一篇2 000字左右的考察报告，并制作成PPT，包括大量考察照片，在课堂指定时间向本教学班同学讲解和分享。

五、思考与讨论

1. 用质量互变规律说明在全面建设社会主义现代化国家中把远大理想和脚踏实地的工作结合起来的必要性。

2. 小组讨论：如何才能成为“学霸”。

第五节　科技生产力——在追求真理的征途上造福社会

一、案例呈现

（一）“安县模式”破解现代农业三大难题

一场地震，把川农和地震重灾区安县紧紧联系到了一起。地震发生两年后，在安县的田间地头，不时可以看到“科技支撑单位：四川农业大学”“四川农业大学教学实验示范基地”的牌子和川农师生忙碌的身影。

依托国家科技支撑计划“四川安县地震灾后重建现代农业技术研究”项目，学校党委书记邓良基等专家多次深入安县，把脉安县现代农业发展，探索出富有特色的“安县模式”。“安县模式”着力破解现代农业发展如何实现现代化、规模化、产业化三大难题，因其可学可推广，成本小，效益高，获得了国家科技部和四川省科技厅领导的高度评价。

难题之一：如何实现现代化

“现代农业依靠现代技术，现代技术不能是老技术。”抱着这样的共识，专家们在震后不久就赶赴安县，在倾斜的农房前、在受损的农地里、在垮塌的养殖场，走家串户了解村民的需求，寻求灾后重建和现代农业的连接点。

不久，土地利用总体规划和村庄建设规划、新农村建设总体规划和社区布局规划、蛋鸡产业规划、果蔬产业规划、农业资源循环利用规划等相继出台，恢复重建推进现代农业发展的思路逐渐明晰。

专家们从种植资源创新（品种改良）、生产环节现代技术集成、农副产品加工、物流信息流研究四个维度上助推安县农业朝现代化发展。一个个新品种被推广到田间地头，一栋栋标准化的大棚建立起来，一幢幢标准化养殖小区让人啧啧称赞。

安县农业局局长柳跃才对我校教授李焕秀推荐的碧秀苦瓜品种极为赞赏：“产量高，一株要结将近 100 千克。”而“姜+瓜”立体间作模式，能达到亩产值 35 000 元，大大提高了效益，其模式不仅能使嫩姜上市提早 7 天以上，还能使生姜增产 15%以上。

在专家的指导下，花荄镇的现代养殖场内采用了自动供料、供水、清粪、水帘自动降温装置，小区实行全程电子监控，15 个监控点，“轻轻一点，场里鸡舍情况一清二楚”。村民对现代养殖有了全新的认识。

安县圣鑫肥料有限责任公司更是把我校的专家看成救星。公司依靠蛋鸡养殖废弃物做肥料但一直销售不畅，专家们帮助肥料厂扩建了生产线和储藏室，还开发出 5 个新的有机-无机复混肥料，运用生物发酵技术使肥料厂日处理鸡粪能力由 50 吨提高到 80 吨，并开发出生态高效的水产专用鱼饲料。产品种类不断丰富，质量明显提高，现在公司产品供不应求，经济效益“简直不摆了”。

两年来，川农在安县共有效集成了土地空间协同调控和规划、现代民居建筑设计、现代蛋鸡标准化养殖高效生产、蛋鸡安全健康生产和环境控制、“V”字形棚架式高密度水果栽培、苦瓜+生姜立体高效栽培、大棚西瓜优质高效栽培、农业资源循环利用与生态重建等 60 项技术，把现代农业高科技的含量体现得淋漓尽致。

“专家就是不一样！”当地村民对我校专家充满敬佩。

难题之二：如何实现规模化

要发展现代农业，首要条件是实现规模化、集约化生产，而要实现规模化、集约化生产，光靠一家一户的农民显然不行，他们一无足够的资金投入，二无现代化的生产技术，三无市场销售渠道。

面对这一难题，专家们开始寻找突破口。通过重点扶持圣康、圣鑫等 3 家科技示范龙头企业，在现代化蛋鸡养殖中完善细化“高校+协会+基地+农户”模式，在优质果蔬种植中实施“高校+大户+农户”模式，从而构建了“以农民（企业）为主体，科技为支撑，课题引领，政府引导，分工协作，规范化管理”的运行机制。

如今，安县蛋鸡产业规模从震前的 120 万只扩大到 270 万只，并且看不到百万只以上规模的大型养殖场。不需要大型的养殖场，不需要大量集中的资金，却能实现标准化规模养殖，这要得益于圣康现代养殖协会这一农村专业化合作化组织，依靠合作社把柏杨村和附近村的 316 户蛋鸡养殖户团结起来，并辐射影响了安县安昌、黄土、界牌、兴仁 4 个乡镇 10 多个村的村民共同养鸡。为了强化村民的规模化、集约化意识，我校专家帮助合作社明确了“种鸡饲养管理技术规程”“蛋鸡饲养管理技术规程”等技术规程，并把地震之前略具雏形的统一订购鸡苗、统一购买饲料、统一进行防疫、统一销售鸡蛋、统一品牌包装、分户饲养的“五统一分”经营机制一一进行细化。

“‘五统一分’既实现了规模化又便于学习推广。”邓良基教授说。

安县兴仁乡的山地土鸡养殖也推行了这一模式。村民李茂辉认为，它的好处在于“把单个的农民抱成了团，规模上去了，大家不相互压价，效益好。同时，有专家坐镇，解决了疾病防控问题，少用药降低成本，养殖利润更大”。他们在基地里还专门为朱庆教授、张克英教授等专家修了一栋工作楼，供他们科研使用。

难题之三：如何实现产业化

蛋鸡虽是安县的传统优势产业，可是产业链并不完善，还处于一种粗放式经营的阶段。2008 年 6 月，陈文宽教授第一次到蛋鸡养殖小区时就看到这样一幅场景：处处残垣断壁。

专家们帮助蛋鸡养殖小区重新设计了八级抗震的房子。同时，根据安县蛋鸡产业缺乏种鸡来源的实际，课题组投入 105 万元支持经费，圣康蛋鸡养殖协会（圣康禽业有限责任公司）投入 480 万元，将原来的蛋鸡养殖小区更改为 5 万只种鸡规模的现代化标准养殖场，使其成为全县发展 270 万只蛋鸡的供种基地之一，改变了原来仅靠引进种鸡的局面，初步形成了从种鸡到商品鸡的繁育体系。

通过不断摸索和发展，在养殖专业合作社的组织下，在我校专家的技术支撑下，目前，安县已初步形成蛋鸡养殖、蛋鸡销售、土鸡养殖、土鸡销售、技术培训、蛋品加工、绿色有机肥料生产等“一条龙”网络服务体系，逐步形成安县蛋鸡产业集群。产业链的完善对于养殖业的健康持续发展发挥了很大的推动作用。

“我们自己有了种鸡场，真正解决了防疫问题。”圣康蛋鸡养殖协会会长刘玉华笑着说。过去，村民需要到全国各地购买鸡苗，各地的疫病很容易交叉感染，对于蛋鸡产业做大做强有极大的隐患。同时，在专家的指导下，肥料公司壮大了，也让鸡粪的去处不成问题，“不用担心环境问题”。

“安县模式”寻找到了一条向现代农业迈进的新路径。和那种动辄大工厂、大手笔、大投入不同，这是一条农户便于参与、技术便于学习、模式便于复制的“轻简”道路，对于西南地区农业发展有着较强的借鉴意义。2009 年，安县被评为现代农业产业示范县。

案例来源：张俊贤．“安县模式”破解现代农业三大难题［EB/OL］．四川农业大学校园新闻网，2010-06-09，https://news.sicau.edu.cn/info/1134/39854.htm．有改写。

（二）国家技术发明一等奖背后的故事

20 世纪 70 年代初，湖南省农业科学院袁隆平教授的野败型杂交水稻研究进展迅速，即将获得成功的消息传来，给我们农学系水稻研究室的科研工作以极大的启示，也带来了不小的压力。时任系主任黎中明、研究室主任李实蕡都认为，水稻研究室也应该开展杂交稻的研究工作，不然以后连资料都看不懂，既无法开展研究，也无法教授学生。如果不做，也必然会给科研带来损失。

当时，籼亚种内品种间杂交培育雄性不育系利用水稻杂种优势，还是未被人类认知的领域。早在 20 世纪 60 年代末，世界水稻育种权威机构“菲律宾国际水稻研究所”曾请印度人专门对此进行过研究，结果研究了几年，只育成了一些育性不稳定、性状又差、不能使用的高不育株系。70 年代初，该课题组被撤销，研究宣告失败。

1972 年，在农学系、水稻研究室负责人的安排下，指定由周开达同志专门负责从地理远距离籼型品种间杂交常规育种材料中筛选不育株系的研究工作。由于方法对路，工作进展很快，冈型不育系于 1975 年已基本稳定，并很快组配出能用于生产的杂交组合。1977 年，在当时的四川省科委、省农牧厅和省高教局的大力支持下，由周开达同志主持的杂交水稻研究工作三人课题组（周开达、黎汉云、李仁瑞）正式形成，专门进行冈·D 型杂交稻选育与利用研究。

在选育冈型杂交稻的同时，周开达等同志从原非洲籼稻栽培品种 Dissi D52/37（此品种原产法属圭亚拉后引入非洲）与我国早籼品种矮脚南特杂交的后代材料中，选择高不育株系与众多早籼品种杂交，发现珍汕 97 和 297 等后代败育最好，经多次回交，加代不育性稳定，于 1980 年先后成功育成 D 汕 A 不育系和 D297A 不育系。利用这些不育系与各种熟期的籼稻品种杂交，先后筛选出早熟组合“D 优 3 号”“D 优 4 号”，中早熟组合“D 优 64 号”，中熟组合“D 优 1 号”“D 优 2 号”，中迟熟组合“D 优 63 号”“D 优 10 号”等。至此，冈·D 型杂交稻已完成熟期配套，能满足不同生态地区、不同海拔高度对杂交水稻的生产需要。

在冈·D 杂交稻投产之前，我国南方广大稻区，只能运用单一的野败型细胞质。1970 年，美国人在玉米上运用单一 T 型细胞质，造成小斑病大流行，导致美国玉米大减产。因此，科学家们对使用单一细胞质的潜在危险深感忧虑。冈·D 型系列不育系投产后，就基本上缓和了运用单一细胞质的潜在威胁，使杂交水稻能更健康地发展。

相对于野败型不育系，冈·D 型不育系在不育性形成、花粉败育类型、不育系恢保关系和可恢性、不育系异交习性、育性遗传和杂种优势表达等方面都具有明显优势。

冈型不育系是籼亚种内品种间杂交育成的第一个雄性不育系，培育冈·D 型不育系及其杂交稻的成功经验，开拓了水稻三系育种的一个新途径。

1976 年春，在海南岛南繁基地，周开达等同志与四川省农业厅种子站站长（兼经理）官长春同志商量，成立了四川省冈型杂交水稻协作组，负责搞试验、示范、推广工作。1987 年，新华社记者对协作组成立 10 周年纪念大会进行了报道。10 年来，协作组培育出了 13 个冈型和 D 型杂交水稻良种，已在全国 12 个省、直辖市、自治区的 2 300 多万亩稻田里得到推广，增收稻谷 17.5 亿千克，为社会创造直接经济效益 3 亿多元。

冈 · D 型杂交稻从 1986 年开始推广，速度非常快。1986 年只有 40 多万亩，1987 年有 400 万亩，1988 年有 1 600 万亩，此后两三年便达到了 3 000 多万亩，占南方 13 个省（自治区、直辖市）水稻种植面积的 1/10。据四川省农牧厅统计，冈 · D 型杂交稻和常规稻相比，每亩要增产至少 100 千克，经济效益十分显著，对解决我国粮食紧张状况发挥了重要作用。

到 20 世纪末，协作组横跨南方稻区 15 个省（自治区、直辖市），联络了接近 100 个生产与科研单位，纯属民间组织，从未花国家一分钱。冈 · D 型杂交稻发展速度快，推广面积大，增产显著。截至 2010 年底，累计推广面积 4 亿亩，按每亩比常规稻增产 75 千克计（大面积多点平均值），应增产稻谷 300 多亿千克，按每千克稻谷 2.7 元计算，总增产价值达 810 亿元。2010 年以后，冈 · D 型杂交稻继续在生产中发挥巨大作用。

在冈 · D 型杂交水稻的育成及其利用推广的启示下，四川、湖南、湖北等省的一些水稻科研单位遵循此方法，也先后育成二汕 A、八汕 A、优一 A、亚-32A 等多种籼型胞质不育系及其杂种优势利用品种。冈 · D 型杂交稻在协作组的努力下，种植面积迅速扩大，1988 年，四川省内外已推广 3 000 余万亩，因此在这一年水稻研究室申报了“籼亚种内品种间杂交培育雄性不育系及冈 · D 型杂交稻”的发明奖，荣获国家技术发明一等奖，也是唯一一个农业方面的项目，受到了新闻媒体的强烈关注。当年，全国仅有 4 个项目获得国家技术发明一等奖。1988 年 12 月 9 日，《人民日报》报道：“冈 · D 型杂交稻的育成是继袁隆平之后，杂交水稻的又一重大发展，已被引入菲律宾国际水稻所及美国、印度、巴西等国。”中国国际广播电台也对此做了详细的报道，并登上了《四川日报》的头版头条，还配上短评《向科学技术要粮食》。

1988 年 12 月 9 日，在国家发明奖颁奖仪式上，国家技术发明奖评选委员会主任委员、国家科委副主任郭学武同志在讲话中再次肯定了“籼亚种内品种间杂交培育雄性不育系及冈 · D 型杂交稻”项目突出的新颖性和实用性。

案例来源：张喆，刘青松. 李仁端：国家技术发明一等奖背后的故事［EB/OL］. 四川农业大学校园新闻网，2015-11-18，https://news.sicau.edu.cn/info/1078/28337.htm. 有改写。

（三）加强平台建设 助推学科发展

2010—2013 年，我校科研平台建设工作强力推进，在人才聚集和培养、社会服务、学科建设等方面发挥了重要作用，为学科发展提供了有力支撑。四年之间，学校共投入 6 000 万元实施“211 工程”科研平台建设计划，强力推进科研基础条件平台建设。先后组建了动物遗传育种、预防兽医、生态林业、果蔬、生态环境、园林 6 个研究所，动物抗病营养实验室（教育部重点）通过验收正式运行，合作共建了杂交水稻国家重点实验室西南研究基地、水稻和玉米遗传育种四川省国际科技合作基地、国家茶检中心（四川）川农研发中心，新建农业部和四川省科技厅、教育厅、环保厅重点实验室（中心）13 个，杂交水稻、小麦、玉米等“2011 协同创新中心”共建培育工作取得阶段性进展，崇州现代农业研发、试验与示范基地一期建设基本完成。多层次多种类的平台建设为学科发展带来了勃勃生机。

科研平台建设为人才聚集和培养创造了良好的实验环境和学术氛围，为加强学术队伍建设提供了保障。学校采取自己培养和外部引进的方式，积极创造条件吸引人才，营造良好氛围塑造人才，投入真情凝聚人才。

当时，成立刚刚两年的预防兽医研究所本着“人尽其才”“进一个、用一个、用好一个”原则，根据研究方向的需要，把南开大学博士毕业、在美国亚利桑那大学从事博士后研究工作7年，但毫无兽医学背景的孔庆科博士作为拔尖人才引进，看中的就是孔庆科在微生物研究方面的长处，能带来国际一流的疫苗研究理念。陈舜博士毕业后进入地处省会又是“985”的电子科技大学工作，但仅仅一年她就放弃了这份工作，跳槽来到预防兽医研究所，实现了“人才倒流”。来校一年多，陈舜就获得了国家自然科学基金、教育部博士点基金、省科技厅青年基金等4个项目的资助，而当时孔庆科博士人还在国外，就获得了国家自然科学基金项目资助。

人才引进和培养取得的成绩与学校的相关工作密不可分。多渠道多平台发布《诚聘海内外英才公告》《海归人才招聘公告》，持续实施博士招聘计划，使得人才引进成效显著。通过实施“211工程双支计划”、国家杰出青年科学基金后备人选培养计划，抓好创新研究团队培育组建，支持各类人才申报人才项目、加强合作研究和提升学历学位等一系列综合配套的“组合拳”，人才水平全面提升。奖励办法和分配制度改革让人才活力得以充分体现。

科技成果转化是科技工作的“一号工程”。科研平台建设为科技服务经济、服务社会提供了强有力的技术支撑，为发掘产、学、研结合最佳模式，加强以农业科技成果转化为主体的多元化社会服务体系建设提供了支持。动物营养研究所在产、学、研结合及科技成果转化上勇于创新，积极探索产学研结合和科技成果转化新模式。该所与企业建立博士工作站22个，与企业、研究机构合作建立中国磷营养研究中心、中国微量元素营养研究中心、中国酶制剂营养研究中心、中国碳水化合物营养研究中心、中国维生素营养研究中心，即将与企业、研究机构合作筹建四川饲料产业技术研究院、四川生猪产业技术研究院，为科技成果的转化和人才培养创建了新的平台和机制。

“既要顶天，也要立地。”时任动物营养研究所所长吴德认为，科研平台既要重视基础理论研究，解决重大理论问题，也要开展技术创新，解决提升企业核心竞争力的问题。2012年，全所科研经费总额近1 800万元，从合作企业获得的经费就达近900万元。该所通过搭建成果转化平台，发掘产、学、研结合最佳模式，让科研成果在短时间内得到了高效转化，为学科发展提供了强大动力。

科研平台建设带动相关学科和学科群的发展，对学科建设取得突破性进展产生了明显的促进作用。尤其是对于我校一些办学时间不长、非传统优势的新兴学科来说，加强科研平台建设为学科发展统一了思想、明确了方向，成为学科发展强有力的助推器。

从只有两个一级学科硕士学位授权点，到拥有农林经济管理一级学科博士学位授权点，再到成功申报农林经济管理博士后科研流动站，学位点建设的捷报频传从一个侧面反映了我校经济管理学科的快速发展。

2004年9月挂牌成立的四川省农村发展研究中心对全校人文社会科学科研工作起

到了推动作用。打开中心2004—2012年立项项目一览表，你会发现这些项目并不只是经管学科的，社会学、法学、体育、旅游等学科领域的项目都在其中。时任中心主任蒋远胜表示，只要是针对“三农”问题开展的研究，各学科都可以申报中心的项目。这也为我校文法、政治、艺体、旅游等学院的老师提供了平台，既整合了资源，又发挥了多学科交融的优势，带动了全校人文社会科学学科的发展。

当然，在肯定成绩的同时，我们更应清醒认识到学校在国家级创新平台建设上亟须实现零的突破。院士、××学者、国家××人选等领军人物缺乏，承担的国家重大研究课题数量不多，标志性论文、科技创新成果偏少等都是重要原因。科研平台建设依然任重道远。

案例来源：张喆. 加强平台建设　助推学科发展［EB/OL］. 四川农业大学校园新闻网，2013-05-15，https://news.sicau.edu.cn/info/1135/38447.htm. 有改写。

（四）智援春耕

最是一年春好处，备战春耕正当时。我校充分发挥科研人才优势，集成科研技术成果，不违农时，从引领、服务、保障三个方面入手，智援春耕生产。

原始创新引领春耕

原始创新能力是科技智慧的体现，也是农业持续发展的依靠。我校瞄准原始创新阵地，以新品种、新技术、新模式引领春耕生产。

重点围绕8个入选2012年四川省主导品种和7项主推技术及2个入选2012年农业部主导品种和2个主推技术，在全省范围共推广新品种50个、新技术80套，推广面积达1 000万亩。

水稻“川农优527”、玉米“川单418”、小麦“良麦4号”等粮食品种，“天府肉鹅配套系、天府肉猪配套系”等畜禽品种，石棉黄果柑、核桃“川早1号”、辣椒“川农泡椒1号”、茶叶“川农黄芽早”等果蔬茶品种，“长江二号”多花黑麦草等牧草品种，测土配方施肥技术，南方大豆间作/套作栽培技术等，为农民增产增收带来了希望，受到广泛追捧。

学校积极组织专家参加“科技赶场”和四川省2012年“科技之春”科普活动，通过多种途径宣传新品种、新技术、新模式，开始春耕以来，共向农民赠送农作物新品种种子1 000余千克，接受农户现场咨询近5 000人次，发放相关宣传资料7万余份，开展培训30余场，培训2万余人次。

贴近农民服务春耕

“进农村，进企业，进政府”是党委书记邓良基对我校科技工作者的新要求。遵循这一要求，我校专家深入农村，把课堂搬到田间地头、农家小院，贴近农民实际开展春耕服务。

“有了专家的指导，我对今年的水稻种植更加有信心。”射洪县渠河乡新华村村民文登忠在听了任万军教授讲解水稻高产创建技术后感到非常自信。专家深入浅出的讲解让读书不多的农户也能很快掌握运用相关技术。以副校长杨文钰教授为首席专家的玉米大豆带状复合种植课题组则别出心裁地制作了技术光碟，累计发放技术光碟500余张，清楚明白地介绍技术要点。他们还印发了“技术明白纸”千余份，提纲挈领地介绍技术要点，基本做到农民群众每户有一张“技术明白纸”，每户有一个带头人，把技术推广落到实处。

专家还亲自上阵示范，让新技术快速被农民掌握。在四川省三大现代粮食生产基地之一的仁寿县现代粮食生产基地，杨文钰教授带领专家团队建立了100余亩样板示范田，普及推广玉米套作大豆规范改制、玉米精量机播、机械化覆膜、玉米定向移栽等新技术。任正隆教授在邛崃的小麦基地已成为全省小麦产业化样板，各地前来参观取经的人络绎不绝。

2012年春季施肥，眉山市农户只需到本村测土配方施肥专家系统触摸屏上点击自己的姓名或自己的田块，系统即给出该农户科学施肥指导意见。农户说："相当于把专家请到了田块做现场指导。"这是李廷轩教授带领课题组将多年努力开发的测土配方施肥专家系统推广应用的结果。利用前几年测土配方施肥成果，2012年在成都市、德阳市、眉山市的20多个县（市、区）进行了推广，其中县（市、区）级测土配方施肥专家系统推广应用300多万亩，村级测土配方施肥专家系统推广应用5万多亩。

"讲给农民听，做给农民看、带着农民干"，专家贴近农户的服务让农户发现了科技的潜力。小马村何开忠很感激汤浩茹、汪志辉教授，在他们的指导下，他家的黄果柑果实累累，保守估计比2011年增产10吨。"随便吃，看上哪个摘哪个。"他高兴地招呼再次前来调研情况的专家们。

抗旱减灾保障春耕

2012年入春以来，受前期气候条件适宜等因素影响，小麦条锈病、白粉病、油菜菌核病和十字花科根肿病，玉米地下害虫，水稻稻瘟病、立枯病和恶苗病等病虫害呈高发态势。植保专家张敏教授、黄云教授等通过采用研制的小麦、油菜、水稻和玉米种衣剂，深入田间地头培训6次，培训农户和技术人员300多人，为病虫害的可持续、无公害控制提供技术支撑，提高了农民的病虫害防治水平。

2012年受冬干、春旱和近期降雨偏少影响，川南干旱情况严重，需等水栽秧的面积仍有100万亩左右；攀西小春农作物受灾95万亩，其中成灾31万亩。我校专家勇担社会责任，切实分忧解难，为抗旱减灾提供技术支撑。

玉米专家黄玉碧，水稻专家李仕贵、马钧，植保专家黄富、龚国淑等深入旱区生产第一线，进行技术培训和科技服务，发放抗旱减灾技术资料1万余份，接受500余人次咨询，开展近10次培训。

2012年春季气温变化大，畜禽抵抗力下降，动物营养研究所专家32人次通过培训、讲座、一线服务等工作方式指导养殖场注意畜禽保温和防疫工作。针对牧区春季缺乏草料、饮水困难的情况，保温降低牲畜死亡是工作重点，学校派出服务团队10人次以上深入牧区开展补饲指导，提供添砖配方，并提前在2011年的夏秋季节就在红原开展裹包饲料生产，为牧区顺利渡过养殖"寒冬期"奠定了基础。

案例来源：张俊贤. 我校智援春耕［EB/OL］. 四川农业大学校园新闻网，2012-04-20，https://news.sicau.edu.cn/info/1134/39034.htm. 有改写。

二、对接教学

（一）适用范围

本案例适合于《马克思主义基本原理概论》第三章第一节"生产力与生产关系的

矛盾运动及其规律”、第三章第二节“科学技术在社会发展中的作用”的辅助教学使用。

(二) 理论要点

(1) 生产力与生产关系；
(2) 生产力与生产关系的辩证运动及其规律；
(3) “科学技术是第一生产力”；
(4) 科学技术在社会发展中的作用；
(5) 正确把握科学技术的社会作用。

三、案例解析

(1) 马克思认为，人类的第一历史活动就是生产满足生存需要的物质资料，生产力是人类社会生活和全部历史的基础。生产力是人类在生产实践中形成的改造和影响自然以使其适合社会需要的物质力量，具有客观现实性和社会历史性。按其主体性质不同，可划分为社会生产力和自然生产力。生产力具有复杂的系统结构，包含劳动资料、劳动对象、劳动者。其中劳动者是生产力中最活跃的因素，科学技术是生产力中的重要因素，是“第一生产力”。

(2) 生产关系是人们在物质生产过程中形成的不以人的意志为转移的经济关系。生产关系是社会关系中最基本的关系，政治关系、家庭关系、宗教关系等其他社会关系，都受生产关系的支配和制约。生产关系包括生产资料所有制关系、生产中人与人的关系和产品分配关系。生产资料所有制是最基本的方面，它是人们进行物质资料生产的前提，生产、分配、交换和消费关系在很大程度上是由这种前提决定的，所以是最基本的、具有决定意义的方面。

(3) 生产力与生产关系是不可分割地相互联系着的。在社会生产中，生产力是生产的物质内容，生产关系是生产的社会形式，二者的有机结合和统一构成社会的生产方式。首先，生产力决定生产关系。生产力状况决定生产关系的性质，生产力的发展决定生产关系的变化。其次，生产关系对生产力具有能动的反作用，主要表现为两种情形：当生产关系适合生产力发展的客观要求时，对生产力的发展起推动作用；当生产关系不适合生产力发展的客观要求时，就会阻碍生产力的发展。新的生产关系总体上基本适合生产力的发展，但并不排除它的某些环节或某些方面不适合生产力状况而阻碍其发展；旧的生产关系总体上基本不适合生产力的发展，但也不排除它的某些环节或某些方面的调整和改变，能够暂时地、局部地对生产力发展有一定的促进作用。

(4) 安县地震灾后重建，在四川农业大学师生的帮助下提高了农业技术水平，发展了安县农业生产力。师生们及时革新安县农业发展模式，使得生产关系适应生产力的发展，安县农业经济焕然新生。首先依靠现代农业技术改变以往的农业生产方式，使得农业增产增收，实现了安县农业现代化。为了适应这样高产高质的农业收成，专家们开始探索安县农业的规模化、集约化，将地震之前略具雏形的统一订购鸡苗、统一购买饲料、统一进行防疫、统一销售鸡蛋、统一品牌包装、分户饲养的“五统一分”经营机制进行细化，完善了安县的蛋鸡产业链，逐步形成安县蛋鸡产业集群，促进安县农业生产力有了更大的发展空间。

（5）1988 年，邓小平提出“科学技术是第一生产力”，体现了马克思主义的生产力理论和科学观，这个观点既是现代科学技术发展的重要特点的体现，也是科学技术发展的必然结果。科学是指对客观世界的认识，是反映客观事实和客观规律的知识体系及其相关的活动，技术是指生产技术，即人类改造自然、进行生产的方法和手段。人们期盼的经济社会发展正是依赖于科技带来的动力。科学技术驱动世界朝着更加便捷化、信息化、高效化的方向发展。

（6）科学技术是历史发展的强大杠杆，引起了社会的巨大进步。首先它对生产方式产生了深刻影响，改变了社会生产力的构成要素，提高了生产自动化程度；改变了人们的劳动形式，推动了智能化时代的到来；改变了社会经济结构，加快了传统产业向现代化产业的进化。其次它对生活方式产生了巨大影响，给人们日常生活中的交通、通信等带来了极大便利。最后它促进了思维方式的变革，可以利用新的理论工具和现代化技术手段去研究一些新现象、新领域、新课题。为了国家和民族的振兴，最重要的就是要把握科技时代的机遇，培养科技型创新人才，加快各个产业科技创新驱动发展。

（7）科学技术作为第一生产力，可以促进经济社会发展，同时也会受到客观条件和主观条件的影响而产生许多社会性问题。一种情形与社会制度有关。在资本主义条件下，科学技术常常被资产阶级当成剥削和压迫人民的工具，世界上的霸权主义者凭借科技优势压迫别国的经济与政治。另一种情形源于人们对于自然规律和人与自然的关系认识不够，或缺乏对科学技术消极后果的强有力的控制手段，如现代化大工业生产，在给人们带来各种各样精美产品的同时，也带来了大量的废气、废水、废渣和噪声，严重地污染了环境，威胁着人类的生存；互联网的快速发展在给人们带来便捷化生活的同时，也存在大量垃圾信息和虚假信息，侵害国家、企业经营以及个人隐私权。总之，科学技术是把“双刃剑”，要正确把握其双重性，合理利用科学技术为人类造福。

（8）“科技是第一生产力”在生活中的体现是显而易见的。四川农业大学农学系水稻研究室开展的冈·D 型杂交稻选育与利用研究，研究成果经济效益十分显著，冈·D 型杂交稻发展速度快、推广面积大、增产显著，继袁隆平的杂交水稻成功增产我国粮食之后再次解决了我国的粮食紧张状况。四川农业大学的科研平台建设坚持科技是第一性的，有力地聚集了该校的高素质人才，加强了科研学术氛围；为经济、社会提供强有力的技术支撑，更好地为多元化的社会服务体系建设提供了支持；带动了相关学科和学科群的发展。

四、课程训练

（一）课堂辩论：科技给我们带来了什么？

说明：从教学班中选出两个代表小组，每组四位成员，分组后进行抽签，决定正方、反方。正方辩题——科技给我们带来了好处，反方辩题——科技给我们带来了坏处。

（二）课后拓展：观看视频《变种异煞》

说明：

（1）该部影片告诉我们在科技非常发达的时代，婴儿一出生，科技人员便对他们的基因进行检测，他们的未来发展以及死因等都差不多可以通过基因检测来确定。这些发达的科技一方面给生活带来了方便，但另一方面也带来了许多负面影响。正如影片所讲述的那样：基因变异人由于基因优秀，从事着高精尖的工作，而非基因变异人则由于基因存在先天缺陷，从事的都是社会最底层的工作，还处处碰壁。基因编辑婴儿现在看来好像还没有大问题，那么他们长大后呢？他们的后代呢？也许问题将会越来越严重，因为对我们的基因有污染。这充分说明了科技的作用具有两面性。

（2）观看视频后要求每位学生写一篇 2 000 字左右的观后感，老师根据内容打分。

五、思考与讨论

1. 科学技术的发展可以解决一切社会问题吗？

2. 如何理解在资本主义条件下，科学技术的发展并非都能使人们摆脱贫困，并非都能促进人们的身心发展，甚至有时“表现为异己的、敌对的和统治的力量”？

3. 小组讨论：怎样理解科学技术是把“双刃剑”，如何解决科学技术进步带来的负面效应与人类生存之间的矛盾。

第五章 校本资源进“概论”课

立足新时代，遵循“毛泽东思想和中国特色社会主义理论体系概论”（简称“概论”）课程的要求和教学目标，在教学内容上充分挖掘，利用四川农业大学校本资源，将其与“概论”课教学有机结合，既是发挥学校校园文化育人功能的现实需要，也是提升教学针对性的应然选择。

四川农业大学历经110多年的艰苦奋斗，求实创新，沉淀了丰富的校本资源。经过一代代川农人的巨大付出与牺牲，积累并孕育了自身独具特色的“川农大精神”，形成了具有深厚历史底蕴和丰富思想内涵的“川农校史文化”。作为校园文化的重要载体和学校理论教育重要的精神资源，“川农校史文化”通过鲜活的人物案例、典型故事，反映出学校艰辛创业的风雨历程，从不同视角展现了学校爱国敬业、艰苦奋斗、团结拼搏、求实创新的精神风貌。弘扬“川农校史文化”所蕴含的精神价值，将“川农故事”有效融入本校“概论”课教学，切实增强“概论”课教学的引导力、说服力、影响力，既是四川农业大学“概论”课建设的重点，也是专业任课教师应当关注的重点。

本部分主要将“川农校史文化”中的部分故事案例引入“概论”课，讲好“概论”课知识，以此推动学生深入了解科学技术和文化教育、改革开放理论、新发展理论、供给侧结构性改革理论、推进祖国发展的理念。

第一节 向科学进军

一、案例呈现

在社会主义建设初期，国家根据中国社会生产力落后、经济基础薄弱的情况，提出要走中国式工业化道路，并指出走工业化道路，必须发展科学技术与文化教育。在这种情况下，川农积极响应党的号召，发展科学技术与文化教育，提出雅安建校并充分利用雅安地区优势，向山地的农、林、牧科学进军，办出学校的特色。教师埋头苦干，不辞辛劳开展研究，加快科研进度，在面朝黄土背朝天的情况下干出了令人鼓舞的成就，为国家的发展奠定了科研基础和资料。同时，积极发展文化教育，投身实践，培养出大量熟悉山地农林牧业，了解农、林、牧三者相互关系的高级农业人才，让学生得到全面发展，从而为中国特色社会主义建设事业培育出优秀的接班人。

（一）杨开渠：向山地的农、林、牧科学进军

四川农业大学首任校长（院长）杨开渠在建校之初就指出，雅安这片区域是平原和高山交界处，要充分利用雅安地区的特点，利用它丰富的动植物种类、复杂的地形气候，向山地的农、林、牧科学进军，办出我们学校的特色，要培育出优秀的农学、林学、畜牧、兽医专家，这是我们学校的未来与规划。

对雅安乡镇农业情况进行调研

建校之初，由于对雅安的情况比较陌生，杨开渠组织了多次考察。

起初，杨开渠安排参与雅安建院（校）的老师们去雅安进行调研，分批次考察雅安周边乡镇区域的农业情况，但第一批调研人员受到雅安交通不便影响，历经数十天，并战胜重重困难，才到达宝兴县，对农作物进行了详细调研。杨校长还派出各专业教师对山区的土壤、植被、动物、果树、蔬菜、作物栽培、农业生产合作社进行广泛的调查，掌握了第一手资源，为以后的科研打下了基础；对雅安的棉花、甘蔗、红苕等进行了考察，并试种植了棉花，取得良好效果，发现棉花在雅安地区的产量比在成都地区的产量高。

随后杨开渠亲自去王家沟、青源坪、麻岗山、甘家坝等地做了多次考察，发现雅安青源坪是酸性土，可作为茶叶科研教学基地。雅安山区茶叶是重要的发展资源，应该为国家多培养一些茶叶科技人才；山湾塘与山湾塘下面的下湿田正好建设水产养殖场，培养水产科技人才；陡坡地植树造林，可以作为林学的基地。

再后来，杨开渠又组织各学科的教师去雅安市的芦山、宝兴、天全、泸定、康定考查，顶着烈日、冒着严寒，几乎徒步跑遍了雅安周围的山山水水，对植物资源、土壤状况和农牧业生产特点等进行了专题研究，最后写成多篇调查报告，出版了《山地农业科学》刊物。

对比雅安与其他地方农业院校及农业机构情况

杨开渠分析了四川其他地方与雅安的情况，指出四川其他地方山地、丘陵多，人口集中在平原地区，雅安自然环境条件复杂，雅安兼有山地、丘陵、平坝，兼有温、寒、热三带气候，土壤类型多种多样，动植物也兼备了南北种类，形成了丰富多彩的自然资源和农、林、牧资源，具有研究山区农业的有利条件。杨开渠考察了全国农学院与农业研究机构的分布状况，发现大部分农业院校设立在平原地区，人口集中在平原形成一种畸形现象，而山地里的农业院校以及农业机构却几乎没有，这是我国农业教育与研究的缺失。杨开渠考虑到大多数学生学习的知识也多涉及平原农业，对于山地农业、牧业、林业等情况缺乏研究，对农、林、牧改进的重心和对象的认识上有很大的片面性，学生独立思考和独立工作有着局限性，并不利于学生全面发展。考虑到社会主义建设事业的发展，杨开渠提出要向山地进军，培育出熟悉农、林、牧三者相互关系的高级农业人才。

建设师资队伍，搞好科学研究

多次实地调研雅安后，根据雅安实际情况，为培育出更多的科技人员，杨开渠开始加强师资队伍建设，强调要重视人才培养，除鼓励本校教师以老带新外，还积极将年轻的老师送到科研单位去培养，提出要将学习的知识与实际相结合，将所学的科学技术带到雅安。

为扩大水稻科研规模，增添气象观测人员，杨开渠聘请中学毕业生当科研助理，并将这些中学毕业生培养成具备一定理论知识和较强科研能力的科技人员。杨开渠根据农业生产发展需要和学校在一些学科上的优势，建立了一批研究室（所），对各课题的研究方向进行调整，在科学研究上取得了较大的成绩，在两三年内就建立了水稻研究室、小麦发育形态研究室、山地农业研究室，随后又建立了野生生物研究所、遗传选种研究室、遗传实验室和生猪饲养实验室。根据国家科学研究规划，川农不断调整研究课题，使全部研究项目与国家计划要求相呼应。同时，结合原有科研工作基础和技术力量，加强了对作物和家畜优良品种的选育研究。这些研究为后来相关国家科技研究项目奠定了科研基础，提供了相关资料。

为发展文化教育，培育出更多优秀的学生，学校招收了水稻栽培、兽医产科、玉米育种、家畜饲养和家禽育种专业三年制硕士研究生，并定期开展学术交流，写出了一批专著。杨开渠一人就出版了专著《水稻栽培》《双季稻、粳稻、再生稻的性状研究》《稻论文选集》《稻的一生》，还与他人合著了《中国水稻栽培学》等。在此过程中，杨开渠还注重学生学习氛围营造，他将川大的菊花移植到校内，美化环境；在给学生上课之前，都会花费许多时间去准备专业课程，在课堂上有逻辑、有条理地讲授知识，并将自己的研究成果与学生共享，将自己了解的知识做成辅助材料发给学生，以便学生研究之用。杨开渠不仅关心学校教学科研，关心学校环境建设，还关心学生发展。

在科研的路上，杨开渠以身作则，不畏艰辛，衣着朴素，经常穿双草鞋，整天将自己埋在水田中搞水稻高产实验，并常常废寝忘食。在给学生讲授知识、让学生进行试验时，现场指导，要求学生能下田栽秧，注重培养学生的实践能力，并告诉学生要一切从实际出发，遵循自然规律去进行研究。这体现了杨开渠积极响应我国的教育方针，让学生学习不局限于理论知识，有培养学生吃苦耐劳的精神，用实际行动发展科学技术与文化教育。

案例来源：张强. 川农往事. “草鞋教授”：水稻专家杨开渠先生生平散记［EB/OL］. 四川农业大学校园新闻网，2013-03-20，http://news.scu.edu.cn/info/1139/20928.htm. 有改写。

（二）周开达：让人们远离饥饿，吃上白米饭

周开达院士 1933 年出生于重庆江津，他在动荡的时代长大，经历过无数次的饥饿，能吃上饭成为他的理想。最初，他完全是自行研究，把从不同地方搞来的种子放在瓦罐里做育种实验。1956 年，周开达考上四川大学农学院后，跟随杨开渠教授学习，随后成为杨开渠教授的学生。在被调到水稻研究所之后，周开达开始进行水稻育种方面的专业研究。

潜心研究，加快育种

周开达坚守着自身的理想，在水稻育种方面，夏季顶着烈日，查看水稻长势，并依时记录水稻生长状况，早上也会很早就去试验田一株一株地去雄，不顾自身身体状况，将大部分时间都投入水稻育种之中，把所有的爱都奉献给了研究工作，留给家庭生活的时间少之又少，多年都没在家过春节，以至于被自己的小儿子认作“叔叔”，且多次因埋头工作而忘记了吃饭。他对物质生活的要求相当低，他常常打着赤脚，头上顶着被汗水打湿的毛巾，穿着被称为“老头衫”的白背心，一直保持着农民本色。在

夏季水稻育种过程中，他总是被晒得又黑又亮。冬天水稻育种过程中，他考虑到四川冬天气温的变化，为加快水稻育种进程，一年分别在雅安、南宁和海南岛种三季水稻。在去往各地的路上，除携带随身简单衣物外，仅靠少许干粮维持生存，其余携带的就是水稻种子以及所需的科研材料，抓紧每一分每一秒在火车上进行泡种工作。他常常对相关科研人员强调，在水稻育种过程中，必须静下心来搞研究，要有长期吃苦的准备，水稻育种需要长时间的基础工作的积累。即使他后来成了院士，也仍然亲自参与水稻生产的全过程。

20 世纪 70 年代初，周开达选定了一个极富挑战性和开创性的课题，即利用亚种内的不同品种杂交培育不育系品种。学术界都认为这不可能，但他知难而上，带领课题组不畏艰辛，潜心杂交水稻遗传育种理论与技术应用等方面的研究，奋斗十余年，首创了籼亚种内品种间杂交培育雄性不育系方法，培育出冈型、D 型系列不育系及系列杂交稻，并且在多个省份得到推广。一年后，该品种在试点地区水稻亩产已近 500 千克。仅以四川当时 8 700 万的人口计算，新水稻品种能多养活 2 600 万人，让更多的人吃上白米饭。后来，冈型、D 型杂交稻在长江中上游及云、贵、川等地广泛种植，约占全国水稻种植面积的 1/3。周开达提出了“亚种间重穗型杂交稻超高产育种思路”及“重穗稀植栽培技术”，创造了“光敏不育系生态育种方法和技术”，解决了四川及长江中上游地区两系杂交稻育种的难题，并发掘与创建出具有固定杂种优势特性和具有早代稳定特性的特异种质，为探索杂种优势利用新途径奠定了基础。他培育的新品种养活了更多的人，让更多的人吃上了白米饭，为巴蜀农业的发展做出了重大贡献。

坚持社会主义建设时期的教育方针

周开达抱定培育英才的坚定信念，严谨治学，教书育人。于是，无论水稻所有多忙，他都组织学生去中国科学院等科研单位进行联合学习，希望能够培养他们成为优秀的专业人才。周开达自社会主义现代化建设时期以来，先后培养博士多名、硕士数十名。他的学生也不负期望，刻苦钻研，大都已成长起来，并取得了不俗的成绩，成为中国水稻界的骨干力量。周开达培养出的硕士、博士和博士后已在我国杂交水稻研究领域发挥重要作用，由他创办的四川农业大学水稻研究所已成为我国杂交水稻高级人才培养的重要基地，为我国社会主义现代化建设中水稻高级人才培养和水稻生产做出了重要贡献。水稻所所长李平、副所长李世贵等都在联合培养中受益匪浅，他们开阔的思维、创新的眼光也是水稻所今天的后劲所在。而且，这一育人方式也在水稻所得到传承，不断充实着水稻所的科研实力。

案例来源：张喆，刘廷勇. 周开达铜像在川农大落成　所研制杂交水稻至今仍普遍种植［EB/OL］. 中国搜狐网，2016-10-10，https://www.sohu.com/a/115730376_119038；张俊贤. 周开达：一生躬耕为苍生［EB/OL］. 四川农业大学校园新闻网，2013-08-05，https://xtb.sicau.edu.cn/info/1020/1253.htm；朝阳. 周开达：住筒子楼的院士劳模［J］. 当代劳模，2013（8）：20-21.

二、对接教学

（一）适用范围

本案例适合于《毛泽东思想和中国特色社会主义理论体系概论》第十章“社会主义建设道路初步探索的理论布局”第一节“初步探索的理论成果”第三目“走中国工

业化道路的思想——必须发展科学技术和文化教育”辅助教学使用。

（二）理论要点

（1）科学发展战略；
（2）教育方针与文化理念。

三、案例解析

毛泽东根据中国国情，提出要走工业化的道路，但当时我国经济、文化十分落后，工业只占10%，农业与手工业占90%左右。人口多，耕地少，农民占全国人口的80%。这就意味着必须以农业为基础，坚持农、轻、重并举的方针，处理好三者的关系。农业对经济建设和人民生活关系重大，农业关系到全国人民吃饭问题，农业是轻工业原料的重要来源，农村是轻工业和重工业的重要市场。所以，毛泽东强调，要正确处理重工业、轻工业和农业发展的关系，全党一定要重视农业，农业关系国计民生。并且要抓住粮食生产，保障人民生活需要，使工业发展的基础更加稳固。

毛泽东提出，走工业化道路，必须要发展科学技术与文化教育。科学技术与文化教育的发展，可促进农业、工业的发展，促进生产力的发展。我们要实现科学技术现代化，实行重点发展、迎头赶上的科技发展战略，努力赶超世界先进水平。在教育事业方面，毛泽东提出：“我们的教育方针，应该使受教育者在德育、智育、体育几方面都得到发展，成为有社会主义觉悟的有文化的劳动者。”在文化方面，毛泽东提出，要促进社会主义文化繁荣发展、并提出“百花齐放、百家争鸣”的方针，让艺术与科学繁荣发展。

农业院校是促进农业发展，促进农村发展的重要力量。在社会主义建设时期，农业院校里的农业专业课程、农业知识、农业研究都影响着农业的发展，且农业院校作为农业人才、农业科技的集中地，可为社会主义建设初步探索提供重要的力量。因此，响应党的号召，农业院校也积极探索新的技术以及大力发展科学技术，并培养懂技术、懂农业的优秀人才，为工业化建设提供坚实可靠的基础。我校也积极响应党的号召，发挥出最大的力量，承担起走好社会主义工业化建设的责任与义务，大力发展科学文化，进行水稻研发以及向农、林、牧科学进军，研究山区农业发展状况以及孕育农业新品种，为农业带来了新的发展，也为农民带来了新的希望。

本组案例精选四川农业大学在科学进军路上涌现出的两个典型人物，他们有着高学历、高职称，却不畏艰险，脚踏实地，刻苦研究，把自己投身于农业科学技术之中，解决了人民的吃饭问题；并培育出大量的优秀学生，使之成为有社会主义建设的合格劳动者，为中国走工业化道路奠定了坚实的基础，也为社会主义现代化建设提供了重要的科学技术以及人才资源，推动了我国科学技术的发展以及我国社会主义现代化的进程。

在运用本组案例教学时，应着重从爱农兴农情怀（初衷、放弃与家人相处时间、扎根在田间地头的态度、良好品质、不畏艰难的精神）、科学研究行动（实地考察研究、向科学进军的原因、如何进行科研以及文化教育建设）、发展科学技术以及文化教育的实践（种植农业技术、育种、增设科研机构以及培养学生、对待学生的态度）三个维度分析我国社会主义建设初期的农业发展状况以及展现川农人在社会主义建设初步探索中响应党的号召，以实际行动投身于科研以及文化教育中，发挥地区农业发展先锋队作用，为我国农业发展提供重要力量，并将改进教学科研作为使命，在新环境和新条件下使广大学生以及老师能具有马克思主义思想水平和掌握现代科学技术，能成为组织领导农业生产的专家，为今后进一步搞好科学研究和教学工作打下新的基础，为人类解决温饱问题以及走好工业化建设道路提供了基础支撑的英雄事迹。

教学中应注重分析发展科学技术的可行性以及科学技术、重视文化教育、培育有社会主义文化的劳动者的重要作用、突出展现已突破的科学技术取得的优秀成果以及劳动者、科研人员的付出对个人、社会、国家造成的巨大影响，从而突出社会主义建设道路初步探索时期，党领导方针的重要性以及必要性，以鲜活的案例、切实的绩效引导学生深入理解科学发展以及文化教育的重要性，真正领会社会主义建设初步探索时期走工业化道路必须首先发展科学技术与文化教育的政治定位以及战略意图，并从中学习发展科学技术和文化教育过程中先驱者的坚持不懈精神以及爱国舍己、热爱人民的情怀。

四、课程训练

（一）课堂环节

（1）邀请学校奋斗在科研一线的人或者杨开渠以及周开达的博硕士学生到课堂一线，面对面向学生讲授工作点滴，分享科研经验，回忆杨开渠或周开达等前辈为国搞科研的故事。

（2）在教师讲授之余，设计 15 分钟的课堂交流环节，遴选来自水稻研究所或者玉米研究所、动物营养研究所的学生分享搞科研的感受、工作日常，让参观过雅安校区农业基地、种植基地或者居住在雅安地区的学生分享他们的所见所感。

（二）课后实践

（1）带领学生代表前往雅安校区农场、水稻基地观看水稻栽植、水稻收割、农产品种植等，进行实地调研，了解我校农业技术以及研究成果在基地的体现。

（2）组织学生去农场或者水稻基地体验栽植水稻、种植果树等，让学生分享实践的感受，并提交一篇 1 500 字以上的感受报告。

五、思考与讨论

1. 川农在社会主义建设道路初步探索中是怎样向科学进军的？在科研道路上奋斗的工作者有什么优秀的品质值得我们学习？

2. 除了我校积极响应党的方针政策以外，其他农业院校在社会主义建设初期有过什么样的探索？选择你感兴趣的一个学校进行简单阐述。

3. 你认为现如今科学技术与文化教育重要吗？我校在科学技术与文化教育方面的方向是什么？作为新时代农业院校学生中的一员，你打算如何为社会主义现代化建设中科学技术与文化教育贡献一己之力？

第二节　在希望的田野上

一、案例呈现

改革开放是我国的基本国策。在改革开放时期，中国的社会迎来了新的发展。川农人也积极响应党的号召，抓住改革机会，艰苦奋斗，自力更生，不断创新，努力建设学校，大胆借鉴、吸收人类社会包括资本主义社会创造出来的优秀文明成果，结合新的实践进行新的创造。如不断加强国际交流，派学生出国留学，大量学生归来后，带来了先进的技术与文化，为我校科技与文化的发展带来了活力。川农人敢于开拓、勇于进取，积极投身市场经济建设，创办企业，为社会主义经济的发展做出了巨大的贡献。川农人用自己的智慧研究出了许多新的农业技术，提高了人民的生活水平，提高了社会生产力，为我国社会主义建设奉献了不少优秀成果，加快了社会主义建设进程。在改革开放的浪潮中，川农人勇于拼搏，敢于奋进。

（一）川农在改革开放时期的学校建设

经历过社会主义初步建设时期雅安建校的重重困难以及发展的四大波折之后，面对改革开放出现的新政策新要求，四川省林业学校（四川农业大学都江堰校区）全校师生员工勇敢无畏、奋起迎战，在改革开放的浪潮中，积极采取了两年恢复正常秩序，四年狠抓全面调整，稳步推进教学改革的发展对策。

恢复教学正常秩序

1977—1978 年，学校抓住粉碎“四人帮”反党集团后的大好形势，开始整顿党政领导班子以及恢复、健全组织机构，总结并批判了“四人帮”对“文革”前 17 年教育工作造成的重大破坏，针对之前文化教育混乱局面、教学秩序混乱等情况，学校跟随改革开放发展教育、科技等理念，实施恢复招生考试制度和恢复整顿教学秩序的方案，从而优化了教学秩序，并使学校的管理、教学活动迅速地走上了健康发展的轨道。

进行全面调整

除了抓住学校教学活动、教学秩序以外，学校进行了全面整改，积极贯彻党的十一届三中全会精神，强调独立自主、自力更生。

思想方面，学校端正办学思想，对“文化大革命”时期的冤假错案重新调查，积极平反，坚持邓小平改革开放理论与方针政策。

实践方面，加强学校师资队伍建设，增强师资力量，强化专业建设，开始对学制、专业进行调整，并补充师资和设备，扩展教学基地，改革教学方法，提升教学质量，为师生学习创造良好的环境，并采取招收定向生，开办成人中专班，举办委托培训班，开办农村青年班，开办函授中专班，举办各种短训班，试办预科、大专班和实践生班，进行联合办学，举办成人网络教育等方式来扩大办学规模以及专业设置。在此期间，教师人数由建校初期的 37 人增至几千人，发展出许多国家级专家、研究员，并有老师获得四川省突出贡献优秀专家、四川林业拔尖人才等称号；学校专业不再是建校初期的 1 个林业专业，增添了旅游管理专业、园林等多个专业，扩大了专业规模，适应了社会的发展，满足了社会的需要。

学校加强对教学的管理，强化教材的编写与建设。如1953—2000年，先后有30人主编或参编公开发行教材、专著53部，56人在国内和国外学术刊物上发表论文400多篇。获省部级科技进步奖16项，获地厅级科技进步奖的科研成果12项，发展了我校的科研能力，实现了学校工作重点的战略转移，落实了党在改革开放时期的知识分子政策，增强了办学基础条件，开展了教学科研活动，提高了办学水平，满足了人民对物质文化的需求，极大地提高了我国社会主义文化与教育。

案例来源：张强. 川农往事·都江堰校区的历史与跨越——振兴对策［M］. 成都：四川大学出版社，2017：183-191.

（二）川农的对外开放之路

川农不仅在学校加强自身建设，还积极进行经济领域的开放以及科技、文化、教育领域的开放。川农在改革开放的浪潮中加强国际交往，引进发达国家的先进经验、先进科学技术和资金，并充分发挥学校的优势，为社会主义现代化建设贡献力量。

对外交流

针对之前我国农业落后，畜牧业生产水平低下，猪、鸡都是农民一家一户传统养殖，且得病后一般通过打针或用一些廉价的西药治疗，农村养猪多用泔水或作物废弃物，优良品种少、饲养周期长、生猪的年产量较低的状况，我校抓住改革开放的浪潮，试图找到提高生猪年产量的办法。学校开始对外开放，学习发达国家养殖领域的先进知识，如“集约化养殖”“机械化饲养场”“配合饲料”“添加剂”等，了解到发达国家在养殖领域都是大规模高密度饲养家禽家畜，而不是一家一户传统养殖。饲养的鸡、猪的饲料都经过科学配比，而不是使用作物废弃物。这让学校师生看到了我国农村饲养方式的落后与不科学，激发了学生不断向发达国家学习先进技术与知识的热情。

学校老师也常常关心基层畜禽生产情况，常不辞辛劳，进行实地调研。他们爬坡上坎，进村入舍，到养殖户或养殖场察看饲养情况和疫情。虽然看到先进大型机械化养鸡场，但设施仍有诸多不完善，于是学校公派学生到联邦德国留学，去历史悠久的著名的汉诺威兽医学院进行科研，学习德国养殖场的技术与经验，了解德国养殖场的现代化水平和管理水平，了解学科发展的前沿以及生产实际，也分析出广大农民在内的养殖业主的文化基础和科学素养制约了我国畜牧兽医事业的发展。针对该原因，学校与出国回归的学生以及一批专家于20世纪90年代中期至21世纪初，创编了《中国现代养殖技术丛书》（全套共20余册，近800万字），多次再版印刷，获“全国优秀畅销图书奖”“西南西北地区优秀科技图书一等奖”等。这不仅增强了学生与养殖农户的专业知识，也为学校养殖业的发展、全国养殖业技术水平的提高做出了巨大贡献。

除了派学生出国以外，我校还坚持“引进来”的原则，打开校门，加强对外交流与合作，先后接待了来校参观考察的多批外国代表团，如日本、德国、瑞士等林业代表团，流域治理、国际林联学术和热带—亚热带山地丘陵开发利用生态学等3个国际会议代表，德国植物学家、美国森林及野生生物管理等2个专家代表团。接待了14个来校参观考察的外国专家，其中有美国植物学家朱理安·坎贝尔女士、魏乐博士、泰勒博士等3人，日本植物专家获巢树德先生、福庄屋正修先生、生物学家扶见成池博士和铃木和男先生等4人，加拿大伐木专家德力克摩利先生、植物学专家斯泽克列教授等2人，德国林学专家霍赫豪森诺尔先生、庭园设计家洛伦·维路先生、细胞专家罗森克兰教授等3人，新西兰林学专家贝克博士、麦克拉肯博士等2人。川农积极参加各种国际研讨会，与来自各国的研究者共同探讨学术问题，学习和借鉴全世界优秀的科学技术与文化成果，来提高学校文化建设水平。如林鸿荣高级讲师在1988年赴日本广岛考察访问，丁富廷高级工程师在1988年赴南也门援建路桥工程等。

国际合作

学校积极贯彻改革开放时期的方针政策，在解放思想、走出国门、提高知名度、发展对外国际交流合作方面取得了不错的成效，先后成为“中国—加拿大高中后职业技术教育合作项目”牵头学校、四川农林网络牵头学校，不少老师也走出国门，加强与其他国家的交流，并与他国研究人员组成考察团。如学校陈瑁校长和车炳银老师参加中方启动团前往加拿大访问；加拿大安大略省乔治亚大学的戴维·丹尼尔斯、阿尔贡昆彭布罗克分校的罗伯特·威尔森、新斯科舍省农业大学的格伦·斯拉特顿等3人组成的加方启动团来中方访问考察。在学校对外开放的过程中，更有许多外国研究人员来校进行合作交流，如教师威廉·莱斯利、布鲁斯·麦克米兰、茜尔维亚·史沫来校为四川农林网络学校举办DACLIM学习班，加拿大社区学院协会项目官员梅里女士也来学校进行访问交流，极大地增强了我校的发展信心。

案例来源：文心田.【口述历史】我国畜牧兽医事业的发展不断鼓舞自己前进［EB/OL］. 四川农业大学校园新闻网，2019-10-11，https://news.sicau.edu.cn/info/1078/53829.htm. 有改写。

（三）川农人为提高人民的生活水平而拼搏

在改革开放的浪潮中，学校关注人民对食物的需求，努力提高人民的生活水平，改善人民的生活条件，不仅改善学校宿舍环境、学校食堂，也不断发展各种产业。

改善学校住宿环境

学校建校初期，师生的住宿条件非常艰苦，交通也不便利。到改革开放初期，学校学生宿舍仅有几幢二层的砖木结构住房，8个人一间寝室，上下铺，房间内除了提供木制高低床、几张木桌以及木制小凳外，其余什么都没有，甚至走在地板上都能听见“嘎吱”“嘎吱”的响声。寝室里没有风扇，也没有电源插座、厕所，学生洗漱以及厕所都是公用的，同学们成群结队洗漱时，会非常拥挤。教师宿舍的条件也十分简陋，大多数青年教师的住宿条件跟学生一样，只是人数相对于学生宿舍有所减少。一些结了婚的教师可以申请单身宿舍，但一家老小也就挤在十多平方米的小房间里，并且没有厨房，只能在过道上煮饭，连洗菜、做饭、洗衣服、洗澡的水都要专门用桶去有固定水龙头的地方接水，上厕所也同样需要到室外的公共厕所解决，人们的生活十分不便。

于是学校狠抓机遇，与时俱进，在全面整改的过程中也开始对学生的住宿环境进行整改，开始修建砖混结构的楼房公寓，并在房间内设置厕所以及洗漱台，甚至将电器等设备引入房间，在原有木桌、木凳的基础上增添柜子，便于学生放置学习、生活物品。之后，学校不断修建学生公寓，以便更多的学生拥有更好的住宿环境。教师住宿方面，学校开始根据教师工龄、资历修建专门的一类、二类、三类住宅，并将厨房和卫生间设置在室内，改变了一家人拥挤在一个十多平方米的房间里生活的状况，极大地改善了教职工的生活环境。学校整改宿舍条件，为师生们潜心研究打下了坚实基础。

改进学校食堂

改革开放初期，学校的食堂也非常简陋，食堂仅仅是一座平房，四面没有窗户，且场地非常小，空间根本无法容纳蜂拥而至的师生们，且没有电风扇，在夏天就餐让人难以忍受。每个月学生从班委手上领回面值17.5元的菜饭票，一名省吃俭用的学生就可以保障一个月的伙食花费。除了条件简陋以外，饭菜也不可口，回锅肉、酱肉的油水特别少，菜品单一，难以一饱口腹之欲。

伴随着改革开放的深入以及教育产业的蓬勃发展，学校领导对食堂的发展高度重视。学校根据这种情况，开始新修阶梯食堂，丰富菜品种类，并实行“八人桌餐制”，一日三餐按照划分好的区域就餐，要求男女搭配吃饭，确保每桌饭菜不会不够或者剩太多。且学校顺应市场经济的潮流，在蔬菜的采购方式上，告别自主采购的阶段，转而使用招标的方式由企业供给原材料，食堂从原来的公有制食堂改为承包制，通过目标管理、对在编职工个人承包、对外公司承包等各种方式向外承包，学校只负责场地管理，食堂盈亏均由承包商（人）自负。这种变化使学校食堂提供更多的菜品种类以及新鲜蔬菜，提高了全校师生生活水平。

学校毕业生自力更生

面对改革开放的新浪潮，许多人积极奋斗，追求更高水平的生活。学校的毕业生也不例外。林校毕业生大多敢于开拓、勇于进取，积极投身社会主义市场经济建设之中，发展社会生产力，为国家的经济发展做出了巨大贡献。如1978年在四川林业学校林业专业毕业的学生江昌政（现任四川升达林业产业股份有限公司董事长），面对一个仅几万平方米的小实木地板工厂，不怕困难，艰苦奋斗，带领团队，将实木地板工厂发展成为现今拥有青白江、温江、上海三座占地1 000余亩的现代化工厂和上市集团公司，并创立了实木地板特有的品牌。1981年从林业学校毕业的学生欧阳晓玲（现任四川欧阳农业集团有限公司董事长），抓住改革开放中市场经济的发展机会，在20世纪90年代初大胆承包荒山，并先后在广安、南充等地创办生态农业示范区、果树园区，利用自身所学的科学技术，发展现代农业和体验式观光旅游，探讨出一种有效的经营模式，即“承租返包、借地还园、合作经营、五五分成”的模式，不仅为农民带来了利益，也使当地的产业得到发展，生态环境得到改善。

案例来源：张慧. 改革春风进校园　住宿旧貌换新颜［EB/OL］. 四川农业大学校园新闻网，2018-10-18，https://news.sicau.edu.cn/info/1372/48237.htm；黄云飞.【纪念改革开放40周年】食堂变迁史：吃出川农幸福感［EB/OL］. 四川农业大学校园新闻网，2018-10-30，https://news.sicau.edu.cn/info/1078/48434.htm.

二、对接教学

（一）适用范围

本案例适合于《毛泽东思想和中国特色社会主义理论体系概论》第五章“邓小平理论”第二节“邓小平理论的主要内容”第二目“改革开放理论”教学使用。

（二）理论要点

（1）改革开放理念；

（2）对外开放。

三、案例解析

改革是对原有的经济体制进行根本性变革，目的是从根本上改变束缚我国生产力发展的经济体制，建立充满生机和活力的社会主义新经济体制，同时也相应地改革政治体制和其他方面的体制，以实现中国的社会主义现代化。

开放也是改革，对外开放是建设中国特色社会主义的一项基本国策。邓小平明确指出："对外开放具有重要意义。任何一个国家要发展，孤立起来，闭关自守是不可能的。不加强国际交往，不引进发达国家的先进经验、先进科学技术和资金，是不可能的。"因此，开放必须要加强国际交流。

改革与开放二者是相辅相成的关系，是辩证统一的关系。改革是指对内改革，对本国的经济、政治、文化等体制机制方面做出一系列的改革；开放是指对外开放，引进外资、先进的技术、文化等。因此，对内改革为对外开放提供坚实的后盾，对外开放为国内改革提供丰富的经验。只有将二者有机结合，才能完成复兴中华民族的伟大事业。

改革开放要求我们要艰苦奋斗、自力更生、吸收国内国外的优秀文化、科技等成果，积累丰富经验，并勇于实践、勇于创造，从而提高人民生活水平，促进社会主义生产力的发展，为社会主义现代化建设带来有益成果。

我校当时处于改革开放的浪潮中，也积极响应党的号召，坚持改革开放的基本国策以及改革开放的理念，自力更生、艰苦奋斗，加强国际交流与合作，吸收和借鉴人类的优秀文化、科技成果，从而推动学校的科学研究，促进我国科学技术、文化教育的发展，带动当地经济的发展，为社会主义现代化建设带来有益的成果，推动社会主义现代化的进程。

本组案例精选学校在改革开放初期的实践，主要从学校自身建设、学校对外开放、学校做出的贡献三个方面进行阐述，能让大家明白学校在改革开放初期是怎样艰苦奋斗、自力更生建设好学校的，也能展示出学校在改革开放初期的发展以及为人民带来的有益成果。

在运用本组案例教学时，从对内改革（师生队伍建设、学院专业、机构设置、生活水平提高）、对外交流与合作（派学生出国、参加国际会议及研讨会、接待来校外国专家）两个维度展现改革开放初期学校抓住机遇，积极引进技术，打开校门，与国际交流，并自力更生，艰苦奋斗，搞好学校建设，努力提高师生生活水平，将所学知识运用到农业之中，促进社会主义生产力的发展，推动社会主义现代化进程的主要事迹。

教学中应注重分析学校对外交流对于学校自身建设的影响，学校对内改革对学校师生生活、经济、文化等各方面的有利影响，以及学校对内改革与对外交流之间的关系，从而彰显改革开放初期，人民迎来了新的希望，以鲜活的案例、切实的绩效引导学生深入理解改革开放理念的重要性，也理解改革开放的要求，并理解改革与开放的重要关系，真正领会党实行改革开放政策，要求科技、教育、文化等领域对外开放的重要性以及改革开放的政治定位和战略意图。

四、课程训练

（一）课堂环节

（1）观看改革开放初期，我国人民生活水平的变化，以及党在经济、政治、文化等领域具体措施的影片、纪录片等。看完之后，请同学自由发言，简单阐述心得体会。

（2）邀请在改革开放初期被派出国留学的老师讲述在国外看到的科学技术以及与国内发展的不同之处，从而使大家更加深刻理解对外交流的重要性。

（3）重点讲述改革开放初期在经济体制方面以及农村地区的变革。

（二）课后作业

让学生课下观看“改革开放的成都记忆”系列视频，了解成都市的发展历程，并查阅相关资料，了解成都改革开放以来的变化，并谈谈感受，提交一篇 1 500 字左右的心得体会。

（三）课后实践

组织学生代表到四川的乐山市进行考察，5~8 人一组，调查访问当地店家，探寻乐山改革开放以来城镇居民生活的变化和发展状况，并根据调查和收集到的资料，结合自身所学专业知识，用视频、漫画等手段体现改革开放 40 多年来人民生活的改变。

五、思考与讨论

1. 为什么要实行改革开放政策？

2. 改革开放政策对我国经济发展、社会生产力的发展造成的影响有哪些？具体表现在哪些方面？

3. 中国的改革开放仍在继续中，作为高校学生中的一员，你打算如何在对外交流中贡献自己的力量？

第三节　把论文写在大地上

一、案例呈现

在新时代，我国科技水平、经济基础、综合国力大幅度提升，原先大量投入资源和消耗环境的经济发展方式已难以为继，无论是从现实的可能性还是从理论的必要性来看，我国都应该转向以创新驱动为主的新发展阶段。川农人坚持创新发展，积极探索，加强研究，努力钻研，推动制度创新、文化创新、科技创新等，为经济的持续健康发展贡献了一分力量，为人类的生活带来了重要的变化，推进着我国经济社会的发展。川农人将创新发展视为自己从事科研的动力。近几年，川农人奋斗在科研一线，在粮食生产、动物养殖等方面取得了突破性成就，并将成果运用到社会实践中，为我国保证粮食安全带来了积极影响。

（一）李明洲：从猪身上发现导致人类肥胖的基因

提出甲基化研究方向

李明洲教授强调："科研需要想象力，如果编码叶绿素的基因可以转给人体，人就可以不吃饭了。"他的思维极为活跃，这使他在科研上充满闯劲儿。2008年，李明洲博士生毕业留校，他当时提出搞猪脂肪和肌肉组织的基因组甲基化研究时，甲基化研究还只是世界学术界的一个"小项目"，顶尖而不热门。甲基化是表观遗传学的重要研究内容之一。李明洲举例说："假如丈夫在妻子怀孕前几个月吃高能量的食物较多，生出来的女儿就容易患糖尿病。"但当时在农业动物领域内，基因组表观遗传学研究在国内外尚处于起步阶段，这意味着即使投入多、研究前沿，也不能保证有理想的结果和重要的发现，选题的风险很大。但李明洲不怕困难，秉持着开放包容的科研心态进行研究，并每日刻苦研究国内外文献，甚至熬夜与外国专家进行讨论、对话，了解国际生命科学研究的前沿动态。

注重细节、保持耐心

在日常的生活中，李明洲注重细节，认为细节可以决定一切。他在论文的写作上保持耐心、细心，无论是在图表的制作上，还是在论文的写作质量上，对自己的要求都相当严格。做实验的过程中，李明洲也非常有耐心，如在猪场采样的时候，为保证样品质量，严格要求自己，抓紧每一分每一秒，在15分钟之内就把所有样本采集归类保存，以保证实验结果的准确性。在根据论文分析数据画图的时候，即使只出现0.1毫米的误差，他也会不怕困难，花费大量时间重新整理数据，并且对论文写作质量不满意时，也会花费大量时间，将论文改了又改，有时候一篇论文修改的次数达到10遍以上。据他带的研究生王晓艳说，李明洲除了对数据精益求精以外，对于图表的形状、图表的风格、字体的颜色、图表线条的粗细、字体的大小等都会一一考虑。

研究猪的肌肉组织

李明洲不怕困难，全方面研究猪的脂肪和肌肉组织，了解猪肉生长的机理，目的是让肉质更加健康、更有营养。通过3年的实验观测和对猪各部位脂肪的DNA数据的分析，加上1年的验证期，李明洲发现，猪身上不同部位的脂肪对猪身体的危害程度是不同的。比如脏器里的脂肪就危害极大，特别是胸腔内部的内脏脂肪，其次是腹部脏器的脂肪。此外，他所参与的研究还首次从表观遗传学角度证明了肌间脂肪组织也是导致肥胖的一个重要因素。这表明肌肉之间的脂肪，是导致猪肥胖的一个重要因素，对其身体无益。于是李明洲开始研究猪脂肪与猪肌肉，与中、美、英、加四国共12个单位的50多位研究人员合作，花费了大量的时间与心血，取长补短，加强学习医学、物理、数学和化学等多方面的知识，采集了猪身上8个不同部位的脂肪和2个不同部位的肌肉组织，共绘出180个样品的甲基化谱及mRNA和miRNA表达谱，获得了1 391G的海量高通量测序数据，以此保证研究内容的合理性。李明洲在发表《猪脂肪和肌肉组织的基因组甲基化图谱》论文之前，总共写了11页的论文。在论文投稿之后，他收到杂志社的修改要求，于是严谨地写了整整63页的讨论意见。

这篇论文发表之后，引起了社会的大量关注，仅仅一天时间就被付费下载了2 808次，而这本权威期刊（*Nature* 子刊 *Nature Communication*）每篇文章每年的平均下载量也就1 900~2 800次。不少医学界的专家在看了文章后，认为这项研究对人类肥胖的研究也有突出贡献。

为研究肥胖基因打开了一扇门

近几年，肥胖已经成为世界关注的热点，并且多数专家想尝试解决肥胖的途径，但情况都不容乐观。肥胖是引发多种疾病的元凶，已成为世界五大流行疾病之一，严重危害着人类的健康。而李明洲打破传统上从小白鼠身体的脂肪结构出发来研究肥胖机理的做法，从猪肌肉生长和脂肪沉积的甲基化机理出发来研究人类肥胖的机理。因为，他在实验的过程中发现猪与人类具有相似的代谢功能、心血管系统、成比例的器官大小等特性，且与人类在遗传学上也具有高度的相似性，这使得猪成为研究人类肥胖、糖尿病及其并发症等疾病的最佳模式动物。

李明洲的研究结果同时也证明，脂肪会影响人的健康，即便是较瘦的人，只要身体内有大量的脂肪存在，身体健康也会受到影响，脂肪在胸腹部脏器内是最不健康的，人们需要高度关注。而他和研究人员还发现，约80%的已知人类肥胖基因和72%的影响猪肉品质的基因都在所定义的甲基化差异区域内，研究分析表明这些基因的甲基化调控模式与已知的生物学功能一致。此外，他的研究还发现了许多与肥胖变异有关的新基因，李明洲的研究为研究人类肥胖基因打开了一扇门。

案例来源：张俊贤. 李明洲：科学的世界很有趣［EB/OL］. 四川农业大学校园新闻网，2014-09-01，https://news.sicau.edu.cn/info/1185/41975.htm.

（二）杨文钰：玉米、大豆带状复合种植技术

提出玉米带动大豆发展

2002年以来，面对我国大豆生产量低下，但人民对大豆需求量较大的状况，我校杨文钰艰苦奋斗，多次实验、调研，试着分析大豆产量低下的原因，发现传统种植效率低下、光资源不足是造成大豆产量低下的重要原因，于是提出用玉米来带动大豆的发展。他认为，玉米和大豆间套种属于高低位作物配置，只有依赖玉米间套种大豆来发展，实现玉米与大豆种植双赢，才能缓解供需矛盾。在此基础上，他研究形成了以“选品种、扩间距、缩穴距”为核心的玉米大豆带状复合种植技术体系，实现了间套种高低位作物协调高产。该体系通过密植玉米，间作大豆，充分发挥两种作物的边行优势，在保证单位种植面积玉米不减产或略减产的前提下增收一定数量的大豆，不仅具有提高大豆生产量的作用，同时还具有改良土壤的作用。

研发相应机器设备

面对玉米、大豆间套种存在的机械化难题，杨文钰不怕困难，积极与农机公司合作，坚持创新发展，研发出了适应带状间套作的播种施肥机、喷雾机和收获机，最终实现了种植全程机械化，让原本低效的间套作模式变得高效起来。在这一种植理念上，他又继续研发出混合青贮技术，即将玉米、大豆粉碎打包发酵制作青贮料，这为高原地区解决冬春季牦牛饲草缺乏问题提供了新途径。

研究种植技术的实践效果

为了探索玉米与大豆带状复合种植在我国主要大豆产区的适应性，杨文钰又带领团队在云南、贵州、宁夏、吉林、山东、河南和安徽等省份开展了示范，经过实地考察和现场测产，玉米平均亩产达608.2千克，比全国玉米单产高58.7%；大豆平均亩产87.9千克，仅比全国净作大豆单产低28.2%，亩总产值达2 000余元。特别是在吉林省公主岭市、山东省菏泽市和安徽省阜阳市三个示范区的协调增产效果显著。事实

证明，玉米与大豆带状复合种植适合我国各大玉米和大豆产区，前景广阔。且田间玉米与大豆通过复合种植优化配置后，玉米的种植密度为4 100~4 600株每亩，与单作玉米密度相当，大豆密度约1万株每亩，是单作大豆密度的七成以上。2003—2018年这十几年的时间里，这一种植模式在四川、重庆等地累计推广7 000多万亩。数据显示，与纯种植玉米相比，同一亩地，玉米基本不减产，还能多收100千克以上的大豆。

可见，杨文钰创新的这一种植技术（玉米与大豆带状复合种植模式）发挥出了高产出、可持续、机械化、低风险等优势，为农业结构调整和新旧动能转换提供了新选择，提高了我国粮食的产量，对保障我国粮食安全具有重要意义。这一技术被广泛运用到农业种植中，为农民引来了新技术，也大大地增加了经济效益。

案例来源：农学院. 杨文钰率团队参加玉米大豆带状复合种植技术研讨会［EB/OL］. 四川农业大学校园新闻网，2013-01-28，https://news.sicau.edu.cn/info/1078/34108.htm.

（三）陈学伟：增强水稻的抵抗力

针对水稻出现产量、质量低下的新状况，陈学伟自2011年从美国回校起就组建了实验室，投入到水稻的研究中，力求解决水稻生长难题，研制新的技术，以此推动水稻的发展。

研究非转录激活子样效应因子的致病机理

白叶枯病是造成水稻产量和质量低下的三大原因之一。陈学伟从白叶枯病出发，通过解析白叶枯的致病分子机制，分析白叶枯16个非转录激活子样效应因子的功能，并详细解析其中一个效应因子XopK调控致病性的重要作用和分子机理，发现白叶枯侵染寄主水稻时，会利用三型分泌系统分泌转录激活子样和非转录激活子样的效应因子进入水稻细胞，从而影响寄主水稻免疫能力。这改变了以往专家主要集中研究转录激活子样效应因子的作用机理的观念，转而研究非转录激活子样效应因子的致病机理。该研究发现，非转录激活子样效应因子XopK具有E3连接酶活性，它可泛素化修饰水稻重要免疫受体激酶蛋白OsSERK2，介导OsSERK2的降解，削弱丝裂原活化蛋白激酶信号通路介导的免疫反应能力，从而降低水稻的抗病性，以利于白叶枯侵染。

最后，陈学伟于2018年6月27日在线发表在国际知名学术期刊*New Phytologist*，论文题目为“The Xanthomonas effector XopK harbours E3 ubiquitin-ligase activity that is required for virulence”，报道了OsSERK2调控水稻对白叶枯的抗病反应。该团队在水稻免疫反应信号通路、转基因株系材料的创制以及抗病性鉴定方面积累了丰富经验，这为本研究的顺利开展提供了重要材料和技术支撑。从病原菌与寄主互相作用的角度，解析了病原菌分泌XopK效应因子来操控OsSERK2介导的寄主免疫反应的分子致病机制，不仅拓展了对白叶枯致病机理的认识，而且为深入理解水稻抗病机理和开发白叶枯防治手段奠定了重要基础，为更多的专家提供了研究经验。

防治水稻“癌症”

对于水稻大幅度减少，甚至颗粒无收的状况，如何防治稻瘟病，改变靠施药和使用抗病基因改良的种子的方式，成为陈学伟的重点关注对象。陈学伟观察到，长期以来，科学家致力于发现不同的抗病基因，导入材料中形成具有抗性的水稻品种，但是随着时代的变化，新的环境出现以及病源菌进化，抗病基因已经不能完全发挥作用了，因此必须更新抗病基因，并寻找新的途径，才能实现水稻的持续健康发展。于是，陈学伟积极加强与他人合作，经过多年潜心研究以后，陈学伟和李伟滔的研究团队发现了水稻天然变异位点——编码 C2H2 类转录因子的基因 Bsr-d1 的启动子。该变异点能有效提高对稻瘟病的抗病免疫能力，这弥补了抗病基因仅靠导入材料中的水稻品种的缺陷。与此前不同，这次研究从水稻本身出发，通过纯天然的内部改变，并基于具有稻瘟病广谱持久抗性的水稻天然变异点的发现，为防治稻瘟病提供了全新路径。如果把目前广泛使用的抗病基因方式比作“服预防药式”防治，那么天然变异位点的方式则可称为“提高免疫水平式”的防治。

陈学伟此项研究，后在 *CELL* 上发表，该论文题目为“A natural allele of a transcription factor in rice confers broad-spectrum blast resistance”(《一个转录因子的天然变异赋予水稻对稻瘟病的广谱抗性》)。“此项研究取得重大突破，一是发现的天然变异位点极其难得，这一变异位点在提高水稻抗病性的同时，对产量性状和稻米品质没有明显影响，因而具有十分重要的应用价值；二是清楚完整地揭示了抗病调控机制，这次发现的新抗病调控机制在水稻等植物中尚属首次。”陈学伟说。

陈学伟对于水稻的这项研究，若应用到实际生产中，可培育具有广谱抗病能力的水稻品种，将大幅度提高水稻对稻瘟病的抵抗力，增加水稻的产量，并能有效避免病源菌进化导致的抗病能力失效的问题，从而有效减少农药使用以及从外部导入材料的非天然水稻基因。这大大降低了水稻对人体的危害，不仅对于保障粮食生产有着重大作用，也满足了人民对于生态绿色发展的需求。

案例来源：钟帆. 川农大水稻研究所团队论文登上全球顶尖学术期刊 *CELL* [EB/OL]. 四川农业大学校园新闻网，2017-06-30，https://news.sicau.edu.cn/info/1133/37806.htm；我校水稻所陈学伟团队发表论文解析水稻白叶枯效应因子的重要致病机制 [EB/OL]. 四川农业大学校园新闻网，2018-07-05，https://news.sicau.edu.cn/info/1078/46870.htm.

二、对接教学

（一）适用范围

本案例适合于《毛泽东思想和中国特色社会主义理论体系概论》第十章“‘五位一体’总体布局”第一节“建设现代化经济体系”第一目“贯彻新发展理念”教学使用。

（二）理论要点

（1）发展理念；
（2）创新理念。

三、案例解析

马克思认为，技术作为一种渗透性的生产要素，通过提高劳动者的能力、促进资本积累以及改进劳动资料特别是生产工具，把巨大的自然力和自然科学融入生产过程，使生产过程科学化，进而对提高生产力、促进经济发展具有巨大的促进作用。创新不仅对经济增长具有促进作用，还是推动社会发展的重要力量。因此，马克思总是把技术创新看成推动社会发展的有力杠杆，看成最高意义上的革命力量，认为技术创新在推动社会发展中的巨大作用，不仅表现在对没落社会制度的摧毁上，而且也表现在对上升的社会制度的引领和推进上。但马克思也认为，在人类社会发展的不同时期，技术进步推动社会发展的作用是不一样的，因为只有把技术成果运用到生产中，转化为现实的生产力，才会对社会发展产生相应的推动作用，才能成为推动社会发展的强大动力。

新中国成立以来各个时期的经济发展实践表明，科技进步和技术创新工作的发展与我国的经济增长和健康发展紧密相关。如新中国成立之初，国家经济非常落后，中国“一穷二白”；新中国成立以后，我党开始号召在海外的科学家回国并培养自己的知识分子和工业化人才；1956 年，党中央又向全党全国发出“向科学进军”的号召，到 1966 年，我国工业化奠定了初步基础。1978 年，邓小平提出“四个现代化”的关键是科学技术的现代化、科学技术是第一生产力、科学技术工作者是劳动者等重要论断，“科学技术是第一生产力”成为指导我国科技创新和经济发展的核心理念。1995 年 5 月 6 日，中共中央、国务院做出《关于加速科学技术进步的决定》，提出科教兴国战略。事实证明，创新贯穿于中国经济发展的始终，贯穿于中国社会发展的始终。改革开放以来，我国快速地从工业化初期走到了工业化后期阶段。从发展动力角度区分，我国已走过了以生产要素驱动为主的发展阶段和以高储蓄率的投资驱动为主的发展阶段。在科技水平、经济基础、综合国力大幅度提升的同时，原先大量投入资源和消耗环境的经济发展方式已难以为继，无论是从现实的可能性还是从理论的必要性来看，我国都应该转向以创新驱动为主的新发展阶段。

因此，面对社会发展的新趋势、新机遇、新矛盾、新挑战，党的十八届五中全会坚持以人民为中心的发展思想，鲜明地提出了创新、协调、绿色、开放、共享的新发展理念。新发展理念是中国共产党关于发展理论的重大升华，是习近平新时代中国特色社会主义经济思想的主要内容。其中创新是引领发展的第一动力，创新发展理念在新发展理念中居于首位。习近平强调，必须把创新摆在国家发展全局的核心位置，不断推进理论创新、制度创新、科技创新、文化创新等各方面创新，让创新贯穿党和国家的一切工作，让创新在全社会蔚然成风。要实现社会主义现代化和中华民族伟大复兴的中国梦，科学的发展理念和发展战略必不可缺。

但在创新发展的同时，也要坚持以人民为中心，坚持发展为了人民、发展依靠人民、发展成果由人民共享，既把增进人民福祉，实现好、维护好、发展好最广大人民的根本利益作为发展的出发点和落脚点，又把调动人民的积极性、主动性、创造性作为发展的根本动力。在创新发展理念中，我校始终坚持以人民为中心，积极承担起应有的责任和义务。自新中国成立以来，川农人放手大胆实践、大胆探索、大胆创新，不断推进科技创新，取得了一系列创新成果，并将创新成果运用到实际的生产中，对社会生产力的发展起到了巨大的推动作用，将所研发的新东西，与人民共享，使全体人民在发展中有更多获得感，发展成果普惠人民群众，由此推动了社会主义现代化的进程。

本组案例精选四川农业大学在坚持创新发展、推动科技创新路上涌现出的三个典型人物的事迹，他们不怕困难，刻苦研究，研制出可造福人类幸福的科技成果，并把科技成果运用到实际生产中，将论文写在大地上，推动了社会生产力的发展。

在运用本组案例教学时，应着重讲述科研人员选题、分析存在问题的原因、所采用的解决方法、创新的科技成果、创新该技术带来的有利影响这五个方面展现川农人不怕困难，扎根科研一线，努力创新科技，并将科技成果运用到实际生产中，带给人民更多幸福感的事迹。

教学中应注重分析科技创新的具体方面、科技创新过程以及科技创新成果对学校产生的影响和科技创新成果对于社会产生的积极影响，以及这些创新与其他研究方面的关联性，以实际的案例，讲好创新发展的作用，从而使学生深入了解创新理念，以及创新在社会全局发展中的重要作用，让学生明白创新发展的要求以及创新所需的精神品质，理解党坚持创新发展的战略意图。

四、课程训练

（一）课堂环节

（1）邀请科研人员到课堂一线，面对面向学生讲述工作点滴，分享科技创新路上的心得体会。

（2）在教师讲授之余设计 15 分钟的课堂交流环节，遴选来自水稻研究所、有关农业技术专业的学生，谈谈对于所选案例的感悟，并分享自己在学习创新中遇到的困难。

（3）创新发展被列于“五大发展理念”之首，为什么？

（4）谈谈创新发展的重要性及如何坚持创新发展。

（二）课后实践

（1）组织学生参观成都市科技馆、科技展览会，20～30 人一组，了解科技成果以及现代科技，参观后每人提交 1 500 字左右的心得体会。

（2）在校内开展科技活动或结合工农业生产的科学研究、科学实验活动，培养学生的动手操作能力。

五、思考与讨论

1. 坚持科技创新是如何体现以人民为中心的发展理念的？

2. 你觉得科技创新的难点是什么？需要怎样的努力？结合你所学专业情况，谈谈专业的前沿问题。

3. 作为学校的一员，在创新发展中，你准备如何贡献出自己的一分力量？

第四节　念好农业供给侧结构性改革的“三字经”

一、案例呈现

建设现代化经济体系，必须要坚持供给侧结构性改革，推动经济高质量发展，满足人们对美好生活的需求。2015 年中央经济工作会议强调，推进供给侧结构性改革，并对供给侧结构性改革做了重点部署；2016 年中央一号文件也明确提出推进农业供给侧结构性改革。川农人积极呼应党的决策，发挥学科专业优势，改革落后僵化的生产力，坚持做好农业供给侧结构性改革，同时推进农业科技创新，加速农业提质增效，推进品牌农业发展和市场开拓，推进经营体制创新，推进农业生态保护与治理，将供给侧结构性改革与绿色发展、生态文化发展结合起来研究问题，为“三农”发展增添新的动力。在推进农业供给侧结构性改革的路上，川农人一直在路上。

（一）推动农业高质量发展

邓良基指出，一直以来，学校围绕“三农”问题展开了大量研究工作，尤其是农业发展中心成立以来，成效卓越，为省委省政府决策发挥了智库作用。希望把供给侧结构性改革与绿色发展、生态文化发展结合起来研究问题，面对当前比较突出的环境问题，如何把减排控源和农业供给侧结构性改革结合意义重大。要紧扣农村实际、农村资源基础、产业基础来研究问题，进一步提升现代农业发展水平，推进绿色经济发展和生态文明建设上新台阶。

任万军帮扶贫困村发展优质稻生态种植

农学院根据供给侧结构性改革的要求，将供给侧结构性改革与产业结合起来，推动产业高质量发展，提高产业精准扶贫的效果。

农学院副院长任万军教授受犍为县农业局邀请，考察了犍为县硝水村的情况。硝水村海拔800米左右，是犍为县的贫困村。但当地气候生态特点适宜发展有机生态农业，且有种植出售优质稻米的传统。任万军认为，不能只考虑眼前利益，实现脱贫的关键所在，是控制好源头，自觉监管水稻品质，才能彻底走出贫困。他确定了以发展有机稻米作为精确扶贫的突破口，扶持乐山惠田米业有限公司为龙头企业，按照市场需求，创建有机稻米品质，提升水稻种植效益，促进贫困农户脱贫致富。

任万军教授结合当地发展有机稻的得天独厚的气候生态条件，以及农业供给侧结构性改革对优质安全稻米的社会需求，从“什么是有机稻”“为什么要种植有机稻”“怎样种植有机稻”三个方面向犍为县农业局以及硝水村贫困村民进行了有机稻栽培技术培训。之后他结合现场操作，从品种选择、秧床制作、浇透底水、种子包衣、播种、覆土等环节详细向乐山市农技站、犍为县农技站、驻村扶贫干部、贫困村两委及水稻种粮大户、部分贫困村生态稻种植户等30余人培训了有机稻的旱地育秧技术，受到了许多村民的欢迎。任万军教授将企业联合起来，用“企业+村民”的模式，打造出优质的生态产业，农技人员和贫困村民在大米生产企业的帮助下，发展优质稻生态种植、稻田生态综合种养。这种途径成为贫困山村提效增收的重要途径。之后，有机稻栽培技术被运用到贫困村的水稻种植中，取得了良好的效果。

案例来源：胡慧，李书先，傅勇. 农学院专家结合供给侧结构性改革推动产业精准扶贫［EB/OL］. 四川农业大学校园新闻网，2017-03-31，https://news.sicau.edu.cn/info/1078/23562.htm；胡慧. 任万军教授团队一行赴犍为县进行优质稻产业精准扶贫经验交流［EB/OL］. 四川农业大学校园新闻网，2017-11-29，https://news.sicau.edu.cn/info/1078/45645.htm.

刘玹泽等对我国粮食生产、流通的思考和建议

四川农业大学经济学院刘玹泽、王曙光、张宽、杨启智通过对当前我国粮食生产、流通的现状及问题进行系统分析，同时引入供给侧结构性管理思想，将生产、流通中的突出问题和供给侧管理结合思考，提出要最大限度地利用现有的土地、劳动力、资本、技术等要素，尊重现有规律，发展生产力，增加粮食产量，提高粮食质量，确保高质量农业产品的供给，以拉动我国经济的发展，调动农民的生产积极性。

刘玹泽等人认为，目前我国从事农业生产的劳动者以中老年人居多，他们文化程度普遍偏低，主要是初中及以下学历，青壮年劳动力占比较低。在农业种植技术上，

也多采用传统生产技术，而采用新型农业机械技术的比例较低。这主要受制于我国耕地的地形、地势、农业科学技术以及政府对农业生产的资金投入，无法适应现代农业生产方式的要求。在粮食的供给上，我国虽领土辽阔，但实际能够用于农业生产的土地面积较少，满足适宜的气候、土壤及平坦地形要求的耕地则更少，粮食产量占比较小，粮食供给不足。在粮食的品质上，低水平技术以及传统方法种植的粮食已无法满足新时代消费者对于更高质量生活的需求。高品质粮食的营养、口感比普通粮食更佳，其产量偏少，加上政府主要追求增加粮食产量，对质量没有提出系统性的标准要求，这使得普通粮食在市场上占比较高，而高品质的粮食产品则存在供给不足，粮食产品结构与需求之间匹配程度不高。

价格方面，高品质粮食价格较高。我国粮食市场上高品质粮食供给量较少，其价格往往是普通粮食价格的数倍甚至更高。我国的普通稻米和国内的优质香米相比较，优质香米的价格往往是普通稻米的 4 至 5 倍，而从泰国、缅甸等国进口的稻米价格更高。2015 年春节期间，日本稻米的价格高达 300 元/千克，是国内普通米价的 50 倍左右。虚高的粮食价格使得高品质粮食的消费成本过高，消费者无法获得持续消费需求，最终导致无效供给。

粮食储备方面，粮食储备管理机制亟待更新。粮食生产具有较长的周期。刘玹泽等人认为，目前我国粮食储备主要靠中央储备，而中央储备又主要以中粮储的储备为核心进行粮食储备及经营管理。他们研究发现，当前我国粮食储量较大，但储粮设施投入不足，储粮成本较高。在此过程中，中央粮食储备中又存在着投资决策不够科学、纪检监察力量薄弱、内部监督管理不够严格、基层腐败案件多发和粮食安全生产管理不足等问题。必须解决这些问题，才能达到供需平衡。

针对以上问题，刘玹泽等人以供给侧结构性改革为突破口，重点研究解决当前粮食产品在生产、流通方面的问题，为新形势下提供持续有效的粮食供给，协调生产者、消费者利益，保障我国粮食安全给出科学建议。

在粮食产量以及质量方面，刘玹泽等人提出要保证基本粮食供给，继续实行最严格的耕地保护政策，加强中央对地方的土地监管，特别是在用地审批上，严格控制农业用地转换为非农用地，加强农田水利等基础设施建设以及加大对农民的智力与财力支持，依靠农业科技和政府惠农资金，鼓励农户掌握最新农业技术，开展和创新多种形式的生产模式，并提出培育适合在我国自然条件下推广种植的安全、优质、高产品种，进而通过品种创新带动质量升级。

针对粮食储备问题，刘玹泽等人提出要升级粮食储备管理结构，提高管理效率，从成本和制度两个方面，加大粮食储备机制改革的力度。在成本方面，刘玹泽等人提出要加大对粮食的储存设施建设力度，保证大中城市的粮食供应稳定，降低因急需粮食周转而产生的高额运输成本，并采用智能互联网库存管理模式，变革传统冗杂的管理结构，提高管理效率，降低管理成本。在制度方面，刘玹泽等人主张建立严格的粮食储备管理制度，加强对中粮储经营管理工作的监管与核查，引导中粮储进行市场化改革，以市场为风向标，做出科学合理的管理决策，同时加强对中粮储的内部审核与纪检监察，打击基层腐败，加强粮食安全生产管理，从而保证粮食的有效供给。

案例来源：刘玹泽，王曙光，张宽，等. 供给侧改革视角下我国粮食生产、流通的思考建议[J]. 地理与地理信息科学，2016（6）.

（二）签署战略合作框架协议

2017 年 9 月 15 日，根据农业发展状况，成都农村商业银行党委书记、董事长陈萍，常务副行长李剑飞与四川农业大学签署了战略合作框架协议。

签署该协议的目的是共同推动农业供给侧结构性改革，探索金融促进农业科技成果产业化。在此过程中，双方约定，要充分利用科学技术、信息等资源，推动农业农村建设，双方共建“产学研政银”平台，共建农业产业基金，包括农业创业投资基金、农业企业重组投资基金等，共同在各县、市、州开展农业和农村建设工作，共同探索在农村推行抵（质）押担保，支持农业经营方式等方面的创新。

成都农村商业银行陈萍董事长说，此次签约仪式是双方合作的新开始、新起点和新篇章，有利于促进产、学、研结合，将“融资”与“融智”更紧密地连接起来，为“三农”发展提供更有力的支持。常务副行长李剑飞指出，成都农村商业银行和四川农业大学在发展的定位、方向和重点上有着很多共同点，希望双方本着“平等互利、优势互补、共同开发、合作共赢”的原则，认真落实好协议各项内容，积极整合资源，搭建好产、学、研结合的平台，为科技创新、成果转化、教育培训、助学奖学、企业孵化、推广示范等提供全方位的综合金融服务，助力供给侧结构性改革和农村金融改革试点，为“三农”发展增添新的动力。

四川农业大学党委书记邓良基介绍了四川农业大学的基本情况。邓良基表示，在坚定不移开展合作的基础上，还要不断推进创新合作，充分利用科学技术来推动农业现代化的发展。

案例来源：王莹. 成都农商银行与四川农业大学签署战略合作框架协议［EB/OL］. 四川新闻网，2017-09-18，http://zq.newssc.org/system/20170918/000818047.htm.

（三）我校管理学院参与起草的柑橘、猕猴桃产业行动方案

四川农业大学管理学院从品质结构、产业发展、科技创新、地域品牌、市场五个方面，来推动柑橘、猕猴桃的发展。

品质结构方面，提出实施“双晚”战略，大力发展柑橘、猕猴桃等晚熟品种，并推广保鲜晚采技术，以保证柑橘、猕猴桃的品质。提出提高优质果品生产能力，按照优势区域布局、良种良法配套的原则，着力推广标准化生产和提糖降酸、高光效树形等先进技术，不断提高基地产出能力和果品优质率，满足消费者对优质果品的需求，实现优质优价。

产业发展方面，提出产业融合发展。一是做大“一产”，采取“政府扶持、企业运作、集中连片、科学种植、专业经营”形式，通过项目资金整合，完善田网、水网、路网、电网等基础设施，建设高标准、高质量、高效益的新型果园。加快老旧果园提升改造，通过高接换种、土壤改良、基础设施配套、栽培技术提升等措施，达到头年高换、二年试花、三年丰产。二是做强“二产”。积极开展果品清洗、分级、打蜡、包装等采后商品化处理工作，提高果品商品性能；配套完善冷藏库、气调库等设施设备，发展冷链物流运输。三是做优“三产”。在有条件的地区积极推进产业基地景区化建设，配套完善道路、电力、饮水等公共设施，形成一批集农事体验、科普教育、采摘娱乐为一体的休闲农业园区，以花、果为媒，积极开展主题节庆活动，实现“以农带

旅、以旅促农”良性循环。

科技创新方面，提出要推广科技创新。一是通过提升育苗的技术，保证优质柑橘、猕猴桃的幼苗供应，并配套完善母本园、品比园、繁育圃、智能温室等设施设备，新建良种繁育场。二是从栽培技术入手，依托农业部柑橘试验站、省级创新团队、猕猴桃联合实验室、重点实验室、工程技术研究中心、产业技术研究院等科研院所和农技推广队伍，集成研发一批高效、轻简化栽培技术，建设一批高标准水果示范园区，依靠科技提升效益。三是加大技术培训力度。邀请专家、技术人员对水果种植者、农民等进行培训，精准帮扶，从而培育出一批水果生产技术骨干和专业种植大户。

地域品牌方面，提出要打造具有知名品牌的农产品。如打造蒲江猕猴桃、安岳柠檬、苍溪红心猕猴桃等区域品牌，从而扩大营销销量以及生产销量，实现高质量供给以及按需求供给。推进大规模经营，探索推进多种形式的适度规模经营，鼓励农户进行大规模种植，依法依规流转，支持专业大户、家庭农场、农民合作社、龙头企业等新型生产经营主体发展壮大，鼓励工商资本进入农业领域，发展适度规模经营。

市场方面，提出要扩大国内国外市场。一是要健全营销网络，建设一批与产业发展规模相适应的产地批发市场，完善基础设施，强化引导和扶持，与销地大型批发市场有效衔接，扩大销售范围。二是培育营销队伍，培育一批经验丰富、专业性强、市场嗅觉敏锐的果品经理人队伍和营销企业，支持其创新营销方式，不断开拓目标市场，活跃果品交易。三是实施走出去战略，选择柠檬、红心猕猴桃等有出口潜力的产业，建设出口农产品生产基地，支持有基础、有经验、有实力的龙头企业，积极走出去开拓国际市场。四是发展电子商务，推进“互联网+”智慧型农业在水果产业上的创新运用，推动水果与互联网双向发展，从而推动四川农业供给侧结构性改革向前发展。

案例来源：《推进农业供给侧结构性改革　加快四川农业创新绿色发展行动方案》（川办函〔2016〕174号）. 四川省人民政府办公厅，2016-11-01.

二、对接教学

（一）适用范围

本案例适合于《毛泽东思想和中国特色社会主义理论体系概论》第十章“‘五位一体’总体布局”第一节“建设现代化经济体系”第二目“深化供给侧结构性改革”教学使用。

（二）理论要点

（1）深化供给侧结构性改革；
（2）社会主要矛盾。

三、案例解析

中国特色社会主义建设事业进入新时代，社会主要矛盾发生了重要变化。习近平总书记在党的十九大报告中明确指出：“中国特色社会主义进入新时代，我国社会主要矛盾已经转化为人民日益增长的美好生活需要和不平衡不充分的发展之间的矛盾。”面对新时代的供给矛盾，党中央提出，只有推进供给侧结构性改革，提高供给体系质量，适应新需求变化，才能在更高水平上实现供求关系新的动态均衡，推动高质量发展。通过扩大有效供给，提高供给结构对需求变化的适应性和灵活性，来满足广大人民群众的需要。

农业供给侧结构性改革是全面供给侧结构性改革的一个方面。我国农业农村发展不断迈上新台阶，已进入新的历史阶段。农业的主要矛盾由总量不足转变为结构性矛盾，突出表现为阶段性供过于求和供给不足并存，矛盾的主要方面在供给侧。近几年，我国在农业转方式、调结构、促改革等方面积极进行探索，为进一步推进农业转型升级打下一定基础，但农产品供求结构失衡、要素配置不合理、农民收入持续增长乏力、农产品产量以及质量低下等问题仍很突出。因此，想要增加产量与提升品质、缓解供需矛盾，就必须顺应新形势新要求，坚持问题导向，调整工作重心，深入推进农业供给侧结构性改革，加快培育农业农村发展新动能，开创农业现代化建设新局面。

推进农业供给侧结构性改革，要在确保国家粮食安全的基础上，紧紧围绕市场需求变化，以增加农民收入、保障有效供给为主要目标，以提高农业供给质量为主攻方向，以体制改革和机制创新为根本途径，优化农业产业体系、生产体系、经营体系，提高资源利用率、劳动生产率，促进农业农村发展由过度依赖资源消耗、主要满足量的需求，向追求绿色生态可持续、更加注重满足质的需求转变。

2017 年中央农村工作会议指出，要坚持新发展理念，协调推进农业现代化与新型城镇化，以推进农业供给侧结构性改革为主线，围绕农业增效、农民增收、农村增绿，加强科技创新引领，加快结构调整步伐，加大农村改革力度，提高农业综合效益和竞争力，推动社会主义新农村建设取得新的进展。

农业院校在农业供给侧结构性改革中，应发挥学科优势，作为人才、智力、科技的集中地，知难而进，苦干实干，不断深化农业改革，开创“三农”工作新局面。在农业供给侧结构性改革中，川农人积极承担起自己的责任，关心粮食供给问题、水果高质量发展问题，运用自己的科技成果以及种养方案，不断加强与其他组织的合作，以农业生产经营体制机制创新和农业经营业态创设为核心，着力推进制度完善和高效供给。

此处精选四川农业大学在供给侧结构性改革中努力奉献的案例，展示出川农人经过刻苦调研，从农业科技创新、农业产品质量、农产品市场等方面，推动农产品有效供给，实现农产品高质量发展的故事。

在运用本组案例教学时，应从如何推动农产品高质量发展、如何实现农产品供需平衡两个方面展现川农人在农业供给侧结构性改革中所做出的努力，以及为农产品发展、农业发展带来的巨大影响的事迹。

教学中应注重分析当前农业（粮食、水果产业）等出现的问题、农业供给侧结构性改革中的难点、农业供给侧结构性改革对于农业的重要作用，突出展现农业供给侧结构性改革的效果，农业供给侧结构性改革的情况，以及对农业、农民产生的影响，从而彰显农业供给侧结构性改革的重要性以及正确性，可让学生真正领会到党在推进供给侧结构性改革过程中，在农业供给侧结构性改革方面的战略意图。

四、课程训练

（一）课堂环节

（1）让学生分享在农业供给侧结构性改革中家乡农业的发展状况，着重说说有没有什么变化。

（2）再次对知识点进行总结，让学生掌握供给侧结构性改革的结构性问题、改革的目标以及农业供给侧结构性改革的重点。

（二）课后实践

（1）组织学生在校内外实践基地实习，如粮、经、饲、瓜、果、菜等农作物品种资源、农作物品种及其配套的机械化轻简化高效栽培技术试验示范区，培养学生在农业生产方面的实践能力。

（2）利用周末时间，对有志于成为“大学生村官”的同学进行“三农”相关知识及“村官”日常事务的精准指导与专业培训，以便更好地推动农业供给侧结构性改革。

（3）组织学生去农村地区进行调研，了解当地供需矛盾，并充分发挥知识优势，深入田间地头，挨门挨户传达党和国家的“三农”政策。

（4）让学生查阅相关资料，了解我校在农业供给侧结构性改革视域下的研究成果，结合自己所学专业，说说自己能为农业供给侧结构性改革做出怎样的努力。提交一篇2 000字左右课程论文。

五、思考与讨论

1. 农业供给侧结构性改革的核心内容是什么？
2. 怎么做好农业供给侧结构性改革？农业供给侧结构性改革的主线是什么？
3. 推进农业供给侧结构性改革，对国家会产生怎样的影响？

第五节 我的中国心

一、案例呈现

推进两岸关系发展，推进祖国和平统一，从来不是川农人的一句空话。多年来，学校充分发挥专业以及学科优势，承担起民族复兴的历史责任，积极加强与我国港澳地区、台湾地区的交流与合作，聚焦发展这一要务，全面推进内地与港、澳地区的合作，促进祖国繁荣富强。我校不断派人赴港、澳、台交流，与港、澳一些学校和基金组织签订全人立体兴农扶贫项目协议，探讨教育学术交流，推动贫困产业发展，探讨专业前沿，讨论经济发展问题。通过交换学生、人才培养等方式，引进台湾地区技术，不断增进大陆与台湾地区的感情和相互了解。此外，我校也不断邀请港、澳、台专家到校进行交流与指导，增进有关单位和人员相互之间的了解和友谊，助推两岸关系的和平发展。如同学校党委书记庄天慧所说，作为农业院校，川农要注重搭建两岸农业人才、资源共享平台，促进海峡两岸现代农业产业的共同发展。在实现中华民族伟大复兴的中国梦征程中，川农人一直在路上。

（一）促进与港、澳地区的交流与合作

助推农村发展，提高人民的幸福指数

四川农业大学根据农业、农村发展以及学科建设需要，发展近农非农专业，重视扶助贫困地区，转变农村的发展环境。这一理念受到了扶贫基金的关注。香港福溢关爱基金有限公司行政总裁李家晖、项目主任干建华到我校介绍了福溢关爱基金的概况，说明基金的理念是以资讯信息、科学技术、管理技术和人文素质为核心进行全人立体扶贫，而非单一的经济扶贫。他们表示，成立福溢关爱基金的目的就是在国内外从事一些扶贫关爱的事，希望能配合国家目前的兴农计划，把热情有效地投入农村。我校秉持着近农非农学科的办学指导思想，主张加强对外合作交流，吸收好的经验，也希望通过合作为扶贫试点服务，使试点成为示范，让更多热心社会公益事业的人参与其中。

2010 年 10 月 27 日，双方就协议内容及稍后的合作步骤进行商议之后，我校与香港福溢关爱基金签约，我校引进的教师李云春将担任项目负责人，负责为期五年的项目实施工作。

案例来源：杨雯. 我校与香港福溢关爱基金签约［EB/OL］. 四川农业大学校园新闻网，2010-10-27，https://news.sicau.edu.cn/info/1079/30537.htm.

探讨人才培养模式，促进教育发展

2011 年 11 月 9 日至 11 日，在四川绵阳，四川省高等教育学会召开了 2011 年海峡两岸及港、澳地区高等教育学术交流会。来自台湾师范大学、香港教育学院、澳门科技大学、清华大学等海峡两岸及港、澳地区 48 所高校 106 位代表参加会议。会议由四川省高等教育学会主办。我校教务处副处长傅新红和成都教务部主任丁海萍参会，来自港、澳地区的大学积极交流了各自学校的教育理念以及人才培养模式。其中，中国院校研究专业委员会会长刘献君、教育部评估中心副主任李志宏、四川省高等教育学会会长卢铁城教授分别做了报告，吸引了很多人参与交流，并对我校分类人才培养工作表现出浓厚兴趣。

2019 年 6 月 10 日下午，商学院党委书记向兵、党委副书记秦之香、副院长王冲等人与香港大学工程学院副教授姚兆明、硕士课程办公室教师林碧珊女士对商学院专业情况以及香港大学研究生招生专业进行了商讨。双方认为商学院电子商务、市场营销等专业与香港大学的某些专业有着极高的契合度。姚兆明向商院学生介绍了香港大学的历史文化、招生专业课程、报读要求，详细介绍了申请该校硕士研究生项目所需条件，鼓励我校学生报考香港大学，促进双方教育事业取得质的发展。

2019 年 6 月 11 日，四川农业大学宣布 2019 年计划招生 9 300 人，并对港、澳、台地区招生，实现面向全国招生。2020 年 11 月 19 日下午，学校港澳台侨学生管理工作协调会在成都校区召开。副校长陈代文、学校港澳台办公室、研究生院、招生就业处、教务处、学生处、动物医学院等 10 个职能部门及院所的相关负责人参加会议。陈代文表示，要充分认识港澳台侨学生管理工作的重要性，在对港澳台侨学生的管理工作中，既要注意到它的特殊性，也要坚持“保证质量、一视同仁、适当照顾”的原则，增强管理服务意识，将港澳台侨学生的管理和服务纳入本校学生工作整体框架，统一规划部署，统筹实施。目前，我校共有港澳台侨生 14 人，主要分布在动物医学院、人文学

院、法学院，以转校插班试读方式入学的学生人数占比最多。我校将在不断完善港澳台侨生管理制度的基础上，积极开展港澳台侨学生招生宣传工作，提高招生层次、扩大招生数量，同时积极拓宽港、澳、台学生来校交流渠道，加强学校与港、澳、台地区教育交流与合作。

案例来源：丁海萍．傅新红等人参加 2011 年海峡两岸及港澳地区高等教育学术交流会［EB/OL］．四川农业大学校园新闻网，2011-11-14，https://news.sicau.edu.cn/info/1079/28799.htm；杨茜．商学院与香港大学工程学院举行国际化办学合作洽谈会［EB/OL］．四川农业大学校园新闻网，2019-06-11，https://news.sicau.edu.cn/info/1078/52014.htm；李洁．我校召开港澳台侨生管理工作协调会［EB/OL］．四川农业大学校园新闻网，2020-11-20，https://news.sicau.edu.cn/info/1078/59941.htm.

加强专业建设

我校为进一步加强国际交流合作，邀请香港理工大学专家到我校指导专业建设。2012 年 1 月 13 日，香港理工大学应用社会科学系沈文伟博士、香港大学罗婉珊老师来校洽谈社会工作合作项目。文法学院党总支书记赵晓霞、院长吴军赞、副院长李清源及社会工作系全体教师参加洽谈会。

在此次会议上，沈文伟博士介绍了香港理工大学在四川灾后重建中进行的学校社会工作项目（映秀小学社会工作站）和社区发展项目（清平乡社会工作站），以及目前正在与四川大学合作的灾后重建管理学院项目，包括学位进修项目、内部研究项目、境外交流项目等。他希望能与四川农业大学建立合作关系，共同助推这些项目的发展。四川农业大学社会工作专业的师生加入进来，便于社会工作专业的教学实习、科学研究和境外联系等工作的推进，也有利于我校社会工作专业的发展。

我校文法学院吴军赞表示，香港理工大学应用社会科学系作为亚太地区首屈一指的社会工作专业，20 余年来一直致力于持续推动国家社会工作专业发展。我校会紧跟时代步伐，结合内地的实际情况，与香港理工大学建立良好的合作关系，鼓励学院的师生参与学位进修、申报科学研究项目，并建立社会工作专业教学实习基地，鼓励专业教师利用现有平台和条件，加强与境外大型专业机构（如新加坡 YMCA、香港童军等）的交流与合作，从而推动我国社会工作的开展。

案例来源：文法学院．香港理工大学与文法学院洽谈社会工作合作项目［EB/OL］．四川农业大学校园新闻网，2012-01-16，https://news.sicau.edu.cn/info/1078/35331.htm.

在林学院交流家具生产知识

2013 年 11 月 1 日上午，我校林学院邀请香港金田豪迈木业机械有限公司（创建于 1981 年，于 2000 年与世界最大的木业机械生产商“德国豪迈集团”合作，成立金田豪迈木业机械有限公司，现已成为行业领跑者）木工机械类专家文传福、区域营业主任王美勇为我院学生举办了一场家具数字化生产讲座。

在此次讲座中，香港木工类机械专家文传福首先介绍了传统板式家具生产工艺的流程和瓶颈，分析了家具市场需求的发展趋势，为学生讲解了先进现代板式家具生产的高效模式，展示了个性化家具的解决方案，展示了家具数字化生产前景，拓宽了我校林学院学生的家具设计知识，也推动了我校林学院学生培养方案的发展以及林学院的建设。

案例来源：林学院．香港金田豪迈木业机械有限公司走进川农大［EB/OL］．四川农业大学校园新闻网，2013-11-04，https://news.sicau.edu.cn/info/1079/26774.htm.

推广技术，推动两地农业经济发展

2014 年 3 月 27 日，受香港红十字会邀请，新农村发展研究院副院长田孟良教授前往石棉县丰乐乡对当地 70 余名村民以及乡镇负责人等开展“石斛规范化栽培技术培训”，并在铁皮石斛示范栽培基地就春季管理技术进行现场指导，将技术带给贫困地区，促进贫困地区产业发展、农民收入增加。

2015 年 4 月 24 日上午，香港中文大学生命科学院林汉明教授、香港中文大学计算机科学与工程系李浩文教授和香港中文大学科学系戴沛权博士到我校农学院举办讲座，来自农学院、环境学院的百余名师生聆听了讲座。林汉明教授、李浩文教授和戴沛权博士分别做了《大豆耐盐机理基因组及分子生物学研究》《农耕方法的计算机优化技术——实例与前瞻》《以地球系统模拟来检视农业与环境之间的关系》等题目的报告。林汉明教授对自己如何综合应用基因组学、遗传学、分子生物学的技术，获得野生大豆的耐盐基因的研究策略、研究成果及相关研究内容进行了深入浅出的讲解。计算机专家李浩文博士从如何应用计算机技术解决医院护士的排班问题、火车时间表的重排问题讲到计算机技术在农田管理系统中的应用，以实现农田收益的最大化等目的，戴沛权博士对如何应用系统模型优化农业与地球环境系统的关系进行了前瞻性的讲解。此讲座让大家看到农业的发展状况以及科学技术在农业中的运用，促进了内地与香港的经济与文化交流。

案例来源：凌瑶. 田孟良应香港红十字会邀请赴石棉开展技术培训［EB/OL］. 四川农业大学校园新闻网，2014-03-28，https://news.sicau.edu.cn/info/1078/31985.htm；刘春燕. 香港中文大学教授做客农学院高端学术讲座［EB/OL］. 四川农业大学校园新闻网，2015-10-27，https://news.sicau.edu.cn/info/1078/29874.htm.

校企友好合作

为整合校企优势资源，四川农业大学风景园林学院陈其兵教授与香港贝尔高林国际（香港）有限公司副总裁及创作总监温颜洁女士在教育培训、专业实习、学术交流及联合设计等方面展开深入合作，2017 年 11 月 8 日下午，在四川农业大学成都校区举行了校企友好合作协议签字仪式，签订了为期三年的友好合作协议。

协议内容主要有：其一，校企双方将积极互派优秀在职人员及学生进行短期专业交流学习及参观考察等活动；其二，贝尔高林国际（香港）有限公司每年将选拔若干名风景园林学院学生到公司进行专业实习；其三，校企双方将积极举办各类学术讲座，共同探讨风景园林行业前沿及热点学术问题。风景园林学院积极加强与香港地区的交流与合作，与香港共同进步，推进两地关系和平发展。

案例来源：罗文皓. 风景园林学院与贝尔高林国际（香港）有限公司签订校企合作协议［EB/OL］. 四川农业大学校园新闻网，2017-11-10，https://news.sicau.edu.cn/info/1078/19962.htm.

（二）促进与台湾地区的合作

推动畜产发展

2011 年 8 月 5 日，台湾玉山文化经济交流协会组织畜产参访团来我校都江堰校区参访。由宜兰大学林荣信教授担任团长，谢豪晃教授、刘斌灿教授为副团长的宜兰大学、屏东科技大学畜产专业师生 30 人与我校动物科技学院帅素容教授、张红平教授、白林副教授、杜晓惠副教授、曾长军副教授等就两岸畜产发展有关情况进行了学术交流。

在交流会上，我校动物科技学院教师对四川省生猪发展现状、养殖方式转型进展、质量控制体系建设，四川等地区羊的规模养殖发展现状及疾病预防，四川家禽规模发展现状及水平、疫病防控以及固液废弃物处理，家畜繁殖等情况做了介绍。宜兰大学林荣信教授也对台湾地区的养殖业环境承载能力、固液废弃物处理方式，养殖企业运作模式，行政管理对养殖企业的环评要求等进行了详细介绍。双方对畜禽生产过程中固液废弃物的高效处理方式、规模发展与土地消纳废弃物的关系、养殖规模化带来的环境问题、疾病防控以及如何合理利用和开发资源做通产业链等问题进行了探讨。

此次交流会，增进了两岸畜产院校师生的情感，促进了国家畜产事业的发展。

案例来源：张世成. 两岸畜产学术参访团来我校参访［EB/OL］. 四川农业大学校园新闻网，2011-08-07，https://news.sicau.edu.cn/info/1078/35895.htm.

师资合作交流会

2018 年 1 月 17 日，风景园林学院陈其兵院长、蔡军教授与台湾艺术大学许杏蓉院长和王俊捷教师进行了师资合作交流。风景园林学院秉持“两岸一家亲”理念与台湾地区代表就合作方式深入探讨和交流，提出除以往互派交换生学习外，还要从组织专题研习营、学术讲座和科学研究方面进行合作。如开展双方学生专题研习营，选派优秀学生到台湾艺术大学进行访问学习，台湾艺术大学为学院学生开展环境视觉符号、创意思考与设计、展示与策展等相关内容的学术讲座，合作申报社科基金项目等，力争在此基础上形成长期交流的合作关系。

案例来源：李巧. 风景园林学院与台湾艺术大学合作交流上新高度［EB/OL］. 四川农业大学校园新闻网，2018-01-19，https://news.sicau.edu.cn/info/1078/45371.htm.

二、对接教学

（一）适用范围

本案例适合于《毛泽东思想和中国特色社会主义理论体系概论》第十章“‘五位一体’总体布局”第二节“发展社会主义民主政治”第四目“坚持‘一国两制’，推进祖国统一”教学使用。

（二）理论要点

（1）中华民族伟大复兴梦；

（2）推进祖国和平统一进程。

三、案例解析

实现中国梦就是实现中华民族伟大复兴梦，是中国人共同的梦，需要大家一起来圆梦，海峡两岸同胞从来都是命运相连、荣辱与共的。因此，在实现中华民族伟大复兴中国梦的路上，两岸同胞需携手同心一起干，团结起来，顺应历史大势，共担民族大义，推进祖国和平统一进程，共圆中华民族伟大复兴的中国梦。

新中国成立 70 年来，我们党不忘初心、牢记使命，坚持解放思想、实事求是，始终把握两岸关系时代变化，不断丰富和发展国家统一理论和对台方针政策，先后提出和平解决台湾问题的政策主张和“一国两制”科学构想，确立了“和平统一、一国两制”基本方针，进而形成了坚持“一国两制”和推进祖国统一基本方略，有力地引领着两岸关系朝正确方向发展。

2018 年 3 月，在第十三届全国人民代表大会第一次会议闭幕会上，习近平强调：“维护国家主权和领土完整，实现祖国完全统一，是全体中华儿女的共同愿望，是中华民族根本利益所在。在这个民族大义和历史潮流面前，一切分裂祖国的行径和伎俩都是注定要失败的，都会受到人民的谴责和历史的惩罚！中国人民有坚定的意志、充分的信心、足够的能力挫败一切分裂国家的活动！中国人民和中华民族有一个共同信念，这就是：我们伟大祖国的每一寸领土都绝对不能也绝对不可能从中国分割出去！”国家强大、民族复兴、两岸统一的历史大势，是全体中华儿女的共同愿望，是中华民族根本利益所在，是任何人任何势力都无法阻挡的。在以习近平同志为核心的党中央坚强领导下，新时代对台工作必将展现全新气象，祖国统一进程必将阔步向前。

在实现中华民族伟大复兴的路上，我们要推动两岸同胞共同弘扬中华文化，高举共圆中国梦的精神旗帜，并且要坚持以人民为中心的发展思想，加强文化、制度等方面的交流，推动两岸关系融合发展。大陆要分享自身发展成果，收获更多亲情福祉，使“两岸一家亲”理念落地生根、开花结果。

推进祖国统一和平发展，是每个人的历史使命。我校作为农业院校，应不断加强与台湾地区的交流与合作，且学校作为人才的集中地和科技、文化成果的主要阵营，对于我国两岸关系的发展具有重要作用。首先，不断加强两岸青年交流，可让台湾青年学生亲身体验大陆近年来的快速发展变化，尤其是大陆的经济发展、社会进步，可以加强台湾青年对大陆的正面认识，缩小和化解两岸的分歧，增进台湾青年对大陆文化的了解，进而改变过去对大陆的一些不好的看法。其次，将学校的科技成果、先进的技术分享到港、澳、台地区，可让台湾同胞搭上大陆发展快车，解决台湾的一些技术问题，促进两岸关系的正常发展，推进祖国统一进程。

本节精选四川农业大学在推进祖国统一进程中，从教育、文化、科技、经济方面不断加强与港、澳、台地区交流的案例，可让学生明白学校从实际出发，以实际行动推进两岸农业科技的交流与合作，助推两岸统一和平发展。

在运用本组案例教学时，要注重分析我校在促进两岸关系和平发展方面所做出的努力，分享科技成果对于两岸关系的影响，以及我校在教育方面与香港教育、人才培养模式之间的差异、文化的差异，以鲜活的案例、切实的绩效引导学生深入理解实现中华民族伟大复兴的伟大意义，激发学生的民族自豪感和爱国主义情感，增强学生实现祖国统一的坚定信心，真正领会推进祖国和平统一发展的政治定位和战略意图。

四、课程训练

（一）课堂环节

（1）邀请曾去过港、澳、台地区的学生或者老师到课堂一线，面对面向学生分享在港、澳、台地区工作或学习的感受。

（2）在教师讲授之余设计 10 分钟的课堂交流环节，让学生围绕如何推进祖国统一进程进行自由发言（从社会、国家、个人方面进行阐述）。

（二）课后环节

让学生从个人方面详细阐述如何推进祖国统一进程，提交一篇 2 000 字以上课程报告。

五、思考与讨论

1. 改革开放以来，哪些事件密切了两岸交往、推进了祖国统一大业？
2. 推进两岸关系和平发展的重点是什么？
3. 两岸交往日益密切的重要表现有哪些？（从经济、文化等方面进行回答）
4. 如何理解实现祖国完全统一是中华民族的根本利益？

第六章
校本资源进“形教”课

“形势与政策”课（简称“形教”课）是理论武装时效性、释疑解惑针对性、教育引导综合性都很强的一门高校思想政治理论课，是帮助大学生正确认识新时代国内外形势，深刻领会党的十八大以来党和国家事业取得的历史性成就、发生的历史性变革、面临的历史性机遇和挑战的核心课程，是第一时间推动党的理论创新成果进教材进课堂进学生头脑，引导大学生准确理解党的基本理论、基本路线、基本方略的重要渠道。当前，“形势与政策”课与其他四门思想政治理论课一样受到了前所未有的重视。在推进课程建设改革中，我们注重把校本资源融入课程教学，通过抓住两条主线（人物线——以学校英烈、校史名人、先进师生、杰出校友为主；成就线——以学校教学科研、人才培养、社会服务取得的发展和成就为主）、用好两大资源（红色基因资源——校内英烈、前辈先贤、周边红色资源；特色优势资源——“川农大精神”、脱贫攻坚优势、强农兴农作为、涉农特色资源）、做好教学“五入”（“协同教学”倾情投入、“专题讲授”内容嵌入、“身边榜样”真实带入、“网络延伸”课下进入、“思考研讨”积极深入）等多措并举，有效提升了教学实效性，收到了良好的教学效果，受到学生普遍欢迎。让校本资源走进“形势与政策”课，川农人一直在努力。

第一节　川农担当——从脱贫攻坚到乡村振兴

一、案例呈现

从1906年成立四川通省农业学堂到四川公立农业专门学校，再到公立四川大学农科学院、四川省立农学院、国立四川大学农学院……直至今日的四川农业大学，100多年来，无论校名如何改变，成立之初的铮铮誓言“兴中华之农事”对于川农人来说，就是一份初心，承载着一代代川农人的家国情怀和对社会责任、历史使命的担当。守初心，川农人从未停下强农兴农的脚步，用心、用智也用对脚下土地的一片深情书写着兴农报国的大文章。近年来，学校聚焦脱贫攻坚和乡村振兴的硬要求硬任务，全覆盖服务四川88个贫困县和45个深度贫困县，为促进农业科技进步、助力农民从解决温饱到实现全面小康、推动农业现代化和乡村振兴等做出了重要贡献。正如学校党委书记庄天慧郑重承诺的，无论是脱贫攻坚还是乡村振兴，川农人都义不容辞，是政治任务也是社会责任，更是因为川农人独有的“三农”情怀。在实现全面小康与中国梦的奋斗征程中，川农人一直在路上。

（一）龚荣高：下派干部是精准扶贫的旗帜

从 2015 年 3 月到雅安市汉源县挂职锻炼以来，四川农业大学园艺学院龚荣高教授积极投身精准扶贫工作，点面结合，不断开拓校地合作扶贫新渠道，推动当地产业发展，把“两学一做”真正落到实处。

全县 30 个乡镇全面铺开调研

下乡、调研、开展技术培训、提出扶贫思路，龚荣高用一个多月的时间把全县 30 个乡镇全跑了个遍，提出了全县产业发展建议和意见。

晒经乡海拔较高，乡里的苹果树有 400 亩以上，是当地的经济支柱。2016 年春天，苹果坐果少，眼看收入要泡汤，这可急坏了乡民。龚荣高经实地调查后，发现是授粉数配置不恰当引起的，当即给果农讲明原因和处理方法，进行了系统培训，扭转了局面，预计 2017 年可全面恢复结果，每亩可增加 1 000 元收入，为当地挽回经济损失约 40 万元。时任该乡党委书记冉龙云感慨：“有果树专家联系就是好!”

何文强是西溪乡民安村的贫困户，夫妻俩都疾病缠身，女儿在外地上大学。2015 年，何文强成了龚荣高的定点帮扶户。看到何家电线老化，龚荣高用自己的 1 000 余元工作经费为何家更换了电线。了解到何文强缺技术和劳动力管理后，身为果树专家的他立即开展了现场技术指导。现在，何家两亩多的苹果园已获丰收，每年苹果等收入能增加近万元。

“专家联系咱们，脱贫不是难事”

西溪乡民安村是龚荣高对口联系的扶贫村，全村 205 户 622 人，全村年人均收入仅 3 950 元。其中，人均年收入低于 2 800 元的贫困户 22 户，贫困人口 72 人，约占全村人口的 11.58%。

精准识别贫困户是扶贫攻坚工作的第一步。龚荣高多次带队到贫困村了解贫困现状，分析脱贫对策。有一次，讨论太过投入，从下午一直持续到了晚上 11 点过，而他们还没吃晚饭。等从村子里回到县城吃晚饭已经是凌晨时分。

为了解决贫困村生产技术问题，龚荣高牵头园艺学院党委和园艺系教工党支部分别与西溪乡党委和贫困村民安村党支部签订了共建扶贫战略协议，将西溪乡民安村作为园艺学院党员志愿服务对口帮扶村。随后，又实地为贫困村进行了“手把手”的技术培训，从保花保果、土肥水管理、病虫害防治到品牌建立，进行全方位的指导，深受贫困村老百姓的欢迎。

“以前我们的樱桃是以量为主，现在我们是以质取胜，龚荣高教授指导我们建立起合作社，将樱桃种植往‘精品’和‘高端’方向发展。”西溪乡山里红种植养殖专业合作社理事长任素茂高兴地说，西溪乡甜樱桃作为中央采购的农产品之一，已经卖进了中南海。

“提质增效”是龚荣高团队为汉源甜樱桃制定的产业发展之路，而这来源于他的一次调研。2015 年，龚荣高到汉源做科研调研时，看到路边摆满了甜樱桃，“只见一个经销商问‘你那个卖多少钱一斤?’果农默默地比了三根手指。我正想着 30 元一斤还算不错，就听到经销商还价‘两元卖不卖?’，果农憋红了脸，无奈地接受了”。龚荣高上前询问那位果农这么低的价为什么要卖，果农摇摇头说：“没办法，再不卖晚上就坏了。”看着果农失落的眼神和蹒跚远去的背影，龚荣高当即决定在这里建立示范基地，要让果农们富起来。

在龚荣高的指导下，汉源县山里红种植养殖专业合作社成立起来。合作社成立了一支20人的技术服务队，采取“专家+技术服务队+合作社成员”的技术服务模式，由园艺学院教工党支部的党员专家负责培训技术服务队，服务队结对帮扶指导带动合作社成员，并负责技术监督，对果树生产实行档案管理，全程监控。合作社对果树、果农进行“双认证”，对严格执行操作规范的农户予以认证，对达到技术规程的果树予以认证，并分别建立台账，已认证果农80户、认证果树2 400棵。同时，建立“汉源红”甜樱桃品牌，实现统一管理、统一品牌推广。“做品质，树品牌”才能增收致富的生产经营理念逐渐深入人心。

“目前，合作社与顺丰快递、中国邮政等开展合作，通过线上线下相结合，拓宽销售渠道。”西溪乡党委书记郝冰兰表示，2017年，西溪乡甜樱桃成为中央采购的农产品之一，各机关团体也将西溪乡甜樱桃作为定点采购农产品。精选甜樱桃价格涨幅在50%以上，且供不应求，优选甜樱桃价格涨幅在30%以上，中等甜樱桃价格涨幅在20%以上，比其他地方的价格高出30%，有力地促进了当地农民增收致富。郝冰兰自豪地说：“不用担心我们乡的产业发展，有专家科技助推脱贫，脱贫不是难事！”

“‘党员专家教授+党员技术服务队+果农’的农业科技梯度推广模式，不仅把高校党建工作延伸到贫困地区，还解决了贫困地区缺科学技术的难题。”龚荣高表示，园艺教工党支部将继续把这种接地气的校地共建扶贫模式进一步深化，把“论文写在大地上”，用实际行动践行“川农大精神”。

案例来源：张俊贤. 龚荣高：让下派干部成为一面精准扶贫旗帜［EB/OL］. 四川农业大学校园新闻网，2016-09-01，https://news.sicau.edu.cn/info/1135/37493.htm；张喆. 龚荣高：打造样板支部助力脱贫攻坚［EB/OL］. 四川农业大学校园新闻网，2019-11-12，https://news.sicau.edu.cn/info/1078/54552.htm.

（二）我校教授吕秀兰、校友徐伍达、罗雅宏在全国脱贫攻坚总结表彰大会上接受表彰

2021年2月25日上午，全国脱贫攻坚总结表彰大会在北京人民大会堂隆重举行。中共中央总书记、国家主席、中央军委主席习近平向全国脱贫攻坚楷模荣誉称号获得者颁奖并发表重要讲话。大会对全国脱贫攻坚先进个人、先进集体进行了表彰。我校吕秀兰教授被授予“全国脱贫攻坚先进个人”称号，是我省高校中唯一获此殊荣的老师。此外，我校原经济管理学院经济学2 000级校友徐伍达、工学院农业建筑环境与能源工程2002级校友罗雅宏也获此殊荣。

吕秀兰：不忘初心 让水果成为脱贫致富的“金果”

吕秀兰教授是四川省学术技术带头人，“天府万人计划”天府农业大师，担任农业农村部农业重大技术协同推广计划葡萄项目首席专家、国家现代农业产业技术体系四川水果创新团队和“科技扶贫万里行”水果产业技术服务团首席专家兼葡萄岗位专家，长期从事果树新品种选育、高品质生产全产业链重点领域关键共性技术研究及成果转化推广工作。

作为农业科技人员，她始终带着感情、满怀深情、充满热情地全身心投入农业科研和成果转化中，把让老百姓过上好日子和增收致富作为初心，把脱贫攻坚和乡村振

兴作为历史使命，不畏艰难，踏遍巴蜀大地，将实验搬到深山、论文写在大地、成果留在田地。她每年200余天战斗在四川水果生产一线，在高原藏区、乌蒙山区和大小凉山彝区等深度贫困区服务天数达130天以上，在生产关键环节每天10余个小时忙碌在田间地头，让水果成为脱贫致富的“金果”。她创新探索出“一村一示范一标杆，使之成为一亮点一看点一培训点，带动辐射整个区域”的产业扶贫路径。近5年她带领团队在茂县、汶川、屏山、西昌、广安等地建立葡萄、李、甜樱桃科技示范基地40余个，审定、鉴定果树新品种27个，18个葡萄品种产品先后获全国优质葡萄评比金奖；研究出来的西南高温高湿寡日照区葡萄优质栽培关键技术创建与应用成果在设施栽培生境与品质形成机理及调控技术等方面达到世界领先水平；撰写水果地方标准28个，推广果树新品种150个、新技术32项、新模式10项，面积达70万亩以上，年培训“土专家”“田秀才”和种植者4 000余人，成就了以果怡农业为典型的全国最好葡萄标杆，使西昌荣获“全国优质晚熟葡萄之乡”称号，涌现了一批如杨志明和余斌文种300亩葡萄年均收入在1 000万~1 500万元的脱贫增收致富带头人；年带动近5 000余人产业脱贫，年人均收入突破1.1万元，提质增效累计增收40亿元以上。担任10余年的科技特派员，带动和推进了地方科技特派员工作的蓬勃发展，形成了专家包县和大型基地、县包镇、镇包村、村包组的农业科技成果推广转化创新模式，为我省脱贫攻坚做出了积极贡献。

获奖归来的吕秀兰教授表示，今后自己一定会以更加饱满的热情，发扬同舟共济、艰苦奋斗和脱贫攻坚精神，会更加针对“卡脖子”种业种质品种瓶颈问题，以及其农艺与农机装备融合、智慧农业、高质量绿色生产精准配套等关键共性技术问题，开展协同创新研究，探索更多的成果落地开花结果新模式、新机制。为培养农业农村科技领军人才，创立创新人才、乡村工匠、农业农技推广人才、农业生产和经营人才发挥智力和技术支撑作用，特别是在快速提高农业农村人员思想、观念、素质和增强内生动力方面做进一步的工作，力争到2025年使乡村人才振兴规模壮大、素质提高、结构优良方面初步能够满足产业兴旺的需要，为乡村振兴贡献自己的力量。

徐伍达：扎根西藏　为藏区脱贫攻坚提供决策依据

徐伍达现任西藏自治区社会科学院农村经济研究所副所长、副研究员，主要从事农村发展、西藏经济研究。2004年在我校毕业后，志愿进藏工作，选择从事哲学社会科学研究。参加工作以来，他长期致力于西藏“三农”问题研究，深入农牧区开展田野调查，足迹踏遍西藏90%以上的地方，在海拔5 000米的羌塘草原腹地开展双湖牧区集体经济调研，“4·25”地震发生时他正在震中附近调研，还深入八宿县怒江边著名的夏里三乡调研。同时积极为党委和政府的中心工作提供决策咨询服务，2015年参与自治区政府政策研究室组织的脱贫攻坚调研，为西藏在全国首创脱贫攻坚指挥部提供了重要的决策依据；2016年底主持完成拉萨市城关区脱贫攻坚第三方评估，为大规模开展实地评估和制定评估标准积累了宝贵经验；针对西藏深度贫困问题发表的30多篇理论文章和研究报告，为社会了解西藏打赢脱贫攻坚战提供了窗口和资料。此外，他还参加自治区政府组织的脱贫攻坚政策宣讲，为扶贫系统的基层干部授课，多次接受跟脱贫攻坚相关的广播、电视、融媒体等媒体采访，在理论创新上助力脱贫攻坚工作，将论文谱写在雪域高原大地上，讲好西藏脱贫故事。

罗雅宏：返乡扶贫"索玛花开"彝乡村寨

罗雅宏现任金阳县人民政府副县长。作为一名从大凉山走出来的彝家儿子，他对彝乡的贫穷感同身受，2006 年在我校毕业后便毅然踏上了返乡扶贫的道路。2014 年，在中央脱贫攻坚冲锋集结号吹响之际，他主动请缨投身脱贫攻坚一线，先后担任盐源县大草乡麦架坪村副书记、第一书记，昭觉县特布洛乡谷莫村第一书记，金阳县人民政府副县长。从盐源到昭觉再到金阳，他始终不忘初心，牢记使命，苦干实干在脱贫攻坚的最前沿。在驻村帮扶时，积极探索实施"以奖代补""以购代捐""以评促改""脱贫责任清单"等精准扶贫模式，激发群众内生动力；拓宽"互联网+"扶贫模式，初步形成了有机核桃、生态乌金猪等特色绿色产业链；打造脱贫攻坚突击队、互助抢险服务队和文化宣传队"三支队伍"，建强基层堡垒。2016—2018 年连续三年，谷莫村人均纯收入年均增长 40%以上，贫困群众 100%入住彝家新寨，在实践中走出一条集中连片特困地区"增收入、降成本、提效益、去陋习"四措并举、多维融合发展的脱贫攻坚新路径，受到中央电视台、新华社等各类媒体报道百余次，谷莫村也因此获得"2018 中国最美村镇精准扶贫典范奖"，以谷莫村脱贫故事为原型的电视连续剧《索玛花开》在中央电视台热播。2018 年被破格提拔担任金阳县人民政府副县长后，他始终紧盯脱贫攻坚基础设施之"困"，为金阳县退出贫困县序列，同步实现全面小康传递了金阳信心、提供了金阳方案、做出了金阳贡献。

目前除了罗雅宏、徐伍达两位校友外，还有成千上万川农校友扎根在扶贫攻坚一线，为打赢脱贫攻坚战和实现乡村振兴贡献自己的人生。

案例来源：邹华围. 吕秀兰教授在全国脱贫攻坚总结表彰大会接受表彰［EB/OL］. 四川农业大学校园新闻网，2021-02-25，https://news.sicau.edu.cn/info/1134/60962.htm；张惠. 我校校友徐伍达、罗雅宏获评"全国脱贫攻坚先进个人"［EB/OL］. 四川农业大学校园新闻网，2021-02-26，https://news.sicau.edu.cn/info/1135/60964.htm；王钧，王进. 吕秀兰教授载誉归来［EB/OL］. 四川农业大学校园新闻网，2021-02-26，https://news.sicau.edu.cn/info/1135/60968.htm.

（三）田孟良科技助农："农民需要我，我很满足"

2019 年 7 月 29 日，《人民日报》科技版以《"农民需要我，我很满足"》为题，对我校田孟良教授科技助农先进事迹进行了报道。近 3 000 字的报道中，详细描述了新农村发展研究院副院长、中药材专家田孟良教授为推广农业生产技术，走遍四川 181 个县的感人经历。从闷头做研究到深入农村、扎根一线，田孟良体会到了科技助农的使命和乐趣，以及被农民需要的满足感，他用实际行动诠释了一名川农人在助力脱贫攻坚、实现乡村振兴方面的责任与担当。此次报道，既是对我校在科技扶贫相关工作上取得的成效的肯定，也将激励更多的川农人不忘初心、牢记使命，以昂扬的斗志投入决胜全面建成小康社会、实现乡村振兴的新征程中。

从讲台上到大山里

原本性格内向的田孟良一直认为，三尺讲台才是自己的阵地，闷头做研究兴许还能搞出一点名堂。正如他所言："农业技术本来就不应是孤芳自赏的艺术品，要用来解决农业生产的实际问题。"田孟良成为科技特派员后，他的工作场景从三尺讲台变成了田间地头。10 年的扶贫岁月，让他体会到了科技助农的使命和乐趣，以及被农民需要的满足感。

川药主产地之一的宝兴县因中药材研究专家人才紧缺，田孟良教授应邀而至，赶往宝兴后第一时间就奔赴农村进行调研。他发现，品种混杂、粗放种植等问题极大地制约了宝兴中药材产业做大做强。最典型的品种就是川牛膝。宝兴县是最适合川牛膝生长的区域，但劣品伪品的广泛种植，严重损害了宝兴县“川药之乡”的美誉，市场占有率逐年降低。田孟良对症下药，用6年的时间选育了新品种“宝膝1号”，恢复了正品川牛膝的基原，并配套推广标准化种植方法。如今，宝兴县建成了全国川牛膝种植标准化示范区，宝兴川牛膝通过国家地理标志保护认证，高品质的美名得到市场认可，药农收益大幅提高。

中药材光种得好还不够，还要卖得好。为了帮助宝兴建立完整的中药材产业链，田孟良不仅做田间指导，还通过校县合作成立专家大院，稳固科技支撑；招商引资打造龙头企业，助力产业发展。如今，从没有中药企业到引进大型中药现代化企业建立中药材产业基地。从靠“串串客”跑摊收购，到企业协议回收和互联网销售，宝兴中药现代化产业实现了从崛起到跨越的巨大发展。

宝兴县只是一个起点。担任科技特派员10年来，田孟良走遍了四川省183个县中的181个，足迹遍布贫困“四大片区”和四川省深度贫困区，早晨五六点便起床赶路是他生活的常态。最忙碌的时候，他2年内开车跑了20多万千米；最危险的时候，100多千米的下乡路上就遇到了大大小小100多次塌方。

“无论是哪座山上哪片田有需要，我都一定准时出现。”在田孟良看来，大部分时间花在路上是一件“痛苦并幸福着”的事，因为“每一次赶路，就是一次被乡亲们‘需要’。而被人需要，就是最大的幸福。”

从“书呆子”到“知心人”

随着工作场景的改变，工作中打交道的人也随之转换。成长于教师家庭的田孟良在成为科技特派员前不会想到，自己有一天会坐在老乡家门口或者田埂边，一聊就是大半天。

2015年，田孟良作为科技特派员来到玛目都村时，发现村里土地稀缺，果树种植占用了不少土地，不利于发展高原汉藏药材人工栽培。因此，田孟良向村干部建议，推广林下经济，实行果药复合种植。起初，已有丰富农业一线生产经验的田孟良认为，这里应该种什么、怎么种，都是明摆着的事儿。可没多久，他就意识到自己想得太简单了。

面对农民一双双渴望的眼睛，田孟良一开始真不知道该怎么开头。好几次，他给农民们讲授时，即便是隆冬，也紧张得满头大汗。“说不到一块，他们会觉得你就是个‘书呆子’，好听不中用。”田孟良仔细反思，认为问题出在自己与农民交流太少。“要让农民信赖你，首先要说他们听得懂的话，和他们打成一片。”他就走进农民家，学他们讲话，了解他们关心什么。而今他坐下就能和老乡聊天拉家常。选择品种、整理土地、搭建遮阳网、田间管理……每一个技术环节，田孟良都亲自给农户们细心讲解。遇到不容易说清的问题，他挽起裤脚、操起锄头就下地示范。见到田孟良真心实意地投入工作，乡亲们也越来越把他当成自己人、知心人。与田孟良打过交道的农民，都对他竖起大拇指：“田教授巴适！”老远看到他，就扯起嗓子喊他到自家地里瞅瞅。

田孟良与村民一天比一天熟络，村民的平均收入也一天比一天多。2015年前，300多人的村子人均年收入仅2 000元左右。如今，村子50多个农户脱了贫，户均年收入提高了4 000多元。现在，玛目都村成了高原汉藏药材人工栽培及野生抚育示范基地。

从“增收入”到“拔穷根”

基于多年的扶贫实践，田孟良总结出了一套“产业扶贫经”，即一个地方要脱贫并持续发展，仅靠一些专家教授提供些技术指导远远不够，关键要有长久的产业，还要培养懂技术懂产业的能人来带动一个个村子继续在致富路上走下去，才能彻底拔掉穷根。

成都市友爱职业技术学校毕业生杨茂获得了2万元创业资助。杨茂是四川省阿坝藏族羌族自治州小金县夹金村村民，她将把学到的川贝母种植技术带回村子，并带动村民发展川贝母种植产业。教给杨茂川贝母种植技术，提供创业启动资金的，就是川农。近两年，田孟良着力推动川农与四川部分职业技术学校合作，在这些学校培育来自藏区的好苗子。川农提供农业生产技能培训并给予一定的创业资金，帮助他们回乡创业。

“从村子里走出来的年轻人，对当地有感情，是做农业产业的好苗子。”田孟良说。2015年以来，田孟良逐渐把人才帮扶的重心放到川西藏区。当地贫困程度深，教育与产业基础薄弱，资源优势没有被发掘出来，但也因此而有着巨大的提升空间。田孟良盼望这些年轻人快速成长起来，成为当地脱贫致富的人才“种子”。“我相信这个计划持续下去，一定能开出越来越多的‘花’来。”

与10年前一心只想着上好课、做好实验不同，如今的田孟良爱上了在山中田间行走，享受帮助农民解决问题带来的快乐，就连得知自己成为全国仅92名、四川仅4名受全国通报表扬的科技特派员时，他也正在芦山县大川乡为乡亲们开展技术培训。“非常荣幸受到国家认可！”田孟良教授说，“开展社会服务是川农的优良传统，长期以来也获得了很多荣誉。作为川农农业科技工作者的一分子，我将以此为契机，紧跟习近平总书记指示，再接再厉，继续走基层、进农村，向父老乡亲学习，把科技成果转化工作做得更扎实，为脱贫攻坚、乡村振兴贡献更多力量。”

案例来源：黄云飞.《人民日报》报道我校田孟良教授科技助农事迹［EB/OL］. 四川农业大学校园新闻网，2019-07-29，https://news.sicau.edu.cn/info/1135/52694.htm.

（四）奋力书写农业科技扶贫的川农答卷

——记四川农业大学农业科技扶贫之路

悠悠办学史，殷殷“三农”情。在川农百余年的办学历程中，学校始终秉承“兴中华之农事”的办学初衷，坚持以立德树人为根本、以强农兴农为己任，为擦亮四川农业大省金字招牌、打赢脱贫攻坚战、实现全面小康提供了有力的人才科技支撑，交出了一份份合格的川农答卷。

恪守初心　走出科技扶贫新道路

在漫长的历史长河中，川农的历史既是一部“为农、兴农、强农”的发展历史，更是一部充满艰辛的扶贫历史。一代代川农人用“川农大精神”彰显了自己的“三农”情怀，更见证了新中国成立以来一系列农业发展的过程。

从1956年迁雅安办学以来，学校便长期致力于雅安当地的农业科技扶贫工作。1983年，学校与成都市大邑县签订第一个校县合作协议，标志着学校的扶贫道路从雅安正式走向全省。

早期，为切实解决全省贫困人口温饱问题，学校重点围绕水稻、小麦、玉米等主要粮食作物展开科技攻关和推广，逐步形成冈·D型杂交水稻、“川单”系列玉米、“川农”系列小麦等适应四川粮食主产区推广应用的新品种，作物新品种占部分市县种植面积的50%以上，极大地提高了四川粮食产量。同时积极开展地方畜禽品种选育与杂交利用以及饲养关键技术研究，畜禽养殖效率提高80%以上，催生了四川饲料工业的诞生和快速发展。后期，学校又针对不同地区资源禀赋，从农业主产区深入盆周丘陵地区和盆周中低海拔地区，扶贫目标也从提高粮食产量，解决贫困人口温饱问题，拓展到有针对性地发展特色农业产业，让广大群众由“吃得饱”向“吃得好”转变。

2013年以后，四川贫困面由盆周中低海拔地区缩小至中高海拔地区。针对贫困县自然条件和资源禀赋差、农业产业落后、农业基础设施薄弱、农业人才和农业科技缺乏等特点，学校聚焦88个贫困县和45个深度贫困县，深入研究扶贫办法，提高扶贫科技含量，力求让各种“治贫方”“脱贫方”“致富方”在贫困地区落地、生根、见效。

37年来，学校从着眼解决温饱问题到着眼全面脱贫奔康，从助力消除四川绝大部分地区绝对贫困到助力消除四川区域性整体贫困，这一项项战略部署的转变，不仅仅是学校扎根农村、服务“三农”的时代印记，更是川农人恪守初心、勇担使命的生动写照。

勇担使命　构建科技助农新体系

立志欲坚不欲锐，成功在久不在速。学校深知农业科技扶贫绝非一日之功，深深扎根于贫困地区，根据当地社会和自然条件，选育新品种，研发新技术，构建新机制，传播新理念，创新新模式，构建了“政、产、学、研、用”五位一体的协同发展体系，走出了一条内涵丰富、特色鲜明的农业科技扶贫道路。

这是一场高站位的战略部署。学校把脱贫攻坚作为最大的政治责任，成立了由校党委书记任组长的扶贫工作领导小组，每年校领导带领团队深入秦巴山区、乌蒙山区、大小凉山彝区、高原藏区等贫困地区超过12次，实地了解群众的脱贫需求。学校制定了《2015—2020科技扶贫工作方案》，明确扶贫主要任务及对口帮扶重点工作，并设立了每年200万元的科技扶贫专项经费，用于扶贫新技术、新品种和对解决制约贫困地区产业发展问题的研究。在人事管理制度中充分体现扶贫工作的权重，每年评选10名扶贫先进个人，并单列经费用于奖励表彰，同时鼓励学生到贫困县就业创业或参与扶贫社会实践活动，在评优评奖方面给予重点关注，极大地调动了师生参与扶贫的积极性。

这是一项多举措的扶贫模式。学校不断深化与地方政府和企业合作关系，积极探索“政府+专家团队+基地+农户”等复合型推广服务模式，近年共建现代农业试验示范基地160余个、国家级农业科技园区11个、专家大院47个、博士（后）工作站63个。重点构建以新农村发展研究院为主体，“市级总站—县（区）服务中心—乡镇服务站”三级科技服务平台的“雅安模式”。目前该模式已在全省不同区域拓展，并新建了5个分院。针对贫困地区农业科技需求不一、人才缺乏等问题，学校加强与中国农业大学深度合作，大力推行“科技小院模式”，目前已建立科技小院11个，切实打通了科技服务农户与精准脱贫的“最后一公里”。

这是一批对口型的人才保障。学校紧紧围绕扶贫需求，加强服务“三农”紧缺人才和扶贫攻坚实用人才培养。遴选300余名不同领域的专家学者，组建了60余个不同类型对口帮扶科技服务团队，为贫困地区产业发展提供全方位科技服务。定向招收及培养5 300余名贫困地区学生，鼓励学生到贫困地区锻炼和就业，每年毕业生入选“一村一大”和进入基层工作超过1 000人，有效地补充了地方经济发展人才资源。同时通过短期培训、网络教育等多种方式，先后举办各类专题讲座400多场次，进行现场培训和技术指导2 000余次，培训基层干部、实用人才和农户5万余人次，积极为贫困地区打造本土人才。

这是一套高效能的成果转化机制。学校把科技成果转化作为“一号工程”，出台科技成果“三权”改革方案，将成果转让经费及后续收益比例调整为课题组75%、院（所）20%、学校5%，极大地调动了转化成果的积极性。近年培育的超级稻宜香优2115、饲草玉米、天府肉猪配套系、川早核桃、夏黑葡萄、拉宾斯甜樱桃等新品种，研制的马铃薯脱毒种薯生产、果药套作模式、花椒特色经济林培育、肉（牦）牛高效健康养殖、种养废弃物资源循环利用等新技术，产出的八月瓜系列、鸭传染性浆膜炎灭活疫苗、酥油茶系列饮品等新产品，在全国、全省及贫困地区得到广泛推广，为贫困地区打造支撑产业和特色产业提供了坚实的科技支撑。

这是一条循环式的品牌打造链条。学校充分发挥资源平台优势，与成都市深度合作，牵头建设都市农业新型产业研究院，并成立川农牛科技有限公司，采用线上“川农牛E购”、线下“川农牛鲜生体验店”的运营模式，实现线上线下联动。目前已覆盖雷波县、盐源县等10余个贫困县的农产品，销售渠道除川农牛E购平台外，还包括盒马鲜生、高端商超山姆会员店、华润OLE超市等，创造直接经济效益200多万元。尤其在新型冠状病毒肺炎疫情期间，开通川农牛E购“疫情防控馆——免接触配送”，有效解决了疫情导致农产品滞销的问题。同时积极发挥高校需求优势，鼓励师生员工购买贫困地区农产品，每年集中向贫困地区定向采购600余万元的水果、鸡蛋等扶贫农产品。

砥砺前行 谱写精准扶贫新成就

“川农为促进农业科技进步、助力农民从解决温饱到实现全面小康、推动农业现代化和乡村振兴等做出了重要贡献。”省委书记彭清华2019年4月来校考察时说的这段话，既是对学校农业科技扶贫的高度肯定，更是全体川农人砥砺前行的力量源泉。

37年来，学校农业科技扶贫工作取得了累累硕果，圆满交出了一份份亮眼的“成绩单”：

——人才支撑卓有成效。选派50位专家赴地方挂职科技副县长或副局长，派出各级科技特派员600多名，组织2 000余人次专家到贫困县（区）开展科技扶贫工作，95位专家入选四川省“科技扶贫万里行”活动省级专家，30余位专家被人社厅聘为科技服务专家，300余人（次）专家入选四川省科技厅“三区”人才项目，形成了多层级、广覆盖、机动强的人才支撑体系，为贫困地区培育了大批有利于乡土发展的各类领军人物。自20世纪80年代以来，累计培养农业领域学生20余万人，近70%毕业生服务于我省现代化农业建设和乡村振兴工作，覆盖全省183个县，其中200余人担任市（县、区）领导，1万余人成为基层重要农技人员，近11%毕业生成为贫困县扶贫攻坚中坚力量，在强化农业科技创新驱动、助力打赢脱贫攻坚战中发挥了重要作用。

——科技成果成绩斐然。先后新增国家植物新品种保护授权、审定新品种（系）74个，获授权发明专利537件，获部省级以上科技成果奖励200余项，其中国家科技进步二等奖7项。获2018年国家科技进步二等奖的“猪抗病营养技术体系创建与应用”，使作物副产物利用率提高30%、生猪发病率和抗生素用量降低30%，被农业农村部作为我国养殖端限制抗生素、保障肉产品安全主推技术广泛推广。获2019年国家科技进步二等奖的“草鱼健康养殖营养技术创新与应用”成果，在省内外45家企业推广应用，累计创造经济效益近80亿元。获2019年四川省科技进步一等奖的“玉米—大豆带状复合种植技术体系创建与应用”成果，被列入2020年中央一号文件和农业农村部“种植业工作要点”加快推广应用。

——社会服务成效显著。主持完成《四川省“十三五”脱贫攻坚规划》《四川省农业科技发展规划》《四川省“十三五”农村扶贫开发规划》等项目，先后为广安市、巴中市、凉山彝族自治州等地编制农旅发展、特色产业、精准扶贫方面规划170多个，20篇决策咨询报告获得国务院扶贫办领导和省领导重要批示。高质量完成四川省2016—2020年度精准脱贫成效第三方评估、四川省脱贫攻坚考核评估、国务院扶贫办和四川省等委托的23个贫困县摘帽第三方评估工作及100余个贫困县的年度考核评估工作。

——扶贫工作广受好评。2017年学校入选《“绣花”功夫——四川脱贫攻坚案例》，2018年和2020年分别获评教育部第1届、第3届省属高校精准扶贫精准脱贫典型项目，2019年入选国务院扶贫办志愿者扶贫50佳案例，先后被表彰为全省脱贫攻坚“五个一”帮扶先进集体、全省脱贫攻坚先进集体。

百尺竿头更进一步，中流击水正当其时。站在新的历史起点上，学校将接续推进全面脱贫与乡村振兴的有效衔接，围绕农业农村现代化这个总目标，紧扣乡村振兴这个总战略，坚守立德树人初心，担负强农兴农使命，每年拿出1 000万元，重磅推出《四川农业大学服务乡村振兴战略行动方案（2020—2025年）》，全面实施“三大服务计划”、抓好“四大示范工程”、健全“五大服务机制”，为推动“治蜀兴川”再上新台阶、服务成渝地区双城经济圈建设做出新的更大贡献！

案例来源：张惠. 奋力书写农业科技扶贫的川农答卷：记四川农业大学农业科技扶贫之路［EB/OL］. 四川农业大学校园新闻网，2020-10-29. https://news.sicau.edu.cn/info/1135/59614.htm.

（五）四川农业大学服务乡村振兴战略行动方案

（1）四川农业大学服务乡村振兴战略行动方案发布

四川新闻网成都10月27日讯（龙泓宇 记者 陈淋）10月27日，在省农业农村厅、省扶贫开发局指导下，四川农业大学举行脱贫攻坚与乡村振兴工作推进会，向社会各界展示5年来扶贫攻坚阶段性成果，发布《四川农业大学服务乡村振兴战略行动方案（2020—2025年）》，进一步明确接续推进全面脱贫与乡村振兴有效衔接的方向与路径，不断探索和创新地方农业高校高质量服务乡村振兴战略“川农模式”。

值得关注的是，今后一个时期，四川农业大学每年拿出1 000万元，重磅推出《四川农业大学服务乡村振兴战略行动方案》（以下简称《方案》），全面实施“三大服务计划”、抓好“四大示范工程”、健全“五大服务机制”，力争在巩固脱贫攻坚成果、推进乡村振兴中发挥更大作用，做出更大贡献。

《方案》明确提出，未来5年，四川农业大学将着重围绕“十百千万”4级目标持续发力，力求打好川农服务乡村振兴“组合拳”。“十”指组建10~15支乡村振兴专家服务团队，在成渝地区双城经济圈选择10个重点产业和10个重点区域，建设服务乡村振兴产学研融合创新“川农样本”。“百”指组建100支教授牵头、优势突出、特色鲜明的乡村振兴科技服务团队，重点建设“乡村振兴百村示范工程”。“千”指组织1 000支研究生参与的科技服务队（专家+研究生+本科生），推进产教融合与科教结合，打造一批“科创农庄”，推广新品种、新技术、新产品、新模式1 000项以上。“万”指培训乡村振兴各类人才10 000人次以上，力争科技成果转化和横向经费五年累计突破10亿元。

《方案》明确提出，要实施科技成果供给、人才支撑和成果转化三大服务计划，进一步凝练重点科研方向，加快“卡脖子”技术攻关，打造一支懂农业、爱农村、爱农民的乡村振兴人才队伍，不断加强对成渝乡村振兴和四川现代农业“10+3”产业体系的人才科技支撑。要抓好产学研融合创新驱动县域经济发展、乡村振兴百村示范、“1链3E”数字化共享平台和新型高端智库建设四大示范工程，进一步深度实践和推广环“雅安模式”及产学研融合创新“成都样本”，探索和实践“科技+人才”支撑示范村五大振兴的落地方案，开展前瞻性、针对性、储备性农业农村政策研究，引领现代农业园区数字化转型升级。要健全协同融合、多元动力、互联共享、市场化投入和督导考评五大机制，着力构建参与主体更多、合作方式更多、合作程度更深的校院企地发展共同体，推动农业产业的信息交流、人才交流、产业互动、效益共享，建立以绩效考核和效果评价为导向的资源配置方式，不断提高服务区域发展和农业农村发展的能力和水平，全力创造脱贫攻坚和乡村振兴的新佳绩。

会上，川农与12个地方政府、企业签订了乡村振兴行动合作协议，项目内容涵盖联合攻关、决策咨询、规划设计、开发建设、管理服务等领域。此外，会议还举行了乡村振兴专家服务团授牌仪式。川农首批10个乡村振兴专家服务团队和50个乡村振兴科技服务团队将立足各自领域，对接川粮油、川猪、川鱼、川果、川茶等产业，为乡村振兴添加更多科技助力。

案例来源：龙泓宇，陈淋. 四川农业大学服务乡村振兴战略行动方案发布［EB/OL］. 四川新闻网，2020-10-27. http://scnews.newssc.org/m/system/20201027/001119274.html.

（2）数说乡村振兴川农行动方案

面对新时期强农兴农的责任和使命，川农如何在国家乡村振兴事业中贡献智慧和力量？在10月27日的乡村振兴大会上，《四川农业大学服务乡村振兴战略行动方案（2020—2025年）》（以下简称《方案》）新鲜出炉。方案聚焦乡村振兴，对接农业产业需求，发挥学校资源优势，从行动方向、行动目标、行动路径、行动重点、行动保障多个方面，对接下来5年将要开展的工作进行了部署规划。

行动意义：“2”与“10+3”

“2”——“脱贫攻坚”与“乡村振兴”两项国家战略行动、成渝双城经济圈建设。

“10+3”——支撑四川农业大省金字招牌的现代农业“10+3”产业体系。

据新农村发展研究院直属党支部书记、常务副院长周伦理介绍，《方案》出台是学校担负强农兴农使命，勇挑“治蜀兴川”责任的具体实践，是学校深入贯彻国家、省委省政府系列文件精神，主动对标成渝地区双城经济圈目标定位、四川现代农业“10+3”产业体系、国家乡村振兴战略，开展集成推进的行动路线图。

《方案》在全面打赢脱贫攻坚战的收官之年、全面建成小康社会目标的实现之年出台，正是为了实现脱贫攻坚与乡村振兴的有机衔接，同时精准服务成渝地区双城经济圈乡村振兴，扎实推进“双一流”建设与区域经济融合发展，全面提升学校服务社会的效能和影响力。

围绕实现农业农村现代化这一乡村振兴总目标，学校将力争打好“科技+人才+N”服务乡村振兴“组合拳”，不断探索和创新地方农业高校高质量服务乡村振兴战略的方式方法。

行动目标：“五”“十”“百”“千”“万”

通过五年行动，建成“五”大高地，实现“十百千万”量化目标。

“五”——到2025年，学校全面建成服务乡村振兴战略“五大新高地”：成渝农业科技创新资源聚集新高地、乡村振兴人才培养新高地、农业科技成果转化新高地、农业科技创业孵化新高地、农业科技开放协同新高地。

“十”——组建10~15支乡村振兴专家服务团队。在成渝地区双城经济圈选择10个重点产业和10个重点区域，建设服务乡村振兴产学研融合创新“川农样本”。《方案》中公布了进入乡村振兴专家服务团队第一批建议名单的10个团队。

“百”——组建100支教授牵头、优势突出、特色鲜明的乡村振兴科技服务团队，重点建设“乡村振兴百村示范工程”。《方案》公布了进入乡村振兴科技服务团第一批建议名单的50个团队。

“千”——组织1 000支研究生参与的科技服务队（专家+研究生+本科生），推进产教融合与科教结合，打造一批“科创农庄”，推广新品种、新技术、新产品、新模式1 000项以上。

“万”——培训乡村振兴各类人才10 000人次以上，力争科技成果转化和横向经费五年累计突破10亿元。

行动路径：“三大服务计划”

《方案》计划通过实施“三大服务计划”，完成各项任务指标。

计划一：“科技成果供给服务计划”。通过全力对接成渝地区建设具有全国影响力的科技创新中心；全力对接四川建设现代农业“10+3”产业体系，保障应用型重大科技成果精准供给；全力对接脱贫攻坚与乡村振兴有机衔接，产出更多高质量特色成果，加快凝练重点科研方向，优化科技组织结构，强化基础研究、“卡脖子”技术攻关、技术集成和区域农业农村经济发展研究，为乡村振兴提供强有力的科技支撑。

计划二：“人才支撑服务计划”。从三大方面着力，完善乡村振兴人才培养模式，加快培养不同类型农林人才，打造一支懂农业、爱农村、爱农民的乡村振兴人才队伍。包括着力对标“新农业”发展，造就一批具有国际影响力的科学大师和青年科学家，服务乡村振兴；着力对标“新农科”建设，推进“三全育人”综合改革，服务乡村振兴；着力对标“新农人”需求，加强乡村基层人才综合能力和科技素质提升，服务乡村振兴。

计划三：“成果转化服务计划”。通过努力共建好国家级大学科技园、农业高新技术集中转化示范基地，推进“川农牛IP”和“科创农庄”品牌化，实现科技创新链、产业链和人才链“三链融合”，更大力度激发成果推广转化的产教协同效应，加快科技成果推广转化，进一步增强学校对成渝乡村振兴和四川现代农业“10+3”产业体系的支撑引领作用，大力提升学校科技成果转化对乡村振兴的影响力。

行动重点：“四大示范工程”

《方案》以抓好“四大示范工程”为重点。

工程一：“产学研融合驱动县域经济发展示范工程”。进一步深度实践和推广川农脱贫攻坚环“雅安模式”及产学研融合创新“成都样本”，充分凝聚区域内外的农业科技创新与产业发展资源，构建“政府引导、高校支撑、企业主体、商业化逻辑”的产学研融合发展共同体，驱动县域经济发展。攻克“卡脖子”技术难题，产出关键技术成果，加快亮点工程建设或标志性成果产出，推动形成乡村振兴背景下产学研融合创新“川农样本”全景图。

工程二：“乡村振兴百村示范工程”。打造100支教授牵头、优势突出、特色鲜明的科技服务团队，集成校内外科研资源、人才资源和社会力量，重点服务100个村，充分尊重示范村资源禀赋，集中集成研发针对性强的“五良融合、绿色发展”产业技术体系。发布“百村建设蓝皮书”，探索和实践“科技+人才+N”支撑示范村五大振兴方案落地。

工程三：“数字化共享平台建设示范工程”。依托我校信息工程学院、成都现代农业研究院等，基于新一代信息技术与农业高新技术交叉融合创新，重点打造“数字化共享平台”，在成渝地区双城经济圈现代高效特色农业带进行成果应用示范，在成渝地区乃至全国打造“数字农业”标志性应用场景，提供“策划方案+解决方案+服务方案+孵化方案”四大落地方案集成服务，引领现代农业园区数字化建设提档升级。

工程四：“新型高端智库建设示范工程”。充分发挥学校资源优势，建设乡村振兴战略高端智库，紧紧围绕国家乡村振兴战略和成渝实施乡村振兴行动计划，开展前瞻性、针对性、储备性政策研究，提出专业化、建设性、切实管用的政策建议，着力提高综合研判和战略谋划能力。常态化举办“成渝乡村振兴战略高峰论坛”，整合校内外学术资源、智力资源和社会资源，打造集学习交流、经验分享、理论研讨、模式推广为一体的新型智库平台。

行动保障：“五大服务机制”

以健全“五大服务机制”为川农的乡村振兴行动提供有力保障。

机制一：“协同融合机制”。从创新顶层设计出发，成立服务乡村振兴领导小组，强化深度融合、协同多方联动，着力构建参与主体更多、合作方式更多、合作程度更深的校院企地发展共同体，进一步聚合科技研发、平台要素、市场主体等多种优质资源，整合利用创新链，推进产业跨界融合。

机制二：“多元动力机制”。构建内生性动力+外生性动力+联动性动力的多元动力机制，产生几何级增长效应。在内生性动力机制方面，进一步激活学校科技人才科研与开发的原动力，提升学校技术和人才在促进乡村振兴过程中的贡献值；在外生性动力机制方面，调动学校教师从事社会服务工作的积极性，同时建立专业性更强的新型社会服务体系，为科技成果推广转化提供全方位专业化服务；在联动性动力机制方面，建立多种形式的乡村产业联合体或新型研发机构，形成“群龙共舞”的发展新格局。

机制三：“互联共享机制”。学校进一步巩固校院企地利益共同体，为区域经济发展提供持续动能，加强重大事项合作研究和整体谋划。通过项目合作、载体搭建等共享方式，促进科研成果转化，加速优质项目聚集落地。加快互联共享平台建设，促进深度抱团，联动发展。学校也将整合优势资源，列出清单，建立合理的开放机制，力求更广泛共享。

机制四：“市场化投入机制”。学校充分利用市场机制手段，吸引多方资源参与学校服务乡村振兴战略工作。

机制五：“督导考评机制”。学校全面推行乡村振兴“责任清单”，按“三图一表”确保决策执行。通过建立以绩效考核和效果评价为导向的资源配置方式，聚焦重点任务建立专项督导考评机制，引入社会服务支持计划，引领专项和引育专项试行满意度测评等，健全督导考评机制。

案例来源：杨雯. 数说乡村振兴川农行动方案［EB/OL］. 四川农业大学校园新闻网，2020-10-28，https://news.sicau.edu.cn/info/1135/59594.htm.

二、对接教学

（1）形势决定政策；

（2）政策反作用于形势；

（3）中国特色反贫困理论。

三、案例解析

民生是人民幸福之基、社会和谐之本。要提高保障和改善民生水平，必须消除贫困。面对千百年来肆虐中国的绝对贫困，面对近 1 亿绝对贫困人口的严峻现实，以习近平同志为核心的党中央在 2012 年底发出了坚决打赢脱贫攻坚战的总攻令，提出了精准扶贫理念，创新了扶贫工作机制，制定了一系列科学正确的政策举措。8 年来，我国脱贫攻坚战取得了全面胜利，现行标准下 9 899 万农村贫困人口全部脱贫，832 个贫困县全部摘帽，12.8 万个贫困村全部出列，区域性整体贫困得到解决，完成了消除绝对贫困的艰巨任务，创造了又一个彪炳史册的人间奇迹！形势是科学制定政策的依据，它决定政策；政策对社会形势的发展产生重大影响，改变着形势。我国绝对贫困的消除，脱贫攻坚战的全面胜利，就是对形势与政策关系的最好诠释。

习近平总书记《在全国脱贫攻坚总结表彰大会上的讲话》中指出：“脱贫攻坚取得举世瞩目的成就，靠的是党的坚强领导，靠的是中华民族自力更生、艰苦奋斗的精神品质，靠的是新中国成立以来特别是改革开放以来积累的坚实物质基础，靠的是一任接着一任干的坚守执着，靠的是全党全国各族人民的团结奋斗。我们立足我国国情，把握减贫规律，出台一系列超常规政策举措，构建了一整套行之有效的政策体系、工作体系、制度体系，走出了一条中国特色减贫道路，形成了中国特色反贫困理论。”

农业院校是精准扶贫、精准脱贫的生力军，作为人才、智力、科技的集中地，在这场脱贫攻坚战中，发挥着自身的优势，承担着应有的责任和义务。新时代川农人参与脱贫攻坚，不仅是贯彻落实党和国家政策的体现，也是对学校校训和“川农大精神”的认真践履，更是彰显及弘扬社会主义核心价值观、躬身践行初心使命的责任担当。

本节案例首先精选四川农业大学在脱贫攻坚路上涌现出的几位典型人物，他们有着高学历、高职称，却把一腔热血流进祖国和人民需要的“三农”事业，以一己之力带动一个地方的产业发展，以不懈奋斗的小我努力成就脱贫攻坚的伟大事业。其次本组案例提供了学校致力推进脱贫攻坚和乡村振兴有效衔接的新举措新办法，充分彰显了学校接续奋斗、砥砺拼搏，继续为脱贫攻坚和乡村振兴做贡献的决心与信心。

在运用本节案例教学时，应着重从中国农业农村的形势及发展，深刻认识中国共产党实施脱贫攻坚与乡村振兴举措的重要意义；从脱贫攻坚战的实施与决胜中深刻理解中国特色反贫困理论；从新时代川农人扎根脱贫攻坚一线，以实际行动帮助、带领贫困群众，特别是深度贫困地区群众树立脱贫志气、增长脱贫本领、发展特色产业、早日拔除穷根的事迹中感受川农人崇农爱农兴农情怀，致力在巩固脱贫攻坚成果、推进乡村振兴中发挥更大作用、做出更大贡献。

四、课程训练

（一）课堂环节

（1）邀请学校扶贫干部到课堂一线，面对面向学生讲授工作点滴，分享扶贫心得；

（2）在教师讲授之余设计 10 分钟的课堂交流环节，抽取同学发言，分享脱贫攻坚和乡村振兴见闻或亲身体会。

（二）课后实践

（1）带领学生代表前往雅安市汉源县、广安市前锋区、凉山州雷波县实地调研脱贫攻坚成果，了解脱贫攻坚与乡村振兴有效衔接的路径。

（2）组织学生开展生源地乡村振兴的相关问卷调研，主要采用电话、视频访谈或网络问卷调研形式，学生自由组合，每组 10 人左右，完成关于以上三地的问卷 10 份，并提交一篇 2 000 字以上的分析报告。

五、思考与讨论

1. 科技推广效果差和技术落地难一直是助农工作中的痛点难点问题。案例一中，团队通过多地调研分析发现，根源在于“三区”村民接受和消化科技知识能力较差和专家教授进行科技指导的时间有限。为有效解决乡村科技推广“最后一公里”问题，团队抓住乡村干部和党员素质相对较高和接受科技能力较强的特点，在传统科技推广基础上，成立了以乡村干部和党员为主的技术服务队，创立“党员专家教授+党员技术服务队+村民”的科技助农“梯度推广”模式，这种模式能够促使“高校+地方部门+贫困村”三级联动，从而建立起精准科技扶贫的长效机制。请简述这种“梯度推广”模式的可行性与必要性，以及推广这种模式可能会遇到哪些困难。

2. 请同学们观看学习习近平总书记在全国脱贫攻坚总结表彰大会上的重要讲话，并分析和讨论中国特色减贫道路的探索与实践，探究其“特色”体现在哪些方面。

3. 结合本节课程，请思考作为一名川农学生，如何以自己的实际行动为推动乡村振兴贡献力量。

第二节　科技支撑——全力提升农产品竞争力

一、案例呈现

兴中华之农事，探实践之真知。一代又一代川农人传承“川农大精神”，用“爱国敬业、艰苦奋斗、团结拼搏、求实创新”谱写出一曲曲“科技助农”的动人乐章。他们中有主持育成优质超级稻的专家黄富；有勇担强农兴农使命，助力巴中市恩阳区水稻产业生产的李仕贵教授及任万军教授；有在全国“两会”提案用高新技术助中国人端牢“饭碗”的吴德；还有投身农业传承，致力于小麦研究的颜济教授……川农人始终不忘初心，牢记使命，肩负责任与担当，不断用科技知识为兴农事业奉献自己的一分力量。

（一）黄富：28 年寻觅川米好种的“稻路”

他，主持育成的高抗优质杂交稻新品种宜香优 2115，结束了“蜀中无好米”的时代，被农业部（现农业农村部）确认为超级稻；他，完成的科研成果获省部级科技进步奖一等奖 2 项、二等奖 2 项、三等奖 5 项，主持创制 16 个水稻新恢复系、4 个新不育系通过省级鉴定，主持育成 31 个、主研育成 15 个新品种通过国家或省级审定，获植物新品种授权 8 项；他，先后被遴选为四川省跨世纪杰出青年学科带头人、首批四川省学术和技术带头人后备人选，获评四川省有突出贡献优秀专家、四川省杰出青年技术创新带头人。因杰出的成绩，他也获得了学校首届优秀教师标兵荣誉。

结束“蜀中无好米”时代

1986 年，从西南农业大学攻读植物保护专业毕业后，黄富教授被分配到四川省农科院水稻高粱研究所从事水稻、高粱植保科研工作。从此，他与水稻结下了不解之缘。后来在我校攻读作物遗传育种学博士后，他更是爱上了水稻抗病育种，他说“活到老、学到老”，10 年一个台阶的学习经历，不断地从理论到实践、再从实践到理论的螺旋式进步，促使他积累了坚实的专业理论和丰富的实践经验，敏锐把握相关领域科技发展方向，通过长期刻苦钻研、不懈努力，在科技创新、成果转化和教学工作中取得了显著成绩。

他主持育成的高抗优质杂交稻新品种宜香优 2115 米质达国标优质二级，2011 年、2012 年分别通过四川省和国家审定，取得了杂交稻优质、高抗、高产、高效新品种选育的重大突破，大米外观品质优、食味好，结束了“蜀中无好米”的时代，2015 年被农业部（现农业农村部）确认为超级稻，成为西南稻区首个国标二级优质超级杂交稻品种，连续多年 14 次被遴选为国家、省级主导品种，3 次被四川省政府和农业主管部门确定为“重点推广的优质稻品种”，6 次荣获中国“最受喜爱的十大优质稻米品种”和四川省第六届“稻香杯”优质米特等奖等荣誉称号，30 余次被 CCTV7 等媒体宣传报道，引起了社会广泛关注。

宜香优 2115 抗倒性强，适宜机插机收，深受新型农业经营主体和农户喜爱，米好看、饭好吃，已成为西南稻区大米加工企业打造优质大米名优品牌的优选品种，深受城乡各类消费人群喜爱。2016 年成为西南稻区年推广面积最大的品种，已累计示范推广 1 300 余万亩，生产优质稻谷 67.6 亿多千克，新增社会经济效益 58 亿多元。大幅度减少了农药和化肥用量，实现水稻生产资源节约、环境友好和可持续发展，生态效益显著，为水稻产业供给侧结构性改革、精准扶贫、农民增产增收、新形势下水稻产业绿色转型升级和乡村振兴发挥了重大作用。

艰苦奋斗谋创新

1986 年参加工作以来，在四川省农科院水稻高粱研究所，他跟着老前辈开展"四川省高粱穗部害虫区系研究""稻瘟病抗源筛选和病菌生理小种监测及应用""杂交稻粒黑粉病发生流行规律及综合防治技术研究"，并取得明显成效，多次荣获省部级奖励。1999 年开始牵头组建科研团队，在植物病理学与作物遗传育种学的交叉领域开展稻瘟病抗源筛选及改造利用研究。2003 年在"川农大精神"的感召下，作为人才引进四川农业大学农学院从事植物病理学教学、科研工作，在稻瘟病、稻曲病常发区雅安雨城区草坝镇设立试验基地，在海南三亚市崖州区设立南繁基地，系统开展水稻抗病育种研究。作为一名水稻稻瘟病专家，转向开展抗病育种，也遭到了业界质疑，因为四川水稻三系育种水平已处于国内领先地位，竞争十分激烈，"半路出家"搞育种，难有成效。确实，最初几年他申请参加省区试的新品种"斗不过""大牛"们的"高科技产品"，节节败下阵来，2004—2009 年连续 6 年没有一个品种通过审定。作为人才引进人员，他承受了来自各方的巨大压力，是放弃还是坚持?

黄富教授通过系统分析、总结和反思，认为不改研究方向就只能变思路，寻找新的突破口。他敏锐地发现，以四川为代表的西南稻区寡照、高湿、昼夜温差小，特别适宜稻瘟病、稻曲病发生流行，对水稻品种抗病性要求更高。过去为了解决温饱问题，高产育种长期成为水稻育种的主攻方向，导致生产上推广品种多数外观和食味品质较差，难以满足市场需求。随着人民生活水平的不断提高，优质稻米品种必将市场前景广阔。于是，他将主攻方向聚焦到抗病和优质上，一方面发挥自身专业优势，另一方面在稻米品质上抢先发力。思路决定出路、想法决定办法。他首次提出抗病与大粒、优质相结合的技术路线。通过与中国农业大学彭友良教授团队长期合作研究，他创建了一套抗稻瘟病基因鉴选的技术体系，鉴选出改良水稻品种抗瘟性的有效基因 Pi2 等，从 3 000 余份国内外种质资源中，历经 10 余年的系统评价，发掘出含有 Pi2 等抗瘟基因，兼具高抗稻瘟病、大粒和低垩白等优良特性的种质资源 IRBN92-332。利用高配合力、优质而感病的恢复系泸恢 17 作为主体亲本与 IRBN92-332 杂交和回交，集成运用抗性精准鉴定、南北穿梭选育、早代配合力及米质测定，又历经 10 余年的艰辛打磨，他成功创制出高抗稻瘟病、中抗稻曲病、兼具大粒优质、高配合力、高肥效及抗倒伏等优良性状的超级稻恢复系雅恢 2115，育成了以先锋杂交种宜香优 2115 为代表的系列优质抗病杂交稻新组合。

黄富教授还讲述了几个雅恢 2115 创制过程中的小故事。2005 年 9 月份，在室内开展杂交稻新组合米质检测过程中，他发现了一个大米外观品质极佳的新组合（该组合就是后来的先锋杂交种宜香优 2115），追溯其父本，发现根据当时的传统观念，其植株叶片偏长，在田间选种时已被淘汰。由于最初经验不足和条件有限，所有科研材料都没有备份，但他敏锐地感觉到这份材料可能就是自己日思夜想的优质新材料，于是不辞辛劳到雅安草坝基地田间寻找到该株系稻桩，再搬运到海南繁种。幸运的是，这个株系就是后来的高抗优质超级稻恢复系雅恢 2115。他感叹说："偶然中有必然，不然至少还要煎熬 10 年，甚至一事无成。”2006 年 4 月初，在海南基地，水稻逐渐成熟。由于田水干了，他穿着拖鞋就下田了。正在田里观察选种，突然感觉小腿剧疼，一看，有条蛇咬在小腿上，慌忙中用力一甩，蛇却缠绕在小腿上，最后好不容易才被甩了出去。他也没看清是条什么蛇，只见伤口鲜血直流。“幸好不是毒蛇，后来想起来真有点害怕。”2016 年 8 月的一天下午，雅安草坝基地突遇狂风暴雨，在晒场抢收科研材料的过程中，由于湿滑他不幸摔了一跤，头顶鲜血直流，伤口在医院缝了 4 针。他说：“幸好没有伤到后脑壳，不然就惨了。”第二天，他又带着伤痛，冒着酷暑陪同来访客人到草坝基地和兄弟单位郫县、温江基地考察水稻，还差点晕倒在田间。他说：“搞农业科研，长期在田间地头，要想做出成绩，不仅要流汗，有时还要流点血。”

黄富教授主持完成的科研成果“高抗优质超级稻恢复系雅恢 2115 的创制与应用”荣获 2018 年度四川省科技进步奖一等奖、中国作物科技奖和 2019 年度神农中华农业科技二等奖。他说：“成果是过去努力的结果。科技创新无止境，新材料新品种创制没有最好，只有更好。”目前，他带领团队与隆平高科、荃银种业、金色农华、丰乐种业、中种集团等国内知名企业广泛开展合作，在多抗优质水稻新材料创制和品种选育的“稻”路上继续前行。

案例来源：王燕晶，赵红玉．黄富：优质超级稻宜香优 2115 的育成人［EB/OL］．学习强国四川学习平台，2020-09-28．https://news.sicau.edu.cn/info/1133/60712.htm.

（二）我校专家助力巴中市恩阳区水稻产业生产

2021 年 2 月 19-21 日，春耕伊始，受巴中市恩阳区农业农村局邀请，学校李仕贵教授及任万军教授分别带领研究团队赴恩阳区，为当地水稻产业生产出谋划策。学校动物营养所党委书记、恩阳区党委副书记钟邦胜、恩阳区农业农村局副局长程宁、恩阳区农业农村局农技中心主任易书、双胜镇党委书记廖泓宇、恩阳久益农机专业合作社社长熊伟等分别陪同考察调研。

李仕贵教授实地考察了双胜镇五星村高标准农田、生态纯粮蛋鸡养殖场、芦笋种植基地和油菜主产区，对高标准农田建设和农业园区创建提出了建议，并对 2021 年的水稻品种布局、新建基地水稻栽培管理措施、现代粮油综合体建设和水稻“丰收节”的举办进行了指导。同时再次回访了下八庙镇万寿村现代农业示范点，与技术帮扶企业（巴中市三棵松农业科技有限公司）一道分析 2020 年水稻生产和经营状况；在企业品种选择、大米品牌创建、示范基地建设、稻米品鉴活动的开展等方面提出了建议和解决方案。

任万军教授带领团队进行了水稻机械化育插秧技术的专项指导，并举行了“齐苗壮根育秧技术”专题座谈培训会。培训会上，农学院陈勇副教授从品种选择与播前种子处理、营养土取土与制备、播期与秧龄规划、播种量确定、秧床制作、暗化催芽的操作过程与注意事项及后期肥水药管理等环节进行了全面详细的讲解；任万军对机插秧暗化育秧过程中容易出问题的地方进行了补充说明，并强调示范推广前一定要做好准备工作，培育全苗壮苗，保证满栽满插，确保优质高产，做好样板。同时向当地技术人员和合作社提供了《水稻防疫备耕与育秧技术》《齐苗壮根暗化育秧操作流程图》《备耕物资材料和设备清单》。相关技术人员与合作社操作人员均表示学到了新技术新知识，希望学校专家能在关键环节常去指导。据悉，此次活动是学校落实与巴中市恩阳区 2020 年 8 月签订的区校合作协议，就巴中特色资源保护与利用、现代农业示范园区建立、人才培养和乡村振兴等方面给予对口支持的有力举措。

案例来源：朱军，陶有凤. 我校专家助力巴中市恩阳区水稻产业生产［EB/OL］. 四川农业大学校园新闻网，2021-02-23. https://news.sicau.edu.cn/info/1078/60954.htm.

（三）全国政协委员吴德：用高新技术助中国人端牢“饭碗”

“种子是种植业的生命线和发动机，应持续推动相关领域自主科技的创新、应用，实施种源‘卡脖子’技术攻关。”近日，全国政协委员、四川农业大学校长吴德接受中新社记者采访时表示，选育、发掘一批突破性新种源，不仅有助于推动中国种子产业发展，更能让民众对粮食生产更放心、安心，真正实现“把中国人的饭碗牢牢端在自己手中”目标。

2021 年中央一号文件刚刚正式发布，提出全面推进乡村振兴，加快农业农村现代化步伐。此前中央经济工作会议明确提出的 2021 年八大重点任务中，解决好种子和耕地问题正是其中之一。2021 年全国两会期间，在农业领域深耕 30 载的吴德将对种子科技创新面临的挑战与困难提出建议。

中国种子品种（品系）繁多，但进口量仍然很大，为什么？吴德介绍，这是因为中国大部分种子适应面窄，大面积推广较难。“比如在四川凉山可以种植的种子，可能就不适合在成都种植。”吴德举例说明，中国种植业的进一步发展，需要适应性更好、抗病性更强、产量更高的种源。

优质种源在农业发展中的重要性进一步凸显。四川省种质资源中心库于 2020 年 12 月 31 日启动建设，建成后将成为中国国内唯一的省级综合性种质资源库。2021 年初，四川农业大学西南作物基因资源发掘与利用实验室正式获批成为省部共建国家重点实验室，将开展作物突破性新品种的培育以及应用推广新技术研发。

吴德表示，种子科技的创新、应用是中国种植业实现突破性发展的关键所在。就中国种子产业现状而言，分子杂交技术、分子标记技术等高新技术的应用有待进一步加强。基于此，吴德建议国家制定更严格、更富科学性的种子品种审定标准；有关部门在资金、政策等方面大力支持种子科技的研发，并引入更严谨的科研评估体系；充分利用农业科技，助力优质种源的发掘、培育，推动形成一批具有突破性的新品种。

种子和耕地从来都是“唇齿相依”的。在吴德看来，良种需要配良法，即根据品种的生长发育特性，采取相应的栽培方法。“耕地质量的好坏决定粮食生产能否实现高产、优质、安全稳定。”他建议有关部门进一步落实法律、行政、经济、技术等手段和措施的应用，保护中国耕地数量、质量。

从长远来看，吴德还希望中国能在“一带一路”沿线国家进一步推广选育出的优质种源。“中国农业企业能从中寻找新发展机遇，提高效益，也有助于加快形成以国内大循环为主体、国内国际双循环相互促进的新发展格局。”他建议健全相应规范制度，深化相关产业领域的企业、机构与高校产业联盟间的协同合作。

为准备 2021 年上会的提案，吴德自 2020 年 6 月便开始调研考察，曾多次深入基层走访，“希望能提出更多有效的建议，为农业农村现代化发展带来一些帮助。”在他看来，研发、应用适合中国土地资源特征的机械化、智能化设备能减少劳动量，从而鼓励部分进城打工的农民返回乡村。而为吸引、留住更多爱农村、懂农业的人才，推动农旅、农创等产业融合发展，仍需从政策、经济等多方面同时发力。

案例来源：岳依桐. 四川农大校长吴德：用高新技术助中国人端牢“饭碗”[EB/OL]. 中国新闻网，2021-2-23. http://www.chinanews.com/gn/2021/02-23/9417234.shtml.

（四）颜济：大家气象　高山仰止

颜济，四川省成都市人，1924 年出生于四川省成都市的一个书香门第家庭，1948 年毕业于华西协和大学农艺系。作物遗传育种学家，植物学家，小麦族生物系统学奠基人。

推动小麦生产两跃台阶

颜济教授从事四川小麦育种、细胞遗传学、小麦族生物系统学研究已 70 多年。

颜济教授参加工作后对四川作物生产状况进行调研，他提出半矮秆形态结构与抗根腐病来克服高产与倒伏的矛盾，从而在四川与墨西哥不约而同地同时进行了矮化育种；他把病孢子人工接种严格鉴定抗性视为关系育种成败的重要手段，进行流行锈病与白粉病病菌孢子的人工接种，以提高育种田间的发病概率，提高抗性选择的可靠性；以早熟高产的综合性状设计为育种目标来进行严格选择；用田间多次观测评价取代了只看最后的产量统计，把产量估算在综合性状设计之中；从发育形态学的分析出发，估计了试验田与生产大田之间的生态差异。

通过上述育种设计，他在 1962 年选育并推广了“大头黄”“雅安早”“竹叶青”三个被农民称为“62 型品种”的第一批早熟、抗病、抗倒的高产良种，使四川的小麦产量由“南大 2419”“矮粒多”的 300~400 斤（1 斤=0.5 千克）提高到 500~600 斤，高产田块达到 700~800 斤的新水平，上了一个新台阶。这批新品种不仅是四川本省自己育成的第一批大面积推广的品种，而且与当时从国外引进的意大利良种“阿波”在四川“平分秋色”，播种面积各占 1 500 万亩左右，打破了国外引进品种在四川一统天下的局面。

颜济教授根据自己对小麦发育遗传学与发育形态学资料的研究，设计改良聚敛杂交方案育种，杂交程序类似于近年遗传学家采用的 MAGIC，通过显性性状选择解决杂交世代存在的选择难题，有效聚合了不同亲本的优良性状，特别是集多亲本多个不同的抗条锈基因于一体。他在 1969 年选育出涉及 7 个亲本、8 次杂交，具有高产、抗病、早熟、矮秆等优良特性的“繁六”及其姊妹系，满足了多熟制要求，改变了四川麦区的耕作制，尤其重要的是具有抗条中 17 到 29 条中的 13 个条锈菌生理小种、20 个生理型的抗性基因，保证了新品种 20 年保持抗性不衰，创造了世界记录。由于这些优良性状都是显性性状，适应能力特别强，“繁六”及其姊妹系几乎覆盖了整个四川小麦生产区（包括四川邻近省份），年种植面积超过 3 500 万亩。

颜济教授选育的“繁六”及姊妹系不仅是四川 20 世纪 70 年代主要的换代品种，而且它具有高产、抗病、早熟、矮秆等优良特性显性，遗传传递力特别强，作为珍贵资源，在育种上被广泛应用，成为全国及四川小麦育种极其重要的种质资源，获得国家发明一等奖。在四川，由它衍生了绵阳、川麦、川育等多个系列一大批品种，成为此后 20 多年中四川小麦生产的当家品种，占全省小麦栽种面积的 90%以上，把四川小麦产量由 500~600 斤提高到 700~800 斤，个别田块上 1 000 斤，使四川小麦生产再上一个新台阶。据不完全统计，“繁六”及其衍生品种仅在1978—1988年10年间，四川省就累计种植2.1亿亩，增产小麦65.5亿千克。这些品种还广泛种植于陕、甘、黔、滇、湘等省份，创造了巨大的经济效益和社会效益。

世界细胞遗传学上的不朽贡献

通过“62型品种”和“繁六”及衍生系的推广应用，四川小麦生产自1949年以来已连续跃上了两个台阶：第一个台阶，产量由原来的亩产300~400斤提高到500~600斤；第二个台阶，小麦亩产提高到700~800斤。颜济认为四川小麦要上第三个台阶，选育超1 000斤的新品种，从现有推广品种遗传潜力看，已是不可能。于是，他又拓展思路，将育种研究的重心转移到育种资源的研究上。

为了探寻优良基因，小麦族异种属杂交试验也在川农小麦所展开。1993年，他发表了论文“Intermeocyte Connections and Cytomixis in Intergeneric Hybrid of Roegneria Ciliaris（TRIN.）Nevski With Psathyrrostachys Huashanica Keng. Cytologia”。该论文的发表，引起了国际知名学者关注。该成果使核物质胞间转移得到清晰认证，使染色体组如何形成高倍多倍体得到理解，使不同染色体组如何杂交形成属、不同亚组如何杂交形成种被清楚认知，使由染色体组组建成属、染色体组亚型组建成种的论证被确立，使细胞遗传学的研究成果可以用来澄清生物真实的系统亲缘关系，从而使生物系统学可以成为一门真正的科学。在细胞遗传学上，这被国际学者公认为颜济的大贡献，并且是在孟德尔阐明遗传性分离规律并创立遗传因子说、摩尔根创立染色体基因说、木原均发现染色体组，继ÁSKELL LÖVE之后，对世界遗传学的又一大贡献。

小麦族生物系统学及形态发育研究的第一人

种质资源是人类赖以生存和发展的不可再生的核心战略资源。20世纪80年代，在联合国国际植物遗传资源委员会（IBPGR）资助下，由颜济教授负责中国大区的小麦种质资源调查项目，同时参加研究的还有瑞典、丹麦、加拿大、日本的科学家。

1983—1998年的16年之间，颜济及夫人杨俊良教授带领学生和助手们系统地对我国新疆、西藏、陕西、青海、甘肃、宁夏、内蒙古、四川、黑龙江、辽宁、吉林、山东、湖北、山西、江苏、浙江等16个省份和美国、加拿大、瑞典、丹麦、日本、澳大利亚等国家进行了野外实地调查。其间，他深入新疆荒漠10次，登上青藏高原18次。这让他的身体习惯了艰苦的自然环境，即使是在70多高龄，仍能若无其事地造访海拔5 000米的高原，而许多年轻人已有强烈的高原反应。

通过他主持并设计的“小麦族种质资源研究”项目，收集和保存小麦族21属193种35变种6 000余份材料，建立了国内外完善的小麦族种质资源基因库和标本室；建立了KENGYILIA和DOUGLASDEWEYA 2个小麦族新属；发表新种10个、新组合17个、新分布6个、新细胞型10个；首次报道小麦族40个物种的染色体数目、25个物种的核型、14个物种的染色体组组成；发现并定位出控制重要育种目标的新基因21个，命名新基因4个；创制了一批特异小麦新材料。“小麦族种质资源研究”获得了2000年国家自然科学奖二等奖。

颜济教授应用细胞学、细胞遗传学、分子生物学等方法对资源进行整理、鉴定和分类，确立小麦族属间、种间系统亲缘关系，澄清了小麦族系统学上的一些疑点，订正了分类学上的一些错误，建立了新的分类系统。他耗费近20年时间，于2013年最终完成了370多万字的《小麦族生物系统学》专著系列5卷，记载了小麦族的30个属、

2个亚属、464个种、9个亚种、186个变种。他亲手绘制了大量图片，使读者一目了然。这一成果全面总结了当今世界对小麦族生物系统学的研究精华，囊括了从经典分类、细胞遗传到分子系统发育各个领域的研究成果，是总结1753年以来全世界有关小麦族系统学研究的系列专著，也是迄今为止全世界唯一的全面总结小麦族生物系统学研究成果的专著。同时，他还发表了一系列与这一专著紧密相关的论文，订正了ÁSKELL LöVE创立的以染色体组为基础的小麦族系统关系。

2017年6月，德国莱布尼茨植物遗传与作物研究所承办了第八届国际小麦族会议。在开幕式上的主旨报告中，原国际组委会主席、瑞典农业大学教授ROLAND VON BOTHMER，回顾了国际小麦族生物系统学研究历史，认定颜济教授是世界级“重要人物”，为小麦族研究做出了杰出贡献。在国内，小麦族种质资源研究成果惠及了广大的研究同行，其价值越来越凸显：“不是同行科研人员受益了多少的问题，而是还有多少同行将持续受益的问题。”

此外，在2017年出版的《高等植物器官结构的构成》这一专著中，他提出多级次生节轴学说来阐明高等植物的器官构造单位，反映器官建造的规律。

严师出高徒

学生们眼中的颜老师也是“严”老师。颜济教授教书育人正如他做学问一样，有明确的目标和严格的标准。

他强调学生的独立科研能力的培养，特别是思维逻辑的培养。他经常告诫学生“不能人云亦云”“人急马不快”。在他看来，博士生读五六年很正常。从1988年招收博士生开始，他就要求自己的博士生必须在国际学术刊物上至少发表两篇论文才能毕业。他认为，只有国际刊物的匿名评审才最有说服力，不能靠人情关系。他对弟子之严格远近闻名，在他手中，甚至开了因某博士生不亲自做试验、取样而被退学的先例。如今，他在四川工作的六位博士生弟子全都成了省学术与技术带头人，多位出自他门下而在美国、英国、加拿大工作的博士生弟子，也已在国际同行中获得了较高声誉。

案例来源：小麦所. 颜济：大家气象　高山仰止［EB/OL］. 四川农业大学校园新闻网，2019-09-18. https://news.sicau.edu.cn/info/1078/53420.htm.

二、对接教学

（1）科技创新是农业发展的根本动力；

（2）科学家精神。

三、案例解析

科技创新推动农业进步是历史发展的客观规律。人类现代化的历史，本质上是科技创新和进步的历史，近现代社会的每一次重大变革都与科技的革命性突破密切相关。农业现代化同样建立在科学技术不断突破和广泛应用的基础上，农业现代化的发展过程本质上就是先进科学技术在农业领域广泛应用的过程，是现代科技改造传统农业的过程。

习近平总书记有着深厚的“三农”情怀，他在从政经历的各个阶段始终高度关注“三农”工作，对科技兴农的理论思考和实践探索是贯穿其中的一条重要主线。党的十八大召开以来，习近平总书记围绕科技兴农提出了许多重要观点，发表了一系列重要论述，为我国农业现代化发展指明了方向。早在正定县工作时，他就指出，“建设社会主义的现代化大农业，靠什么？很关键的一条就是靠现代科学技术的推广和应用，就是靠掌握这些科学技术的专门人才。”大力推进农业科技自主创新、加快农业科技成果转化应用、切实提高农民科技素质，是实现农业现代化的关键举措。本节案例中的几位川农人通过自身过硬的专业知识，为贫困地区献计献策，大大提升了当地产品的竞争力。科技创新和人才支撑对贫困地区的发展的重要性不言而喻。

2020 年 9 月 11 日，习近平总书记主持召开科学家座谈会并发表重要讲话。习近平指出，科学成就离不开精神支撑。科学家精神是科技工作者在长期科学实践中积累的宝贵精神财富。新中国成立以来，广大科技工作者在祖国大地上树立起一座座科技创新的丰碑，也铸就了独特的精神气质。他要求大力弘扬科学家所具有的胸怀祖国、服务人民的爱国精神，勇攀高峰、敢为人先的创新精神，追求真理、严谨治学的求实精神，淡泊名利、潜心研究的奉献精神，集智攻关、团结协作的协同精神，甘为人梯、奖掖后学的育人精神。本节案例中的几位川农科学家以自己的奋斗历程表明，他们不仅为农产品提质增效做出了自己的贡献，同时更以科学家精神彰显了自身人格魅力与不竭的奋斗动力。

产业发展是实现高质量、可持续脱贫的根本途径。学校坚持用科技成果带动产业发展，科学开发贫困地区资源，加快科技成果推广转化，积极培育特色优势产业，着力增强贫困地区可持续发展能力。学校探索建立了以新农村发展研究院为主体的高校科技扶贫体系，有组织、有计划、有步骤地推进精准扶贫工作，科技助推贫困地区农业产业发展，带动贫困地区找准适合当地发展的特色支柱产业，推动形成“一村或数村一果、一乡或数乡一业”的产业发展格局。

像黄富、李仕贵、任万军、吴德、颜济这样令人敬佩的优秀科技工作者，长期扎根农村，助力科技扶贫，把论文写在祖国大地上，把汗水挥洒在祖国田野上，把科技送到农民心坎里，诠释了知识分子的家国情怀和崇高价值追求。全面打赢脱贫攻坚战，接力实施乡村振兴战略，为农业现代化插上科技翅膀，迫切需要更多这样的川农人贡献智慧和力量。

四、课程训练

（一）课堂环节

（1）邀请科技助农的专家到课堂一线，面对面向学生讲授工作点滴，分享科技助农心得；

（2）在教师讲授之余设计 10 分钟的课堂交流环节，请同学分享身边的或了解的关于科技助农的事迹和感悟。

（二）课后实践

请同学们 10 人左右自行组队，形成调研小组，调研某一地区的产业发展情况，分析该地区产业发展的现状（优势和劣势）、存在的问题及对策，最终形成一篇 2 000 字以上的调研报告。

五、思考与讨论

1. 探究本节案例中的学者数十年如一日将热情与生命奉献在“三农”事业上的缘由。

2. 查阅文献，探究当前制约中国农产品提质增效的因素。

第三节　创新争先——奋力推进川农新发展

一、案例呈现

川农在每一个历史时期的每一个胜利、每一个成就，都离不开一批批勇创新、有责任、敢担当、愿奉献的川农人所付出的智慧、汗水乃至牺牲。“创新争先”既是“川农大精神”的重要内容，又是川农不断引领发展，人才及成果不断涌现的动力密码。今天，从党和国家事业发展全局的高度，通过贯彻新理念赋能学校新发展，坚持为党育人、为国育才，培养更多适应高质量发展、高水平自立自强的人才，是川农人不懈的追求和光荣使命。

（一）陈学伟：用科技保卫粮食安全的海归博士

陈学伟，四川农业大学研究员，博士生导师，长期致力于水稻重大病害抗性机制与应用的研究，先后主持国家和省部级科研项目20项，在水稻癌症“稻瘟病”、水稻理想株型调控关键基因IPA1等研究领域取得了重大突破。部分研究成果获2017年度“中国生命科学十大进展”，2017年度和2018年度“中国农业科学重大研究进展”。在*Cell*、*Science*、*PNAS*等主流期刊发表*SCI*论文60余篇，实现了我校在*Cell*、*Science*主刊发表论文“零的突破”。主研选育水稻新品种19个，其中国家级审定品种12个。目前，陈学伟担任校学术委员会常务副主任，中国植物病理学会会士，四川省植物病理学会副理事长。现任西南作物基因资源发掘与利用国家重点实验室（筹）主任。入选教育部“××学者奖励计划”特聘教授，获国家××基金资助，获全国首届“科学探索奖”，享受国务院政府特殊津贴，获科技部创新人才推进计划中青年科技创新领军人才、教育部“××优秀人才”及“四川杰出人才奖”等荣誉和称号。

根在川农

1993年，他以优异成绩考入我校茶学专业；7年之后，硕士毕业的他进入中科院遗传与发育生物所深造，获得博士学位；2004年赴美，先后在加州大学欧文分校、加州大学戴维斯分校从事博士后研究工作，并于2009年晋升为加州大学戴维斯分校助理项目科学家。就在自己事业蓬勃发展的时候，2011年，他放弃在加州大学戴维斯分校担任助理项目科学家的发展机会，回到母校四川农业大学水稻研究所工作。

“当初出去时，就想着有一天一定要回来，不是为了出国而出国，也不是为了追求更好的生活而出国”。他有这样的想法，这不得不提到陈学伟在川农求学期间的几位导师——周开达院士、李仕贵教授、黎汉云研究员。“师从于这些导师是我一生最大的荣幸，”陈学伟说，“老师们就像父母一样在培养教育我，他们毫无保留地把知识传授给我，在生活上处处关心照顾我，这份深深的感情，走到哪儿我也不能忘、不会忘。”

而对学校的情感，更是异常深厚。出国期间，陈学伟与李仕贵老师一直保持联系与合作，也一直在关注学校的发展。当学校面向海内外诚聘英才的公告发布后，李仕贵老师第一时间告诉了陈学伟这个好消息。虽然此时陈学伟已经晋升为加州大学戴维斯分校助理项目科学家，发展势头较好，但是回国回母校创业的心愿更为迫切。“我就是想找个工作，可以投入自己喜欢的事业中。”他低调而谦逊地说。

学校也为他干事创业营造着有利环境：300 万元引进人才启动经费、150 万元杰出青年科学家培养经费，为他启动科研工作提供了支持。学校还特意为他配了三个助手，李仕贵教授也把最优秀的博士生、硕士生分到他的研究团队支持他开展工作，充实实验室人手。

“学校不仅是我智慧启蒙的地方，也是推动科研工作的好平台！”这是陈学伟的肺腑之言。

虽然现在的水稻所有了新的办公室、实验室，和陈学伟当初求学时已是天壤之别，但客观环境的改变依然抹不掉他内心那份熟悉感。因为这里的人依然没多少改变，昔日的老师们还在，昔日的师兄师弟们还在，他们依然朴实无华地默默工作着、默默奉献着、默默坚守着，在这片川农的土地上，永远留存延续着那份熟悉的亲昵和无悔的坚持，只是时间在改变而已。

谈到美国和中国的科研环境和科研条件的差异时，陈学伟说，美国在科研设备上确实有优势，但是中国也有中国的长处。“回来之后领导和同事们都很重视我，”陈学伟说，“不管是在科研经费，还是在研究领域方面，都为我提供了很大的自由发挥空间。”更为重要的是，“回来之后，我可以借助自己在美国的科研关系，为母校提供更多的科研合作，为母校的发展献出自己的绵薄之力。”

于是，带着在川农的积淀走出去，在机会成熟的时候又回到母校的怀抱，这其实不需要太多的理由，不过是陈学伟自然而然的选择。

成在川农

回国返校之后，陈学伟立即投入水稻抗病研究中。他带领科研团队和国内外相关研究机构多方开展项目合作。“只有加强交流合作，才能进步。”陈学伟认为，在科研领域，合作特别重要。而这也在他之后的科研成果中反映出来。通过多年努力，陈学伟带领团队利用稻瘟病广谱抗性水稻，终于找到了稻瘟病广谱抗性关键基因，并揭示了重要调控机理，成果于 2017 年发表在全球顶尖学术期刊 *Cell* 发表，实现了我校乃至整个西南地区高校在 *Cell* 主刊发表论文的零的突破。该项研究是与加州大学戴维斯分校、中国科学院遗传与发育生物学研究所等国内外科研机构合作完成的。一年之后，又在 *Science* 杂志上发表了与中国科学院遗传与发育生物学研究所李家洋院士团队合作完成的单个转录因子促进高产抗病新型机制这一重大研究成果。这也是一项强强联手的研究。

除了开放的学术思维，陈学伟更是把“求真务实做学问”的精神发挥到了极致。虽然发表在 *Science* 上的研究成果在 2017 年初已初步成型，但他和团队并没有急于求成，而是又花了一年的时间不断细化实验步骤，补充实验数据，反复验证结果，才最终公布。

在陈学伟的实验室里甚至有一张简易床，那是为了守夜做实验或者查看实验结果而准备的，据说使用率很高。他的研究生说，很多晚上他们从实验室回宿舍的时候，都发现陈学伟办公室的灯依然还亮着。这让他们几个学生很是感触。此外，陈学伟对学生也严格要求，要求学生做每一件事、每一个实验都要认真仔细，不能马虎，要做就要做好，做到极致。读书报告、实验进展报告每周举行，每个人都必须认真准备，他一一点名，要求学生提问和谈读文献的体会，做得不好就会被批评。

严格的要求让学生迅速成长。从 2011 年回国至今，陈学伟培养毕业研究生 30 名，其中博士生 6 名，获国家奖学金 6 人次、“四川省优秀毕业研究生”称号 2 人次、中国作物学会优秀博士论文奖 1 篇、四川省优秀博士毕业论文 1 篇、四川农业大学优秀研究生毕业论文 2 篇。带领课题组在 *Cell*、*Science*、*PNAS*、*Autophagy*、*PLOS Genetics* 等主流期刊已发表论文 30 多篇，并将理论应用于实践，合作培育水稻新品种 20 余个，产生了显著的社会效益和经济效益。

如今，陈学伟获评学校首届优秀教师标兵、入选了“××学者”特聘教授、国家××青年科学基金获得者、国家“××计划”领军人才，并荣获腾讯首届“科学探索奖”、“四川省杰出人才”奖……一项项崇高的荣誉没有让他迷失。他认为，荣誉属于过去，未来的路不会一帆风顺、高楼大厦更不能一蹴而就。学高为师、身正为范，作为“双一流”“211”的四川农业大学的一名普通教师，只有将“爱国敬业、艰苦奋斗、团结拼搏、求实创新”的“川农大精神”代代相传，脚踏实地，不断砥砺品质，谨言慎行，乘风破浪，迎难而上，方能真正实现科教兴国、科技兴农，为国家培养更多知农爱农的新型农科人才，真正实践习近平总书记提出的“中国人的饭碗要牢牢掌握在自己手里”。他表示，会带领团队继续在提高水稻抗病性、减少农药使用方面下功夫，用科技为农作物的高产、优质提供保障，保卫粮食安全，把四川农业大省这块金字招牌擦得更亮！

本案例改写自：张喆. 陈学伟：用科技保卫粮食安全［EB/OL］. 学习强国，2020-07-08. https://article.xuexi.cn/articles/index.html? art_id=15663135834954772482&item_id=15663135834954772482&study_style_id=feeds_default&t=1594192476012&showmenu=false&pid=&ptype=-1&source=share&share_to=wx_single&from=groupmessage.

（二）周小秋：忠于选择　创新争先

周小秋，动物营养研究所教授，现任我校学术委员会主任，教育部教学指导委员会委员，长期致力于淡水鱼类的研究，填补了我国水生动物营养研究在全国农业高校中的空白领域，以第一完成人身份获国家科技进步二等奖 2 项、省科技进步一等奖 2 项、省科技进步二等奖 1 项；以唯一获奖人身份获通威股份有限公司科技创新特别贡献奖 1 项；以第一发明人身份获国家授权发明专利 17 项；相关研究成果经过十多年循序渐进的推广，全国 16 个省份的企业推广应用，产生的经济效益已超过 200 亿元。从事科教工作 30 年以来，周小秋教授始终忠于选择，将老一辈川农人缔造的“川农大精神”融入自己的血液；用勇于开拓的科研精神和坚持到底的勤奋工作，结出了丰硕的成果；以强大的科研成果反哺教学，为水产动物营养事业人才培养做出了突出贡献。2020 年 5 月 30 日，周小秋教授获“全国创新争先奖”，填补了我校在这一奖项上的空白。

忠于选择　坚持到底

周小秋的本科、硕士和博士三个阶段都就读于四川农业大学，循着周小秋一路走来的足迹，不难发现老一辈川农人缔造的“川农大精神”已融入他的血液中。1990 年 7 月份研究生毕业后，周小秋便留在四川农业大学动物营养研究所工作。

在猪场 3 年的养猪锻炼，既修炼了他独特的工作作风，也训练了他的基本工作能力、研究能力、管理能力和操控能力。后来，仁寿下乡锻炼一年，使他的科研工作更加接地气，更加懂得当时的生产实际和社会需求，为运用能力的提升夯实了基础。

留校后，周小秋成为图书馆的常客，他发现水生动物营养研究在全国农业高校中还是一片空白，便很快锁定了个人研究方向。他大着胆子在没有教材的前提下，申请为本科生开设一门课程——“鱼的营养与饲养学”，以此开启水产营养方向的教学科研工作。“一切都从零起步，当时是三无，无钱无场地无人。”周小秋笑着说。

相关领导对这位有想法有干劲的年轻人很支持，拨给他相关场地作为实验室。虽然实验室离家不到十分钟路程，周小秋却搬到了山上住进了实验室。家人给予了他极大的支持，例如由于鱼饲料不同于猪饲料，对保鲜的要求特别高，他把冰箱搬进了实验室，家中所有能用上的工具也统统被贡献出来，行李被褥也抱到了实验室里。为了做好手上的实验，实验室成了他时刻呵护的“婴儿房”。

条件再差　绝不抱怨

周小秋说，人家是快乐工作，我是工作快乐。

工作是原因，快乐才是结果。那些充满挑战的岁月留给他的都是各种深深浅浅的快乐。“条件再差，绝不抱怨。”他说，他的“心情管理学”受杨凤、端木道、陈可容、刘守恒、周开达、荣廷昭等老一辈大师影响甚多。

在攻读杨凤先生的研究生时，见面的第一回，杨老就不无戏谑地说“欢迎到地狱来旅游!”从这一句话中，周小秋领略到多重意思：做学问要甘于清贫、清苦，做学问要耐得住寂寞，做学问可以收获快乐。

后来他在遇到困难时常常用这句话来自勉，为自己打气。水生动物营养研究在四川农大从无到有、从弱到强的过程正是周小秋追求快乐的过程。

周小秋的经历，力证了正确选择和坚持是成功人生的关键一步。

在他看来，选择的原则一般有两种：一种是优势、特色原则，另一种是差异化原则。他选择了差异化，从最具优势的猪营养研究领域转到空白的鱼的营养研究领域。他的研究品种坚持了市场化、差异化和聚焦原则，研究领域从一般的营养代谢研究转到影响营养效果表达的关键营养调控：消化力、消化道健康、抗病力和水质质量。

“一个人要做到忠于自己的选择，从中修炼自己的意志力。”他说。

事业起步时，他不得不面对三大“拦路虎”：第一个是“硬件拦路虎”。基础为零，研究条件、资金和人为零，他要面对从零起步的挑战。鱼是低等动物，试验条件下养活非常不容易，而他只对养猪很熟悉，对养鱼一点都不了解。第二个是“软件拦路虎”。科研启动之初，手上没有任何资源。第三个是“认同拦路虎”。鱼的营养研究起步晚，主要集中在需要量和物质代谢方面，他集中研究的领域当时认同度不高，发表研究文章尤其困难。

周小秋选择了一条以“虎”为伴的路。他告诫自己“忠于自己选择的人就是尊重自己”。忠于选择，就获得了成长原动力；忠于选择，就获得了成长的加速度；忠于选择，就可能取得更大的成绩和成功。“不断地选择就等于选择了原地踏步和退步，就会怀疑自己的能力和失去动力。”

克服困难　创造奇迹

周小秋的第一步是做好研究策划、确定研究方向。他将研究品种聚焦到健鲤上，将研究领域聚焦到营养和饲料与鱼的消化吸收能力、肠道健康、抗病力和水质质量的关系上，后来再聚焦到我国养殖量最大的品种草鱼上，研究领域聚焦到营养和饲料与器官健康、鱼肉品质的关系上。第二步，他制订了年度计划、制定了研究路线图，确定了每年应该生产哪些营养素、饲料和添加剂，并逐渐确立了一套有效可操作的研究方案，让它成为研究、执行及落实的依据，也成为查找问题、解决问题的一项重要依据。

鱼营养研究存在季节性、易出问题性。2006 年以前，由于资金有限，试验受到了极大限制，他不得不忘记节假日、白天和晚上，不得不在出差回来后第一时间赶到办公室、试验室、试验场，不得不在计划、方案和实施过程中反复讨论、反复论证、及时跟踪和落实到位，不得不及时与学生和团队对试验的结果进行解读和分析。

他心中形成了“困难和难题是成长的发动机，成长的过程就是克服一个又一个困难和解决一个又一个难题的过程”的理念。他的学生们认为，周小秋老师本身就是一本教科书，他为了科研目标会不惜一切地去努力、去拼搏、去实现。在他的工作中，这已成了习惯，成了一种深入骨髓中的自觉。

扎根基层　校企合作

把科研成果转化为生产力，为国家和社会做出贡献，这是每一位科研人员追求的目标。

把鱼营养研究优势转化为产业优势，周小秋再次成功。

我国淡水养鱼存在发病率和死亡率高、用药量大和经济损失严重等问题，极大地威胁了鱼产品安全和产业健康可持续发展。因此，社会上前来寻求技术帮助的企业很多，周小秋选择与 9 家企业建立博士生工作站或紧密合作关系。他带领团队帮助企业解决技术创新的难题，提供技术指导，企业每年也要提供上百万元科研经费，博士生工作站搭建了科学技术进入企业生产线的平台。

在转化科研成果的过程中，他和团队不只转让成果，还提供后续的人才和技术服务，也就是“嫁女儿”的同时还陪“嫁妆”，扶持企业走好“最后一公里”。企业的需求给周小秋的研究提出了课题，让他和他的团队在研究中选题更准。比如，健康营养饲料企业提出鱼的消化力和抗病力弱、水质恶化，肠道疾病发病率、死亡率高和肉质下降，经济损失惨重的问题，需要解决鱼肠道等器官健康、肌体健康和降低水质污染的营养和饲料的治本技术。他的科研之路，做到了研究企业实际，有效地结合、消化、整合形成系统技术，提供综合技术支撑。他的鱼营养研究，也为企业解决难点问题提供了指导和帮助，研制竞争力强的产品，为效益提升和企业的发展提供科技支撑，使技术价值转化成上百亿元的经济效益。

不忘初心　立德树人

作为四川农业大学水产动物营养与饲料学领域的开创者，周小秋坚持本科一线教学，以“授人以鱼不如授人以渔”的原则，课堂上充分调动学生积极性，引发学生主动思考，传道和授业结合，知识能力和学习能力结合，理论和实践结合。

在研究生培养方面，他秉承“宁愿你怨我 3 年，不愿你怨我 30 年”的理念，对学生认真负责，严谨治学，始终把知识、能力和素质训练结合起来，培养毕业研究生 100 余名，毕业生深受用人单位欢迎，成长为国家有突出贡献中青年专家、省学术技术带头人等人才 20 余人次。

“帮助每一位学生成人成才，是一件快乐的事，是一件造福别人幸福自己的事，更是一个教师应做的事。”从教 30 年来，周小秋始终不忘这份教书育人的初心，砥砺奋进，用扎实的学识、精湛的技艺和优秀的人格魅力征服了一届又一届的学生，为水产动物营养事业人才培养做出了突出贡献。周小秋对学生要求之严格，全国同行都闻名。他对学生做实验的每一个环节都严格把控，从实验前的准备到方案制订，并要求在做实验时必须严格按照所制订的方案来进行。如果遇到问题必须及时汇报，由老师和学生一起讨论解决办法，绝不允许擅自改动实验方案。做研究的每一个数据都必须真实。“学生们之所以怕我，怕的就是没有我发现不了的问题。”周小秋说。

周小秋对学生要求严格，对自己要求更严格。就以最简单的考勤为例。实验室建立了考勤制度，要求学生早上 8 点 10 分前到学习室或者实验室。周小秋自己总是 7 点半左右就到办公室开始忙碌了。他认为，身教重于言传，育人先育己，要求学生做到的事，自己一定要做得更好。

回想 30 多年前，研究生毕业留校时，周小秋的月工资是 92.5 元，而当时同班同学到公司工作，工资开到 400 元，是他的 4 倍多。可周小秋却说：“我从来没有想过离开川农、离开自己热爱的事业，教学科研就是我的人生选择。”“忠于自己的选择，坚持到底不动摇。”

他是博士生导师、校学术委员会副主任，“新世纪百千万人才工程”国家级人选、国务院政府特殊津贴专家、国家农业杰出科研人才、教育部新世纪优秀人才支持计划人选、全国优秀科技工作者、四川省学术与技术带头人，曾获国家科技进步二等奖、四川省首届杰出人才奖。他表示，从 1990 年留校至今，从来没有想过离开川农、离开自己热爱的事业，教学科研就是他的人生选择。未来也将继续坚守教学科研一线，争取为水产动物营养事业培养更多优秀人才！

案例来源：李劲雨. 忠于选择　坚持到底［EB/OL］. 学习强国. 2020-06-05. https://article.xuexi.cn/articles/index.html? art_id=11308461244494216352&item_id=11308461244494216352&study_style_id=feeds_default&pid=&ptype=-1&source=share&share_to=wx_single; 张惠. 周小秋：育人先育己［EB/OL］. 四川农业大学校园新闻网，2020-09-08. https://news.sicau.edu.cn/info/1085/58843.htm.

（三）张敏：爱岗敬业育学生　创新科技兴农事

张敏，中共党员，四川农业大学教授，博士生导师，新农村发展研究院院长。历任多届中国植保学会理事，国家植物检疫性有害生物审定委员会委员，四川省植保学会副理事长，省检疫性有害生物审定委员会副主任委员，省学术和技术带头人，省有突出贡献优秀专家，享受国务院政府特殊津贴专家，全国农药田间药效试验法定认证人。先后主持和承担了国家和省部级科研项目 10 余项，登记农药品种 7 个，授权国家发明专利 14 个，实用新型专利 2 个，国际专利 1 个；获省级教学成果二等奖 2 项，主持获四川省科技进步二等奖 4 项，主研获国家质量监督检验检疫总局科技兴检奖三等奖 1 项，四川省科技进步二等奖 1 项、三等奖 5 项，发表论文 200 余篇，出版专著 1 部，曾被评为四川省“十年扶贫先进个人”。

“没有什么好了不得的成绩，就在平凡的岗位上做着平凡的事。”37 年来，张敏始终坚持用专业耕耘、凭良心办事，奔走在助农增收第一线。

以身作则　谆谆育学

作为一名教师，张敏长期从事植物病理学及相关学科的教学、科研和科技成果推广工作，主要讲授“植物病理学”“植物检疫学”等课程；主持和承担了国家和省部级科研项目10余项，在植物病虫害无公害防治技术、农药剂型与加工和种子包衣技术等领域研究有突出贡献；培养植物病理学专业研究生80余名。

“以学生为本”是张敏培养学生的准则。任何时候，他都尊重学生的选择，也因此与同学们保持着良好的师生关系。在指导学生时，他会先了解每位学生的能力、特长和学术水平，综合考虑学生的优势和人生规划来制定培养方向，重点培养学生的独立思考、探索发现和解决问题的能力，做到了因材施教。他不仅是学生的科研学术牵引人，也是学生的心灵导师，教导学生根据自己的身体状况，尽最大努力选择自己能力和身体能够胜任的职业，让学生明白职业不分贵贱，对社会做出自己的贡献就是对社会有用的人。

37年来，张敏培养的80余名研究生主要在农学和植物保护领域从事相关工作，为我国植物保护和有害生物的防控做出自己的努力。

苦研种衣　升华植保

种子表面或内部带菌、土壤带菌或土壤中害虫、鼠类及鸟类为害，都会给生产造成极大的危害，特别是种子携带的检疫性有害生物，也是植物保护急需解决的问题。针对这一问题，张敏带领课题组继中国农业大学获得第一批种衣剂登记后，在1991年针对西南地区特殊生态气候特点开展了种衣剂的研制并取得了突破性进展。

他带领课题组对主要病虫害的发生规律和生物学特性进行研究，结合化学药剂理化性质及其作用特点，广泛比较筛选出95%吡虫啉、97%戊唑醇、95%咪鲜胺、95%福美双等11种适合加工种衣剂的原药。在大量室内联合毒力试验和安全性试验中，筛选出种衣剂的有效成分含量配比，通过乳化分散剂、成膜剂、增稠剂、防冻剂以及警戒色的筛选，成功开发出了具有自主知识产权的悬浮种衣剂10种，其中3个产品属国内外首创复配制剂，4个悬浮种衣剂产品被认定为国家级重点新产品，大面积推广应用效果显著。

校地联手　助推农事

作为一名科研工作者，研发出好的产品之后，他深刻地意识到要将科研成果转化之后才能更好地服务于“三农”。30多年来，张敏通过课题组和公司合作，加强与研发人员、生产技术人员、售后服务人员、销售商以及终端用户的交流，不断掌握生产实际问题与需求，促进新产品的开发和种衣剂升级换代。

经过多年努力，张敏团队研发的种衣剂推广应用取得了明显的经济、社会和生态效益。在全国18个省份推广面积达13 800万亩，增加粮食产量共计540万吨，直接为广大农民实现增收101亿元，为农民节支13.5亿元，确保了我国粮食安全，研究成果得到了行业的认可，获四川省科技进步二等奖2项。

2012年4月，教育部、科技部正式发文，我校新农村发展研究院（简称“农发院”）获准成立。受命担任农发院常务副院长的张敏喜忧参半。如何带领农发院完成“推动新型农村科技服务体系建设，促进科技成果推广转化”这一学院成立的初衷需要认真思考规划。他带领农发院从新农村科技服务入手，充分发挥学校27个学院、15个研究所（中心）、1个国家重点实验室（筹）的科教、人才和研发优势，按照“统筹规划、联合共建、机制创新、综合服务、科教结合、创新模式”的原则，在雅安试点，探索建立“四川农业大学雅安新型农村科技服务体系”即“雅安模式”。

截至目前，“雅安模式”紧紧围绕雅安市“五雅”特色产业发展，开展科技攻关和科技成果推广转化工作，实施市校合作科技项目107项，共建国家和省级农业科技园区4个，建成科技专家大院21个，选育审定新品种25个，申请授权国家专利86项，带动企业、合作社投入超5.5亿元，获省级及以上科技进步奖22项，相关工作得到各级政府、领导和社会各界的充分肯定，有力地推动了雅安农业产业发展，提高了雅安声誉。“雅安模式”也逐步推广，建成了遂宁、彭州、川南、内江、攀西、德州六大分院，基本覆盖四川省主要作物生产区，向贫困山区源源不断地输送科技成果和农业技术，促进地方农业产业发展，助力脱贫攻坚和乡村振兴。

作为一名高校的植保教师，他长期战斗在讲台、实验室和田间地头，经常深入生产一线调查研究，掌握病虫害发生情况和问题。通过对研究生、本科生、农技人员、专业大户和农民的培训和培养，为社会培养了一大批植保专业技术人才，获省级和校级优秀教学成果奖4项；通过开展创新性的科学研究，解决了生产上许多重大病虫害问题，有效地控制了病虫害的危害，保障了粮食的数量和质量安全，获得四川省科技进步二等奖、三等奖，国家质检总局“科技兴检奖”等科技奖15项；2006年和2008年分别获“四川省有突出贡献的优秀专家”和“享受国务院政府特殊津贴专家”。

案例来源：凌瑶.张敏：爱岗敬业育学生　创新科技兴农事［EB/OL］. 四川农业大学校园新闻网，2020-12-30. https://news.sicau.edu.cn/info/1085/60672.htm.

（四）作物学科建设：高扬奋进之帆

自“双一流”建设实施以来，学校以立德树人为根本，以强农兴农为己任，瞄准“中国特色、世界一流”目标，扎根西南，以作物学为引领，以植物保护和畜牧学为支撑，全力推动“双一流”建设工作，高质量完成建设方案规划任务。近年来，学校一流学科建设取得长足进步，拔尖创新人才培养取得显著进步，高素质师资队伍建设取得显著成效，科学研究实现新突破，社会服务成效突出，同时体制机制创新使治理体系和治理能力显著增强，在川农发展史上留下了精彩的一笔。

在“双一流”建设周期总结专家评议会上，专家对学校“双一流”建设周期建设成就给予了充分肯定，尤其是作物学学科，专家组认为高质量完成了各项建设目标任务，符合度高、目标达成度好。学科整体实力显著提升，在主要作物种质资源发掘与新品种选育及应用、主要作物与有害生物互作等领域达到了国际领先水平。

蹄疾步稳　科学布局　描摹未来

2017年9月，学校正式入选一流学科建设高校，建设学科为作物学（自定）。随后，学校公布《一流学科建设方案》，描绘出一流学科发展路径图，明确建设范围是涵盖作物学、畜牧学和兽医学3个学科的农业科学学科群，构建出主干学科与支撑学科相得益彰，重点学科与一般学科互相支持，传统学科与新兴、特色学科协调发展的格局，实现了梯次可持续发展。

2019年9月，学校顺利通过“双一流”建设中期评估，根据专家意见并反复论证后，进一步聚焦学科领域和研究方向，调整优化建设思路和任务指标，确定以作物学为建设学科，以植物保护学、畜牧学为支撑学科，打造一流学科及学科方向，带动学校学科建设全面发展。

据农学院院长黄玉碧介绍，作物学学科有着深厚底蕴和良好基础，长期致力于为保障国家粮食安全献智出力，在抗战期间就为四川成为全国粮仓做出了不可磨灭的贡献，改革开放以来在水稻、小麦、玉米三大作物方面，主持的9项、参与的2项研究成果捧得国家科技大奖。在新世纪前后，我校作物学先后成为“211工程”建设学科、一级学科博士学位授权学科、四川省和国家重点学科。

近年来，面对“双一流”建设新要求，作物学重新整装出发，实施大协同新农科人才培养模式；与畜牧学交叉融合，形成作物产品动物高效转化新方向；国家级教学科研平台创建取得重大进展。2019年初，作物学在西双版纳玉米南繁基地召开“双一流”建设专题推进会，校内相关专家学者齐聚一堂，盘点成绩、分析差距、寻找措施、凝聚共识，促进学科更好更快发展，推动学校“双一流”建设再上新台阶。

2016年以来，作物学科紧盯世界一流，强化中国特色，建设进程与“双一流”建设方案高度符合，全面达到阶段性建设目标。一是完善科教协同育人体系。获批作物科学国家级实验教学示范中心、农学专业国家一流专业建设点。二是传承学科研究特色优势。揭示水稻广谱抗性系列新型机制，成果发表于*Cell*、*Science*等顶级期刊，获省部级奖励30项。筹建的西南作物基因资源发掘与利用省部共建国家重点实验室通过了专家认证。三是挖掘社会服务纵深潜能。玉米—大豆带状复合种植被写入2020年中央一号文件。新建院士工作站、博士工作站等9个，选育推广新品种98个，转化成果77项。四是锤炼学科优秀人才团队。新增“××学者”特聘教授、国家××青年基金获得者、“××计划”领军人才等国家级人才5人次。入选国家级和省级科研教学创新团队13支。五是开创国际交流崭新格局。获批作物学学科创新引智基地，获得国际合作项目26项。

顶天立地　建设亮点令人瞩目

作为一所以生物科技为特色、农业科技为优势的高校，学校在“顶天”解决国家战略需求、“立地”破解区域和产业发展问题的过程中，在肩负擦亮四川农业大省金字招牌的使命中，奋力推进着“双一流”建设。无论是核心主建的作物学，还是作为支撑的植物保护、畜牧学，都显示出强劲活力。

聚焦现代农业，以“全链条”延伸作物学学科内涵。更加聚焦作物基因资源发掘与利用、作物绿色高效生产理论与技术、作物产品的动物高效转化等方向，形成一流学科领域方向。作物学与畜牧学的交叉融合形成作物产品的动物高效转化方向，取得突出成效，作物产品动物高效转化、青藏高原特色牧草方面3项成果获国家科技进步二等奖。

聚焦西南需求，在解决区域农业重大问题上取得突出进展。针对西南地区作物病害频发问题，建设“西南作物基因资源发掘与利用国家重点实验室”，在水稻广谱抗病机制研究上取得重大突破，不仅实现了*Cell*、*Science*等国际顶级期刊上发表论文零的突破，成果同时入选“中国生命科学十大进展”“中国农业科学重大研究进展”及2018年度“中国农业科学重大研究进展”。

聚焦粮食安全，水稻、玉米、小麦三大作物协同推进。选育作物新品种102个、国审品种37个，24项次技术被列为国家或四川省主推技术，以超级杂交稻宜优香2115为代表的优质水稻品种推广面积居西南第1，结束了“蜀中无好米”的时代。新品种选育与技术推广服务四川“10+3”产业，有力支撑西南区粮食生产，累计创造社会经济效益逾200亿元。针对西南优质饲草料短缺问题，培育饲草玉米、饲草小麦等新型作物品种12个，为西南农牧区特别是藏区畜牧业发展提供科技支撑。针对“卡脖子”的玉米、大豆供需缺口问题，研制形成玉米—大豆带状复合种植新农艺，被列入2020年中央一号文件，助推四川由非主产区跃升为全国第四大大豆主产省，西南成为第三大优势产区。

聚焦脱贫攻坚，为西南乡村振兴做出突出贡献。在四川这块全国脱贫攻坚的主战场上，举全校之力助力脱贫攻坚，新建院士工作站、博士工作站等10个；转化科研成果42项；实现新增社会经济效益200亿元；获评“全国科技助力精准扶贫示范点”1个、“全国扶贫先进个人”2人，牵头的产业技术案例入编科技部《把论文写在大地上——科技扶贫100个典型案例》，探索出了产教融合的扶贫模式和解决相对贫困的长效机制。

多个方面的标志性成果背后，是“双一流”学科建设的长久积累和沉淀，是川农人不断创新、奋勇前进的结果。

辐射带动　学科整体长足发展

按照学校“把‘双一流’建设作为引领性工程，加快建设特色鲜明、世界一流的农业大学”的定位要求，五年来，在“双一流”学科建设的辐射带动下，学校学科整体水平获得大幅提升。

从2017年底全国第四轮学科评估结果看，我校14个一级学科参评，较第三轮学科评估参评学科数提升了一倍。其中，畜牧学获评A-，作物学获评B+，8个学科进入B档，与第三轮评估比较，1个学科入选前10%，6个一级学科进入全国前30%，入选前20%~30%的学科增加了4个。

从ESI学科领域数据来看，作物学支撑的“农业科学”和“植物学与动物学”ESI排名稳居全球前1%且排名大幅提升，分别比建设前提升358位和369位，并稳定保持上升态势。到2020年9月，这两个学科已分别进入ESI前3‰和2‰，同时带动生物与生物化学、环境科学与生态学两个相关学科领域跻身全球排名前1%行列。学校整体排名比建设前上升706位。如今，我校进入ESI前1%的学科总数达到4个，这不仅标志着这些学科领域进入国际高水平学科行列，也表明我校学科整体水平进一步显著提高。

从世界大学与学科排名看，学校坚持以优势特色学科引领带动学科整体水平提升，近年来在国际主流权威大学排行榜稳中有进，2019年在QS世界大学学科排名中我校农学与林学入围全球前300强；在2020年中国上海软科世界一流学科排行中，我校有5个学科进入，其中农学、兽医学分别进入世界前50强和前50~75强。

数据折射变化，学校全力推进学科建设，取得的成效有目共睹，学科的发展为学校发展注入了更多活力：

学科整体布局更优。通过学科授权点动态调整、授权审核和自主设置等，基本完成“一院一学科”整体布局，博士、硕士学位授权一级学科分别增加到11个和18个。

学校优势特色更强。在“坚持以农业科学为优势、生物科学为特色，凝练方向、突出重点、特色发展”的思路指导下，办学资源不断向一流学科集群汇聚，各类成果不断在各相关学科产生，以“××学者”“杰青”“优青”“青年××学者”等为代表的高素质师资队伍不断壮大。

学科交叉融合更深。以作物学为主干学科，植物保护学和畜牧学为支撑学科，集中攻关解决作物优质高效生产及作物产品的动物高效转化等问题。把握现代农业产业新趋势，为布局涉及乡村振兴、现代农业新业态、智慧农业及大健康产业等领域新兴学科，农学学科与工学学科的深度融合、农学学科与人文社会学科的全面融合也得到推动。

学校基础平台更好。以“西南作物基因资源发掘与利用”国家重点实验室建设为重点，组建起植物、动物、资源与生态三大学科类公共平台，推动了学科基础设施提档升级。

对此，发展规划处处长周永红表示：“我们对进入下一轮周期建设很有信心。”在立足特色，发挥自身优势，对接国家战略需求和区域发展需求中，川农人通过聚焦“双一流”建设，实现了内涵式、高质量的发展。

“学科建设不是四五年就能完成的，一流学科也不是四五年就能建设成功的，这是一个长期的过程。”周永红说。尽管经过辛勤耕耘，取得了众多可圈可点的成绩，但是前方需要披荆斩棘、奋力跋涉的道路仍然很漫长。通过周期评估高水准的检阅，我校学科发展的不足和差距也被梳理总结出来。要实现下一个周期建设目标，川农还需要继续跳起摸高。

“为者常成，行者常至。”每个阶段有每个阶段的挑战，奋斗是成就事业、实现梦想的唯一选择。征途漫漫，未来可期，站在新的起点上，不断奋斗着的川农人将继续以“川农大精神”锻造永不懈怠的意志，始终紧握奋斗之桨，高扬奋进之帆，让川农大的一流学科建设在破浪扬帆中驶往梦想彼岸。

本案例改写自：杨雯. 作物学科建设：高扬奋进之帆［EB/OL］. 四川农业大学校园新闻网，2020-12-05. https://news.sicau.edu.cn/info/1135/59696.htm.

（五）我校“综合素质A级证书”蝉联全省第一

截至2021年1月18日，我校共计1 018人通过2020年四川省大学生“综合素质A级证书”（以下简称综A）秋季学期认证，加上春季学期认证的1 206名，全年共计2 224人通过认证，以超出第二名276人的成绩蝉联全省“综A”认证认定量第一，这也是我校连续三年蝉联全省第一。

四川省大学生“综A”认证旨在对大学生的综合素质进行有效评价（考评7大类21小项），建立正确的激励导向机制，着力把立德树人、促进学生全面发展总要求由“虚”向“实”落地落实。申报认定工作自2020年12月开始以来，校团委成立了由20余名骨干师生组成的工作组，通过系统培训、多平台宣传、24小时答疑解惑等环节确保认证工作顺利完成。

此次“综A”认证我校共计1 175人申报，认证通过率达86.6%，高比例的通过率和全省第一的认定量与我校2018年起率先在省内实施“第二课堂成绩单制度”密不可分。它主要借鉴第一课堂“学科—专业—课程”的逻辑，从“宏观—中观—微观”三个层次建构涵盖创新创业、社会实践、志愿服务、文化艺术、体育活动、工作履历、技能特长、思想成长等第二课堂育人体系。经过近3年的实施，第二课堂成绩单制度撬动了同学们全面发展的主动性和积极性，比学赶超的校园氛围蔚然成风，其中学生发表EI、SCI、ISTP核心期刊收录论文数从328人次增长至923人次，增幅2.8倍；学生获取专利从68人次增至196人次，增幅2.9倍；学生参与赛事获奖1.25万人次，增幅超4倍。

案例来源：李蓟. 我校“综合素质A级证书”蝉联全省第一［EB/OL］. 四川农业大学校园新闻网，2021-01-18. https://news.sicau.edu.cn/info/1080/60797.htm.

（六）我校获“挑战杯”大赛全国优秀组织奖

2020年12月，团中央公布第十二届“挑战杯”中国大学生创业计划竞赛组织奖名单，我校荣获第十二届“挑战杯”中国大学生创业计划竞赛“学校优秀组织奖”，全省仅两所高校获评。

本次大赛自2020年6月启动以来，吸引了包括港、澳地区在内的全国2 786所高校的17.9万个项目报名参赛，超过600万人次在线参与。经过校赛、省赛、国赛直通车等多轮选拔，我校共6个团队进入国赛，入围数与四川大学并列第一。经过国赛复审、线上终审答辩，最终斩获银奖1项、铜奖5项。

其中，来自旅游学院的“跃然纸上——青翰智慧农业文化创意公司”获得银奖，来自农学院的“玉米大豆混合青饲罐头——藏区牦牛的冬季营养套餐”、来自园艺学院的“奇味奇异梅——奏响农业科技创新魅力大篇章”和“小樱桃、大产业——助力乡村振兴”、来自风景园林学院的“叁生益绘”、来自机电学院的“智能采茶机合作社——锐达科技，智能采茶机行业领跑者”5个团队获得铜奖。

为扎实做好本届大赛竞赛组织工作，校团委于2019年6月启动大赛的宣传和组织，共吸引全校1.5万余名同学、3 000余个项目参赛，800余名老师参与指导。校团委克服疫情带来的重重困难，先后组织邀请校内专家、校外创业先锋、投资人、国赛和省赛评委对参赛项目进行了20余次线上集中培训和“一对一”精准指导，帮助团队进一步做好项目优化、计划书修改、赛道选择、PPT制作、实战路演、答辩技巧等环节，助力学生劈波斩浪，大步前行。

案例来源：刘峻宏，余冯萍. 我校获“挑战杯”大赛全国优秀组织奖［EB/OL］. 四川农业大学校园新闻网，2020-12-16. https://news.sicau.edu.cn/info/1080/60465.htm.

二、对接教学

（1）新发展理念引领高校新发展；

（2）创新驱动发展。

三、案例解析

理念是行动的先导，一定的发展实践都是由一定的发展理念来引领的。发展理念是否对头，从根本上决定着发展成效乃至成败。党的十八届五中全会提出了“创新、协调、绿色、开放、共享”五大发展新理念，是我们党对发展理念的丰富和发展，是中国特色社会主义理论的重要组成部分，是指导中国“十三五”和今后一个时期发展的指导思想和重要遵循，也为全面深化教育领域综合改革、建设高等教育强国提供了根本遵循。

新发展理念的核心是创新。创新是发展的第一动力。在国际发展竞争日趋激烈和我国发展动力转换的形势下，必须把发展基点放在创新上，形成促进创新的体制架构，塑造更多依靠创新驱动、更多发挥先发优势的引领型发展。

高校是人才第一资源、科技第一生产力和创新第一驱动力的重要结合点，在国家经济社会发展中具有举足轻重的特殊作用，应当主动适应新形势新任务，将党和国家工作全局对高等教育的要求，落实到谋划推进学校改革发展的具体实践中。加快推进世界一流大学和一流学科建设，源源不断地培养和造就具有创新意识、创新精神、创新能力的优秀人才，不断输出知识创新和科技创新的成果，推动经济转型升级，实现创新驱动发展，显得尤为重要和迫切。

创新发展，着力提高高校发展质量和效益。习近平总书记指出：“抓住创新，就抓住了牵动经济社会发展全局的‘牛鼻子’。”创新发展是高校建设一流大学及持续发展的关键支撑和核心动力，高校要把创新摆在高校发展的核心位置上，不断推进制度创新、科技创新、文化创新以及管理体制机制、教育教学模式创新，让创新贯穿于高校各项工作中。高校应不断增强创新的意识，使创新在整个高校蔚然成风。应探索并建立鼓励创新的体制机制，使创新贯穿于学校各项活动。应大力提倡和实施创新教育，培养出与时代潮流相适应的，具有创新意识和创新能力的高素质人才，进而提高整个民族的创新水平。

协调发展，着力形成高校平衡发展结构。对于高校来讲，应围绕创新一流大学、一流学科、一流学院、一流专业找准自己的定位，不贪大求全，也不搞千篇一律，关键是提高育人质量，凝练特色，错位发展，有所为有所不为，实现高校之间的协调发展。就高校内部而言，应按照自己的办学定位，紧密结合经济社会的发展和行业的发展要求，优化各种资源，着力解决自身内部问题，尤其是应在优化教师队伍结构、优化学科结构、优化课程结构、优化实验实训结构等方面下大功夫，不断提高育人质量，不断凝练办学特色，不断强化核心竞争力，把学校办成人民群众满意的学校，以满足人民群众享受高等教育的不同需要。

本节案例精选四川农业大学在创先争优这方面涌现出的三位典型人物，他们都有着深厚的川农情怀，在教学中严谨治学，在科研中攻坚克难，其科研成果为社会带来了巨大的效益，为国家农牧业的发展做出了巨大贡献，也对学校的发展产生了重要影响。此外，本节案例还精选了近年来学校所取得的一些荣誉，其中“双一流”学科建设高校，“双一流”学科建设的推进，使学科整体布局更优，学校优势特色更强，学科交叉融合更深，学校基础平台更好，提升了学校的科研教学水平，也提高了学校的知名度。学校所获得的荣誉不是个人能做到的，而是学校各个部门、科研、教学单位通力合作的结果。科研人员不断进行实验，取得创新性成果；管理服务部门为师生提供帮助，助力学校创先争优；“双一流”学科建设的推进促使学校创新发展。

在运用本节案例教学时，应着重从川农情怀（放弃国外优厚的待遇、先进的科研条件、与家人的天伦之乐，回归母校任教）、创新驱动发展（技术创新、制度创新、体制机制创新成果推动学校发展）、科研成果实践（校企合作、科研成果共享、助力“三农”等）三个维度展现新时代川农人创先争优的进取精神，科研成果运用到基层，助力脱贫攻坚，通力合作以实际行动推动学校的改革发展。

教学中应注重分析新发展理念对高校发展的重要引领作用，突出展现创新成果带来的社会效益，从而彰显社会主义制度的优越性，以鲜活的案例、切实的绩效引导学生深入理解新发展理念的内涵，真正领会中央“创新、协调、绿色、开放、共享”的新发展理念的伟大意义。

四、课程训练

（一）课堂环节

（1）邀请学校在创新争先方面突出的教师到课堂一线，面对面向学生讲授在川农工作的点滴，分享自己见证学校发展的感受与体会；

（2）在教师分享后设计 10 分钟的课堂交流环节，让同学们分享一下自己见证的川农有哪些发展变化、对此有何感受、自己对未来学校的发展规划有何展望。

（二）课后实践

要求同学们课后通过查阅学校相关网站新闻、学校文件等，深入了解学校近年来的改革发展取得了哪些进步和成果，并从某一个或几个方面撰写一篇 1 000 字左右的思考和体会文章。

五、思考与讨论

1. 以你所见所闻，列举 2~3 个川农近年来体现新发展理念的改革事例。

2. 你认为应如何运用新发展理念引领川农未来的改革发展？应该从哪些方面进行改革？

3. 作为农业院校的学生，你认为应如何提升自己，做到创优争先？

参考文献

［1］习近平. 用新时代中国特色社会主义思想铸魂育人　贯彻党的教育方针落实立德树人根本任务［N/OL］. 人民网-人民日报，2019-03-19，http://cpc.people.com.cn/n1/2019/0319/c64094-30982234.html.

［2］中共中央 国务院印发《关于加强和改进新形势下高校思想政治工作的意见》［EB/OL］. 新华社，2017-02-27，http://www.gov.cn/xinwen/2017-02/27/content_5182502.htm.

［3］中共中央 国务院印发《关于进一步加强和改进大学生思想政治教育的意见》［EB/OL］. 新华社，2007-02-26，http://old.moe.gov.cn/publicfiles/business/htmlfiles/moe/moe_1408/200703/20566.html.

［4］杨懿，杨支才. 校本资源融入思想政治理论课教学探析：以成都中医药大学为例［J］. 成都中医药大学学报（教育科学版），2020（9）.

［5］任帅军. 开发校本资源　优化教学生态：以复旦大学“基础”课为例［J］. 教育与教学研究，2019（7）.

［6］李茂平，阮东彪. 校本资源在高校思想政治理论课实践教学中的开发与利用［J］. 湖南第一师范学院学报，2010（2）.

［7］赵月霞. 发挥校本资源在大学生核心价值体系教育中的作用［J］. 红旗文稿，2012（7）.

［8］张强. “川农大精神”思政元素内涵解析及融入思政课策略探究［J］. 黑龙江教育（理论与实践），2020（9）.

［9］高晓晶. 基于校本资源的教师学习共同体的构建研究［J］. 教学与管理，2018（11）.

［10］宋美钰. 校本资源建设初探：以大连外国语大学为例［J］. 科教文汇（中旬刊），2018（9）.

［11］成平. 校本资源：思想政治课教学的活力元素［J］. 中国德育，2012（5）.

［12］何远疆. 整合校本资源　创出特色品牌［J］. 重庆行政，2008（2）.

［13］高铁刚，朱建. 校本资源建设研究［J］. 中国教育信息化，2007（7）.

［14］潘叶红. 开发利用校本资源，开展综合实践活动［J］. 教育科研论坛，2007（4）.

［15］吴岩. 建设中国“金课”［J］. 中国大学教学，2018（12）.

［16］付海莲，许亚男. 基于校本资源的高校思想政治课教学探析：以东华理工大

学为例［J］. 江西教育，2019（12）.

［17］王刚. 对思想政治教育资源内涵的再认识［J］. 思想教育研究，2013（10）.

［18］何玲玲. 思想政治教育资源开发论［D］. 重庆：西南大学，2005.

［19］张惠. 青春战“疫”风采［EB/OL］. 四川农业大学校园新闻网，2020-03-17. https://news.sicau.edu.cn/info/1135/56394.htm.

［20］谢心怡，朱玉情. 谢心怡，朱玉情. 葛飞：走在精准扶贫路上的海归博士［EB/OL］. 四川农业大学校园新闻网，2020-06-01. https://news.sicau.edu.cn/info/1078/57569.htm.

［21］四川农业大学农学院.【求学记】赵思华：志之所趋，无远弗届［EB/OL］. 四川农业大学农学院新闻网，2020-06-09，https://nxy.sicau.edu.cn/info/1045/5593.htm.

［22］佚名. 农学院毕业生王国娟获得“希望工程”“突出贡献者”荣誉称号［EB/OL］. 四川农业大学农学院新闻网，2019-11-25，https://nxy.sicau.edu.cn/info/1048/5082.htm.

［23］邓又天. 王玥：放弃3所985高校的录取 优秀女生选择母校读研［EB/OL］. 四川农业大学校园新闻网，2020-07-03，https://news.sicau.edu.cn/info/1078/58203.htm.

［24］岳廷颖. 丝路游子扎根基层 种下甜蜜致富回忆［EB/OL］. 四川农业大学校园新闻网，2016-10-25，https://news.sicau.edu.cn/info/1078/24734.htm.

［25］张喆. 田彦华：追忆水稻所的先贤们［N/OL］. 四川农业大学报（电子版），2015-09-30，http://scndb.cuepa.cn/show_more.php? doc_id=1360522.

［26］江英飒. 校史文化与川农大精神［M］. 成都：四川大学出版社，2013-09.

［27］四川农业大学农学院. 任正隆［EB/OL］. 四川农业大学农学院网，2016-04-19，https://nxy.sicau.edu.cn/info/1078/2762.htm.

［28］张诗雨，杨雯. 久病床前有孝子［EB/OL］. 四川农业大学校园新闻网，2016-12-15，https://news.sicau.edu.cn/info/1078/23986.htm.

［29］四川农业大学农学院. 农学院两名学生勇救溺水老人［EB/OL］. 四川农业大学校园新闻网，2015-05-31，https://news.sicau.edu.cn/info/1078/29604.htm.

［30］杨希. 晏芳芳同学街头救助倒地受伤老人［EB/OL］. 四川农业大学校园新闻网，2015-04-15，https://news.sicau.edu.cn/info/1078/30001.htm.

［31］蔡文俊. 动医志愿者从身边做起 践行永不褪色的雷锋精神［EB/OL］. 四川农业大学校园新闻网，2019-04-04，https://news.sicau.edu.cn/info/1078/50505.htm.

［32］张星玉. 寻常岗位上的一员：记校本部生活服务中心桂苑餐厅工作人员邓昌碧［EB/OL］. 四川农业大学校园新闻网，2014-07-15，https://news.sicau.edu.cn/info/1078/31366.htm.

［33］四川农业大学档案馆（校史办公室）. 川农大红色档案（五）：杨开渠农业救国思想探析［EB/OL］. 四川农业大学校园新闻网，2020-03-10，https://news.sicau.edu.cn/info/1078/56281.htm.

［34］杨雯. 杨开渠先生的故事（四）［EB/OL］. 四川农业大学校园新闻网，2018-

09-28，https://news.sicau.edu.cn/info/1078/47877.htm.

［35］杜珊，黄怀琼，龙泓宇.【“川农大精神”征文】土壤肥料学奠基人彭家元其人其事［EB/OL］. 四川农业大学校园新闻网，2020-09-25，https://news.sicau.edu.cn/info/1078/59189.htm.

［36］潘坤. 丹心谱汗青：川农大红色档案［M］. 成都：四川人民出版社，2020.

［37］跃武. 川大记忆：校史文献选辑［M］. 成都：四川大学出版社，2010.

［38］陈昀菲，王继红.“七一”珍档：建党伟业中的川农大人［EB/OL］. 四川农业大学校园新闻网，2020-07-01，https://news.sicau.edu.cn/info/1078/58166.htm.

［39］杨雯. 莫谓书生空议论：川农大师生抗战事迹掠影［EB/OL］. 四川农业大学校园新闻网，2015-08-31，https://news.sicau.edu.cn/info/1135/37843.htm.

［40］杨雯. 张大成：坚如磐石的共产党员［EB/OL］. 四川农业大学校园新闻网，2019-06-19，https://news.sicau.edu.cn/info/1436/52148.htm.

［41］四川农业大学党委宣传统战部.“川农大精神”简介［EB/OL］. 四川农业大学校园新闻网，2010-02-26，https://news.sicau.edu.cn/info/1083/23885.htm.

［42］张飒. 精神的魅力：“川农大精神”探秘［N］. 四川农村日报，2000-06-13（1~2）.

［43］姜朕元，周海洋. 何刚：与农共舞的“智慧农夫”［EB/OL］. 四川农业大学校园新闻网，2019-09-11，https://news.sicau.edu.cn/info/1082/53276.htm.

［44］李孜雨. 张世奎：影之随行，响之随声［EB/OL］. 四川农业大学校园新闻网，2019-09-11，https://news.sicau.edu.cn/info/1082/53255.htm.

［45］张俊贤. 问诊把脉　精准发力［EB/OL］. 四川农业大学校园新闻网，2018-06-15，https://news.sicau.edu.cn/info/1134/46552.htm.

［46］盛利. 二十年开拓新学科　他把草鱼变“金”鱼［EB/OL］. 中国科技网，2020-05-06，https://yys.sicau.edu.cn/info/1041/3575.htm.

［47］张俊贤.“安县模式”破解现代农业三大难题［EB/OL］. 四川农业大学校园新闻网，2010-06-09，https://news.sicau.edu.cn/info/1134/39854.htm.

［48］张喆，刘青松. 李仁端：国家技术发明一等奖背后的故事［EB/OL］. 四川农业大学校园新闻网，2015-11-18，https://news.sicau.edu.cn/info/1078/28337.htm.

［49］张喆. 加强平台建设　助推学科发展［EB/OL］. 四川农业大学校园新闻网，2013-05-15，https://news.sicau.edu.cn/info/1135/38447.htm.

［50］张俊贤. 我校智援春耕［EB/OL］. 四川农业大学校园新闻网，2012-04-20，https://news.sicau.edu.cn/info/1134/39034.htm.

［51］张强. 川农往事.“草鞋教授”：水稻专家杨开渠先生生平散记［EB/OL］. 四川农业大学校园新闻网，2013-03-20，http://news.scu.edu.cn/info/1139/20928.htm.

［52］张喆，刘廷勇. 周开达铜像在川农大落成　所研制杂交水稻至今仍普遍种植［EB/OL］. 中国搜狐网，2016-10-10，https://www.sohu.com/a/115730376_119038.

［53］张俊贤. 周开达：一生躬耕为苍生［EB/OL］. 四川农业大学校园新闻网，2013-08-05，https://xtb.sicau.edu.cn/info/1020/1253.htm.

［54］朝阳. 周开达：住筒子楼的院士劳模［J］. 当代劳模，2013（8）.

[55] 文心田.【口述历史】我国畜牧兽医事业的发展不断鼓舞自己前进 [EB/OL]. 四川农业大学校园新闻网，2019-10-11，https://news.sicau.edu.cn/info/1078/53829.htm.

[56] 张慧. 改革春风进校园　住宿旧貌换新颜 [EB/OL]. 四川农业大学校园新闻网，2018-10-18，https://news.sicau.edu.cn/info/1372/48237.htm.

[57] 张俊贤. 李明洲：科学的世界很有趣 [EB/OL]. 四川农业大学校园新闻网，2014-09-01，https://news.sicau.edu.cn/info/1185/41975.htm.

[58] 农学院. 杨文钰率团队参加玉米大豆带状复合种植技术研讨会 [EB/OL]. 四川农业大学校园新闻网，2013-01-28，https://news.sicau.edu.cn/info/1078/34108.htm.

[59] 钟帆. 川农大水稻研究所团队论文登上全球顶尖学术期刊 *CELL* [EB/OL]. 四川农业大学校园新闻网，2017-06-30，https://news.sicau.edu.cn/info/1133/37806.htm.

[60] 胡慧，李书先，傅勇. 农学院专家结合供给侧结构性改革推动产业精准扶贫 [EB/OL]. 四川农业大学校园新闻网，2017-03-31，https://news.sicau.edu.cn/info/1078/23562.htm.

[61] 胡慧. 任万军教授团队一行赴犍为县进行优质稻产业精准扶贫经验交流 [EB/OL]. 四川农业大学校园新闻网，2017-11-29，https://news.sicau.edu.cn/info/1078/45645.htm.

[62] 刘玹泽，王曙光，张宽，等. 供给侧改革视角下我国粮食生产、流通的思考建议 [J]. 地理与地理信息科学，2016 (6).

[63] 王莹. 成都农商银行与四川农业大学签署战略合作框架协议 [EB/OL]. 四川新闻网，2017-09-18，http://zq.newssc.org/system/20170918/000818047.htm.

[64] 杨雯. 我校与香港福溢关爱基金签约 [EB/OL]. 四川农业大学校园新闻网，2010-10-27，https://news.sicau.edu.cn/info/1079/30537.htm.

[65] 丁海萍. 傅新红等人参加 2011 年海峡两岸及港澳地区高等教育学术交流会 [EB/OL]. 四川农业大学校园新闻网，2011-11-14，https://news.sicau.edu.cn/info/1079/28799.htm.

[66] 杨茜. 商学院与香港大学工程学院举行国际化办学合作洽谈会 [EB/OL]. 四川农业大学校园新闻网，2019-06-11，https://news.sicau.edu.cn/info/1078/52014.htm.

[67] 李洁. 我校召开港澳台侨生管理工作协调会 [EB/OL]. 四川农业大学校园新闻网，2020-11-20，https://news.sicau.edu.cn/info/1078/59941.htm.

[68] 文法学院. 香港理工大学与文法学院洽谈社会工作合作项目 [EB/OL]. 四川农业大学校园新闻网，2012-01-16，https://news.sicau.edu.cn/info/1078/35331.htm.

[69] 林学院. 香港金田豪迈木业机械有限公司走进川农大 [EB/OL]. 四川农业大学校园新闻网，2013-11-04，https://news.sicau.edu.cn/info/1079/26774.htm.

[70] 凌瑶. 田孟良应香港红十字会邀请赴石棉开展技术培训 [EB/OL]. 四川农业大学校园新闻网，2014-03-28，https://news.sicau.edu.cn/info/1078/31985.htm.

[71] 刘春燕. 香港中文大学教授做客农学院高端学术讲座 [EB/OL]. 四川农业

大学校园新闻网，2015-10-27，https://news.sicau.edu.cn/info/1078/29874.htm.

［72］罗文皓. 风景园林学院与贝尔高林国际（香港）有限公司签订校企合作协议［EB/OL］. 四川农业大学校园新闻网，2017-11-10，https://news.sicau.edu.cn/info/1078/19962.htm.

［73］张世成. 两岸畜产学术参访团来我校参访［EB/OL］. 四川农业大学校园新闻网，2011-08-07，https://news.sicau.edu.cn/info/1078/35895.htm.

［74］李巧. 风景园林学院与台湾艺术大学合作交流上新高度［EB/OL］. 四川农业大学校园新闻网，2018-01-19，https://news.sicau.edu.cn/info/1078/45371.htm.

［75］张俊贤. 龚荣高：让下派干部成为一面精准扶贫旗帜［EB/OL］. 四川农业大学校园新闻网，2016-09-01，https://news.sicau.edu.cn/info/1135/37493.htm.

［76］张喆. 龚荣高：打造样板支部　助力脱贫攻坚［EB/OL］. 四川农业大学校园新闻网，2019-11-12，https://news.sicau.edu.cn/info/1078/54552.htm.

［77］邹华围. 吕秀兰教授在全国脱贫攻坚总结表彰大会接受表彰［EB/OL］. 四川农业大学校园新闻网，2021-02-25，https://news.sicau.edu.cn/info/1134/60962.htm.

［78］张惠. 我校校友徐伍达、罗雅宏获评“全国脱贫攻坚先进个人”［EB/OL］. 四川农业大学校园新闻网，2021-02-26，https://news.sicau.edu.cn/info/1135/60964.htm.

［79］王钧，王进. 吕秀兰教授载誉归来［EB/OL］. 四川农业大学校园新闻网，2021-02-26，https://news.sicau.edu.cn/info/1135/60968.htm.

［80］黄云飞.《人民日报》报道我校田孟良教授科技助农事迹［EB/OL］. 四川农业大学校园新闻网，2019-07-29，https://news.sicau.edu.cn/info/1135/52694.htm.

［81］张惠. 奋力书写农业科技扶贫的川农答卷：记四川农业大学农业科技扶贫之路［EB/OL］. 四川农业大学校园新闻网，2020-10-29. https://news.sicau.edu.cn/info/1135/59614.htm.

［82］龙泓宇，陈淋. 四川农业大学服务乡村振兴战略行动方案发布［EB/OL］. 四川新闻网，2020-10-27. http://scnews.newssc.org/m/system/20201027/001119274.html.

［83］杨雯. 数说乡村振兴川农行动方案［EB/OL］. 四川农业大学校园新闻网，2020-10-28，https://news.sicau.edu.cn/info/1135/59594.htm.

［84］王燕晶，赵红玉. 黄富：优质超级稻宜香优 2115 的育成人［EB/OL］. 学习强国四川学习平台，2020-09-28. https://news.sicau.edu.cn/info/1133/60712.htm.

［85］朱军，陶有凤. 我校专家助力巴中市恩阳区水稻产业生产［EB/OL］. 四川农业大学校园新闻网，2021-02-23. https://news.sicau.edu.cn/info/1078/60954.htm.

［86］岳依桐. 四川农大校长吴德：用高新技术助中国人端牢“饭碗”［EB/OL］. 中国新闻网，2021-2-23. http://www.chinanews.com/gn/2021/02-23/9417234.shtml.

［87］小麦所. 颜济：大家气象　高山仰止［EB/OL］. 四川农业大学校园新闻网，2019-09-18. https://news.sicau.edu.cn/info/1078/53420.htm.

［88］张喆. 陈学伟：用科技保卫粮食安全［EB/OL］. 学习强国，2020-07-08. https://article.xuexi.cn/articles/index.html? art_id = 15663135834954772482&item_id = 15663135834954772482&study_style_id = feeds_default&t = 1594192476012&showmenu = false&pid = &ptype = -1&source = share&share_to = wx_single&from = groupmessage.

［89］李劲雨. 忠于选择　坚持到底［EB/OL］. 学习强国. 2020-06-05. https://article.xuexi.cn/articles/index.html? art_id = 11308461244494216352&item_id = 11308461244494216352&study_style_id = feeds_default&pid = &ptype = -1&source = share&share_to = wx_single.

［90］张惠. 周小秋：育人先育己［EB/OL］. 四川农业大学校园新闻网，2020-09-08. https://news.sicau.edu.cn/info/1085/58843.htm.

［91］凌瑶. 张敏：爱岗敬业育学生　创新科技兴农事［EB/OL］. 四川农业大学校园新闻网，2020-12-30. https://news.sicau.edu.cn/info/1085/60672.htm.

［92］杨雯. 作物学科建设：高扬奋进之帆［EB/OL］. 四川农业大学校园新闻网，2020-12-05. https://news.sicau.edu.cn/info/1135/59696.htm.

［93］李蓟. 我校“综合素质 A 级证书”蝉联全省第一［EB/OL］. 四川农业大学校园新闻网，2021-01-18. https://news.sicau.edu.cn/info/1080/60797.htm.

［94］刘峻宏，余冯萍. 我校获“挑战杯”大赛全国优秀组织奖［EB/OL］. 四川农业大学校园新闻网，2020-12-16. https://news.sicau.edu.cn/info/1080/60465.htm.

附录
四川农业大学历任领导

四川农业大学现任领导

党委书记：庄天慧
校长：吴德

历任领导

一、四川通省农业学堂（1906—1911 年）	
许涵度	四川布政使、学堂创办人
洪守汝	监督（1908—1909 年）
屈德泽	监督（1909—1911 年）
张璞	监督（1911—1912 年）
二、四川高等农业学校（1912—1914 年）	
江书祥	校长（1912—1913 年）
杜用选	校长（1913—1914 年）
三、四川公立农业专门学校（1914—1926 年）	
凌春鸿	校长（1914 年 3 月—1916 年 8 月）
凌春鸿	校长（1925 年 10 月—1927 年 2 月）
陈彰海	校长（1916 年 8 月—1917 年 9 月）
江书祥	校长（1917 年 9 月—1919 年 8 月）
江书祥	校长（1921 年 9 月—1922 年 7 月）
高巍	校长（1919 年 8 月—1921 年 8 月）
高巍	校长（1923 年 2 月—1924 年 2 月）
李振旧	校长（1922 年 8 月—1923 年 2 月）
郑良	校长（1924 年 2 月—1925 年 2 月）
董仁清	校长（1925 年 2 月—1925 年 10 月）

四、公立四川大学农科学院（1927—1931 年）	
邓崇德（微心）	学长（1927 年 2 月—1930 年 1 月）
佘耀彤（季可）	学长（1930 年 2 月—1931 年）
五、四川省立农学院（1931—1935 年 7 月）	
佘耀彤（季可）	院长（1931 年—1932 年 5 月）
温良	院长（1932 年 5 月—1933 年 10 月）
高巍	院长（1933 年 10 月—1935 年 8 月）
六、国立四川大学农学院（1935 年 7 月—1956 年 8 月）	
曾省（省之）	院长（1935 年—1938 年 7 月）
董时进	院长（1938 年 7 月—1939 年 1 月）
王善佺	院长（1939 年 7 月—1942 年 8 月）
彭家元	院长（1942 年 11 月—1949 年底）
程复新	院长（1950 年 1 月—1956 年 8 月）
七、四川农学院、四川农业大学（1956 年 9 月至今）	
杨开渠	院长（1956 年 10 月—1962 年 2 月）
杨允奎	院长（1962 年 8 月—1972 年）
赵光荣	党委书记，革委会副主任，党的核心小组副组长、组长（1956 年 12 月—1977 年）
夏戎	党的核心小组副组长，革委会副主任，党委书记（1975 年 12 月—1980 年）
王绍虞	代理党委书记（1983 年 9 月—1984 年 12 月）
	党委书记（1984 年 12 月—1990 年 3 月）
孙晓辉	校长（1986 年 12 月—1992 年 4 月）
唐朝纪	党委书记（1990 年 2 月—1996 年 7 月）
胡祖禹	校长（1992 年 4 月—1998 年 5 月）
于伟	党委书记（1996 年 7 月—2002 年 4 月）
文心田	校长（1998 年 5 月—2008 年 12 月）
	党委书记（2002 年 4 月—2008 年 11 月）
杨凤	院长（1982 年 7 月—1985 年 6 月）
	校长（1985 年 6 月—1986 年 12 月）
	名誉校长（1986 年 12 月—2015 年 12 月）
邓良基	党委书记（2008 年 11 月—2018 年 6 月）
郑有良	党委副书记、校长（2008 年 12 月—2020 年 2 月）